智能物流装备与专用车辆技术

张博强　姚万军　孙　朋　冯天培　李武杰　编著

北　京
冶　金　工　业　出　版　社
2021

内容提要

本书系统地阐述了智能物流装备与专用车辆的定义和发展现状，智能物流装备和自动分拣技术，智能物流专用车辆的分类及其设计要点，云计算等先进信息化技术在物流装备和专用车辆上的智能化应用，并结合无人值守仓库、无人驾驶物流专用车辆等前沿领域，展望了“十四五”期间智能物流装备和专用车辆技术的发展前景，对学习和实践智慧物流有较大的参考意义和实用价值。

本书可供智慧工厂、物流企业、物流园区内相关专业技术人员阅读参考，也可作为高等院校机械工程、物流工程等专业的教学参考书。

图书在版编目(CIP)数据

智能物流装备与专用车辆技术/张博强等编著. —北京：冶金工业出版社，2021. 8

ISBN 978-7-5024-8895-6

Ⅰ. ①智… Ⅱ. ①张… Ⅲ. ①物流管理—设备管理 Ⅳ. ①F253. 9

中国版本图书馆 CIP 数据核字（2021）第 167986 号

出 版 人 苏长永

地　　址 北京市东城区嵩祝院北巷 39 号 邮编 100009 电话 (010)64027926

网　　址 www. cnmip. com. cn 电子信箱 yjcbs@ cnmip. com. cn

责任编辑 张熙莹 美术编辑 彭子赫 版式设计 郑小利

责任校对 范天娇 责任印制 禹 蕊

ISBN 978-7-5024-8895-6

冶金工业出版社出版发行；各地新华书店经销；三河市双峰印刷装订有限公司印刷

2021 年 8 月第 1 版，2021 年 8 月第 1 次印刷

710mm×1000mm 1/16；18 印张；341 千字；277 页

108. 00 元

冶金工业出版社 投稿电话 (010)64027932 投稿信箱 tougao@cnmip. com. cn

冶金工业出版社营销中心 电话 (010)64044283 传真 (010)64027893

冶金工业出版社天猫旗舰店 yjgycbs. tmall. com

前　言

2020 年 1~12 月中国社会物流总额达到 300.1 万亿元，庞大的物流量加速了物流行业相关技术的快速发展，智慧仓储、智能物流为千家万户的生活带来了极大的便利。

随着我国进入全面小康社会，居民生活水平进一步提高，对物流及其效率的需求进一步增强，物流行业必须要也必定会发挥更为重要的支柱和连接作用，这是发展规律也是历史使命。为适应物流需求的迅猛发展，提高物流效率和吞吐量，在中国社会方方面面迈入数字化智能化的同时，智慧物流应运而生，物流装备作为重要组成部分，其智能化水平也在大幅提升。在发展智慧物流方面，国家不断出台有力政策来鼓励智慧物流发展，加快推进物流产业智能化升级。

作为现代化智慧物流体系的支柱，承担关键转运配送任务的物流专用车辆正在经历电动化和智能化转型升级，积极响应并践行国家碳达峰、碳中和战略，减少物流环节的碳排放水平。特别是正在迅猛发展的利用多传感器深度融合技术、机器学习和深度学习技术、5G+云计算高速互联技术和车路协同等技术开发的无人物流专用车辆，可以大大缓解物流运输司机短缺问题，降低交通安全事故概率，克服人为因素所带来的诸多痛点，推动公路运输体系智能化，发展前景广阔。智能物流专用车辆的发展，推动着物流行业从劳动密集型产业向知识技术型产业转变，能够较大地提高物流效率、降低人工成本、优化产品和服务，为社会、企业和民众的生产生活带来革命性转变。

为了总结物流装备与专用车辆领域的发展现状和关键技术，促进智能物流装备与专用车辆的迅速发展，本书基于作者多年来从事智能物流装备与专用车辆的工程实践经验和理论研究成果，从智能物流装备与专用车辆的定义和发展情况出发，系统阐述了包括自动化立体仓库及其仓储物流装备在内的智能物流装备和自动分拣技术、智能物流专用车辆的分类及其设计要点、物流装备信息技术，并结合无人值守仓库、无人驾驶物流专用车辆、智能物流装备和专用车辆系统的虚拟仿真及数字化设计等先进研发方向，展望了“十四五”期间智能物流装备和专用车辆技术的发展前景。

本书对智能物流装备和专用车辆技术及其实践做了系统性阐述，体现了先进性和实用性的结合，有助于读者对相关知识有更深层次的理解和把握。尤其值得一提的是，本书为满足读者对现代化智慧物流体系等前沿知识的需求，着重介绍了无人值守仓库、无人驾驶物流专用车辆、智能物流装备和专用车辆系统的虚拟仿真及数字化设计等先进技术，这部分内容对学习和实践智慧物流有重要的参考意义和实用价值。

本书可供智慧工厂、物流管理物资运输企业、物流园区内相关专业技术人员阅读参考，也可作为高等院校机械工程、车辆工程、物流工程、物流管理和电子商务等专业的教学参考书。

本书由河南工业大学教授张博强、昆山同日工业自动化有限公司董事长姚万军、河南工业大学讲师孙朋、冯天培、李武杰共同编著。全书由张博强负责统稿。在本书编写过程中，昆山同日工业自动化有限公司总经理陈航、昆山同孚智能技术有限公司总经理张传文对本书提出了宝贵意见并参与了部分修改工作，在此一并表示感谢。

由于作者水平所限，书中不足之处，敬请读者批评指正。

作者

2021 年 8 月

目　　录

1 绪　　论

1.1 智能物流装备与专用车辆定义

1.1.1 物流的定义

人类的生活已经和互联网紧密地结合在一起了，人类经济活动也正在步入网络智能时代。同时，现代物流已成为生产与消费之间的纽带，并向着智能化时代飞速前进。

物流是指物资及其载体的物理移动的过程，是指物资的空间位置发生了变化。所有的产品生产出来后都要经过搬运、包装、保管、运输等基本工作。物流分为广义物流和狭义物流两种（见图 1-1）。其中，狭义物流主要指销售物流，指的是从批发商到消费者的过程。广义物流是指从供应物流端的原材料供应到商品生产、销售、退货等全周期的过程。

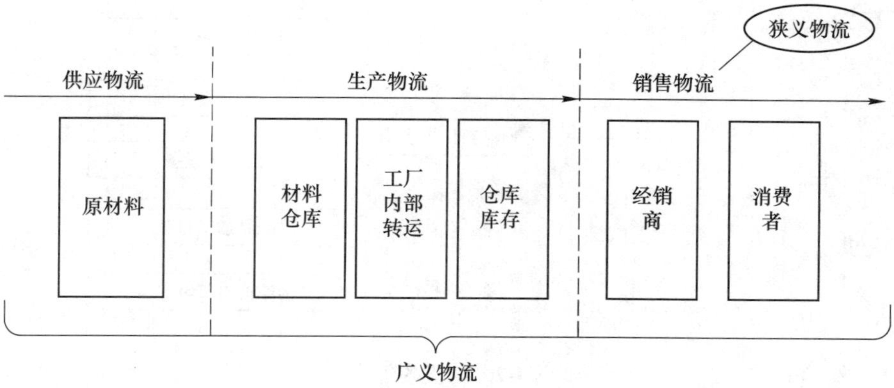

图 1-1　物流分类

1.1.2 物流装备定义

物流装备是在国民经济的产品加工、运输、基建等领域中，为了实现各种物资的时间和空间转移的高效、经济所开发的专用装备。近年来，物流装备的发展已成为科学技术发展的重要推手。

目前，物流技术及装备的重要性日益凸显，其发展水平已经成为衡量企业智能化升级的主要标志。在现代物流管理系统中，从信息的采集、处理到最后发布现在已经完全可以实现智能化。同时，物流专家系统能够随时对物流系统的运行情况进行诊断，并对系统的优化提出合理的建议。

现代生产的各个环节都涉及物流装备的使用。比如：货物运输可以通过公路、铁路、航空和水路等多种运输方式；货物的搬运中转也要依靠物料搬运技术及物料搬运装备；货物的存储需要存储室、货架、存取装备；货物的配送需要识别分拣、装运和调度调配。

根据物流的不同需求可以把物流装备分为两大类：第一类是物流基础设施，第二类是物流系统设备，如图 1-2 所示。

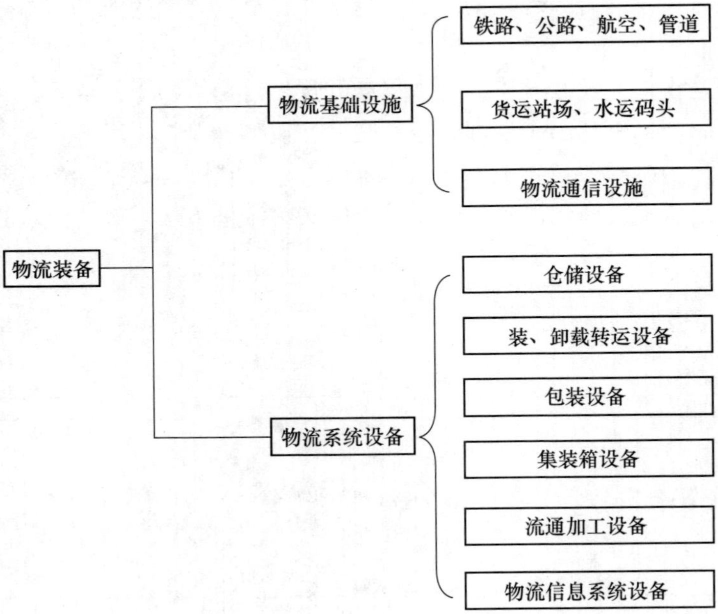

图 1-2　物流装备分类

1.1.2.1　物流基础设施

物流设施包括铁路、公路、管道、航空及机场、货运站场、港口以及通信基站等设施，物流设施的建设水平和通过能力对物流各环节的运行效率有着决定性的影响[1]。

1.1.2.2 物流系统设备

物流设备按照其功能分为仓储设备、装卸搬运设备、包装设备、流通加工设备等。

A 运输设备

运输设备是指能实现较长距离输送货物的设备。例如：铁路运输设备、公路运输设备、航空运输设备、水路运输设备、管道运输设备等类型。

运输在物流活动中占据了主导地位，运输实现了物品的转移，解决了供给者与需求者不在同一位置的问题。运输设备应具备以下特点：运输效率高、运输成本低、智能化程度较高、普遍化、通用化、运输过程安全可靠。

（1）铁路运输设备。包括铁路线、铁路车站和枢纽、铁路车辆、铁路机车和信号、通信设备等。铁路运输价格低廉、安全程度高、可以实现高效运输、污染性小、受气候的影响较小。我国铁路建设标准的等级见表 1-1。

表 1-1 我国铁路建设标准的等级

铁路等级	铁路在路网中的意义	远期年客货运量/Mt
Ⅰ级	骨干作用性质的铁路	≥15
Ⅱ级	骨干作用性质的铁路	<5
	联络、辅助性质的铁路	≥7.5
Ⅲ级	区域运输性质的铁路	<7.5

（2）公路运输设备。包括公路货运站、停车库、公路和公路运输车辆。公路运输速度快、运营灵活、受地形影响较小、经营方式简单、技术性强、货损较小，但是公路运输成本较高，环保性差且运货量小。

（3）航空运输设备。航空运输是指驾驶飞机或者其他航空设备运送人员、货物商品、邮件的运输方式。航空运输运输速度快、不受地面条件因素的影响、安全性好，但是航空运输的运载量小，运输费用很高。

（4）水路运输设备。主要是指港口、船舶及其附属技术设备。水路运输的运货量大、占用面积较小、建设投资少、运输成本较低、节约能源。但是水路运输受气候的影响较大，运输速度较慢，购买船舶和港口建设的投资巨大[2]。

B 仓储设备

仓储设备是指在仓储区域内的工作装备，具备储藏和保管物品的双重特性。例如：货架、计量设备、托盘、养护设备、消防设备、通风设备等，如图 1-3 所示。

图 1-3　仓储设备（菜鸟机器人仓库）

C　装卸转运设备

装卸转运设备是指用来完成转运、升降、装卸等工作的机械设备。装卸转运设备是物流系统中使用最广泛的装备，是智能化物流实现的基础。装卸转运设备可用于货船、货车的装卸，也可用于仓库库房的堆垛、拆垛、转运，货物的起重输送和转运，如图 1-4 所示。

图 1-4　装卸搬运设备

装卸转运设备按用途可分为：起重设备、连续输送设备、专用装卸搬运设备（带有专用取物装置的设备）和装卸搬运车辆；按照搬运货物的类别可以划分为：集装箱货物装卸搬运设备、成件包装货物装卸搬运设备、散货装卸搬运设备和特殊形体货物装卸搬运设备。

D 集装设备

集装是将若干个产品或产品包装件包装在一起形成一个合适的搬运单元。集装设备则是指把货物以集装单元化的方式储存、运输的物流设备。集装设备主要包括集装箱、集装袋、滑板、托盘、集装网络等，如图 1-5 所示。

图 1-5 集装设备

按照《集装箱术语》（GB/T 1992—2006）标准，集装箱是一种供货物运输的设备，该类设备应满足以下条件：

（1）具有足够的强度和刚度，可长期反复使用；

（2）适于一种或多种运输方式载运，在途中转运时，箱内货物不需换装；

（3）具有便于快速装卸和转运的装置，特别是从一种运输方式转移到另一种运输方式；

（4）便于货物的装满和卸空；

（5）具有 $1m^3$ 及以上的容积；

（6）具备确保安全的设计，并具有防御无关人员进入功能的货运工具[2]。

E 管道输送设备

管道输送设备是在管道内部利用泵机对货物进行输送的机械设备，在管道内可以进行多种工艺的加工。例如：管道气力输送、管道浆液输送、管道容器输送、管道液体输送等，如图 1-6 所示。

图 1-6 管道输送设备

F 包装设备

现代商品的包装已经不仅仅是商品的一件外衣，已经演变为了商品本身的一部分。商品的包装除了装饰作用以外，还可有效提升商品的附加价值和企业形象。物流系统的所有要素都与包装有关，同时也受到包装的约束。

包装设备是指能完成全部或部分产品加工过程中包装工序的设备（见图 1-7），主要包括填充、缝包、封口等主要工序，以及相关联的前后工序，例如

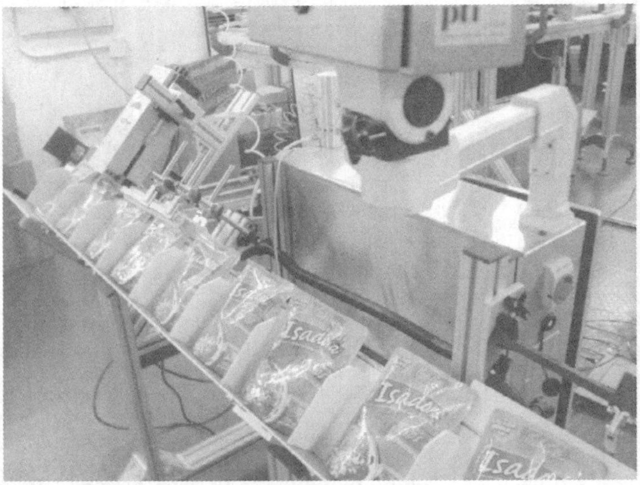

图 1-7 包装设备

清洗、堆码和拆卸等作业流程。采用包装设备可以大幅度提高生产效率，减轻劳动强度，满足产品大规模生产的需求。包装设备按照功能可分为填充机械、灌装机械、封口机械、裹包机械、贴标机械、捆扎机械、封箱机械、喷码机、包装辅助设备[1]。

包装设备结构主要由七种装置组成：进给机构、计量装置、传动机构、输送装置、动力部件、控制系统、机身和操作系统[3]。

G 流通加工设备

流通加工是产品物流中的一种特殊形式，流通加工设备是指对货物进行包装、计量、分拣、组装、标签贴附、价格贴附等作业的专用设备，如图 1-8 所示。其主要是指货物从生产领域到消费领域的过程中，对货物进行一些辅助性加工。流通加工的内容主要有装袋、贴标签、挑选、混装等，流通加工过程可以弥补部分生产加工过程中的不足，方便客户的多样化需求。同时，流通加工可以有效提高原材料的利用率、加工效率和设备利用率，并将各种运输手段利用率发挥到最大，提高收益。

图 1-8 流通加工设备

H 信息采集与处理设备

物流信息技术是指应用于物流各个环节中的信息技术，现代使用较多的物流信息技术装备主要有射频识别技术装备、条形码技术装备、卫星定位系统技术装备、电子数据交换技术装备、地理信息系统技术装备等[2]。物流信息技术是物流现代化的重要标志，常见的物流信息技术主要有：条码技术、电子数据交换、射频技术、全球卫星定位系统、EPC、地理信息系统、PLM 和云计算技术。现代物流广泛地应用了现代信息技术，并且配备了相应的设备，比如条形码信息系统（见图1-9）。

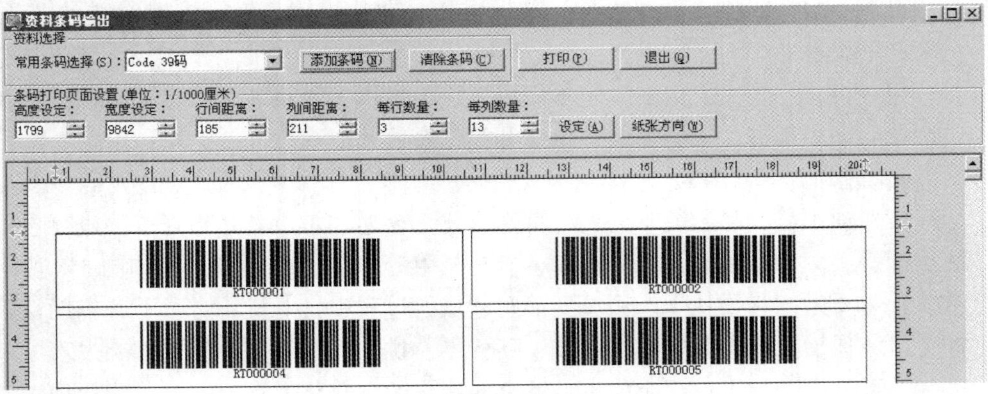

图1-9 信息采集与处理设备（条码信息系统）

1.1.3 物流专用车辆定义

物流专用车辆是实现原材料从供应地向接受地流动而使用的专业车辆工具，是一种实体流动过程。人们主要在陆地上进行生产活动，很多物流运输和专项作业都是靠汽车来实现。因此特殊用途的物流专用汽车也随之出现，并且越来越广泛地深入到我们生活的方方面面。

“专用汽车”一词起始于20世纪50年代，当时第二次世界大战结束，欧洲、美国、日本等各国经济开始复苏，为了缩短物流的作业时间，各种不同用途的专用车辆开始出现。首先出现的是环保物料的运输车，特别是环卫作业车辆，如洒水车、清扫车、垃圾转运车，随后出现了高空作业车、自装卸压缩式垃圾车等。因为上述车辆在设计初期，都是以普通货车底盘为基础，加装了专用的装备，使其具有专项作业功能的汽车，所以统称为“专用汽车”。

欧美国家把“专用汽车”称为“特种汽车”，主要包括客车、平头货车、柴油货车、市政送货车、三轮车、大轮货车、救护车和殡仪车等。日本运输省将公路车辆运输汽车分成三类：货车运输车、特殊用途车和大型特殊车，其中货车运输车包括平头货车、长头货车、自卸车、厢式货车、三轮货车、全挂车、半挂车等；特殊用途车包括消防车、救护车、警车、医疗防疫车、运钞车、冷藏车、液灌车、工程车、洒水车、垃圾车、混凝土搅拌车、邮政车等；大型特殊车包括铲土车、推土车、装载机、叉车、长途货运输车、沥青车和农用拖拉机等[4]。

我国于1989年制定了“专用汽车”的相关标准——ZB/T 50004—1989《专用汽车的术语及定义》。但随着我国专用汽车技术的不断发展和种类的不断增加，标准升级为GB/T 17350—2009《专用汽车和专用半挂车术语、代号和编制方法》[5]。该标准中，专用汽车定义为“装置有专用设备，具备专用功能，用于承担专门运输任务或专项作业以及其他专项用途的汽车。专用车分环卫专用车，工程专用车，特种专用车，商务专用车，运输专用车，军用专用车等。”同时，随着物流行业的发展，物流专用车辆已经成为专用车辆中重要的组成部分。

常规运输的专用汽车车厢有箱式、罐式、自卸式、仓式、格栅式和桁架式等形式，可运输不同状态、不同性质和不同要求的货物，比如：液态、气态和散装粉状或颗粒状固态的货物；牲畜、家禽和鲜鱼等动物；要求保温、保鲜、冷冻冷藏的货物；剧毒、易燃易爆的危险品；双层架式车厢的轿车专用运输汽车等。另一种专用汽车是从事专门作业的汽车，这种汽车为了达到不同的目的，在底盘上加装相应的作业装备，如洒水车、售货车、垃圾车、清扫车、环保监测车、水泥搅拌车、自卸车、高空作业车、冷藏车、起重运输车、广告宣传车、修理车、勘探车、油层压裂车、科学考察车、警车、消防车、飞机牵引车、加油车、充电车、救护车、医疗设施车、图书车、电视转播车、邮政电讯车和除雪车等[5]。随着专用汽车的快速发展，越来越多的专用汽车采用专门设计的汽车底盘，以轻量化、节能和低污染为主要目标，更好地发挥专用汽车的特性，如图1-10和图1-11所示。

图1-10 森源鸿马电动移动警务专用车

图 1-11　宇通电动环卫物流车

1.2　智能物流装备的发展情况

1.2.1　智能物流特征

现代物流业较传统物流业已经发生了颠覆性的变化。传统物流主要是指包装、运输、装卸、仓储和配送等生产流通过程。现代物流也叫总体物流，是在传统物流的基础上向两端延伸，使得企业物流和社会物流结合在一起，从采购流程开始，中间经过生产物流然后进入销售物流，再达到消费者的手中，最后还包括了回收物流。

伴随着电子信息技术的快速发展，智能物流行业也迎来了良好的发展机遇。作为世界的主要物流大国，我国的智能物流行业正在经历前所未有的发展机遇。智能物流行业在中国市场具有巨大潜力，智能物流行业的发展可以更好地满足人民日益增长的对美好生活的需求。

智能物流的特征如下：

(1) 智能化。现代物流系统可以模仿人类的思考方式解决一些物流中遇到的问题，在处理问题的过程中主要应用到人工智能、信息技术、商务智能、自动识别和控制系统、专家系统和运筹学等先进技术，对物流过程进行智能调控。

(2) 集成化。现代智能物流系统中应用了许多种现代化的技术，以此来满足智能化物流系统运作的需求。

(3) 物流过程自动化。现代信息技术需要与自动化的物流设备配套使用，物流的实时信息通过图像识别、自动检测系统、自动分拣系统、自动存取系统、物品自动跟踪技术和信息诱导系统等技术来获取。

（4）信息化。物流信息的数据化，物流信息处理的电子化，信息传递的数据化、网络化、实时化。通过实时物流信息的传播、储存、处理，使物流信息更加清晰明了。

（5）网络化。物流设施、业务、信息等通过互联网、交易平台、电子数据交换系统等工具把物流中心、供应商和客户有机的联系在一起，随时保证信息的畅通。

（6）柔性化。智能物流具备的动态系统可以更好地帮助其适应环境，以客户为中心，更好地满足客户小批量、多品牌、短周期的要求。

（7）无纸化。智能物流依托于电子设备，对纸张的需求量小，更加绿色环保。

1.2.2 智能物流装备概况

伴随着智能物流用户需求的变化和科技的不断发展进步，物流装备和物流技术的发展大体有以下几个趋势：一是物流技术与物流装备的发展将更加先进化；二是信息集成化程度越来越高；三是技术自动化日益普及；四是多样化与专业化；五是标准化与模块化；六是系统化与可扩展化；七是服务的人性化与智能化；八是行业的绿色化与节能化。

（1）先进化。伴随着科技水平的进步，物流装备必将越来越先进化，物流装备的自动化程度也将越来越高。各个生产商都在采用先进的技术来提高物流的精准度、物流装备的稳定性和可靠性。

（2）信息集成化。物流装备与信息技术已经成为物流技术的核心，智能物流实现了物流与信息流在线或离线的高度集成。物流装备与信息技术紧密结合，实现高度自动化是未来的发展趋势。目前，越来越多的物流设备供应商已从单纯提供硬件设备，转变为提供包括控制软件在内的总体物流系统，并且在越来越多的物流装备上加装电脑控制装置，实现了对物流设备的实时监控，大大提高了其运作效率。物流装备与信息技术的结合，已成为各厂商追求的目标，也是其竞争力的体现。现场总线、无线通信、数据识别与处理、互联网等高新技术与物流设备的有效结合，成为越来越多的物流系统的发展模式。无线数据传输设备在物流系统中更发挥着越来越重要的作用。运用无线数据终端，可以把货物接收、储存、提取、补货等信息及时传递给控制系统，实现对库存的准确掌控，通过调度系统指挥物流装备的操作，缩短了系统反应时间，使物流装备得到了有效利用，整体控制提升到更高的水平。将无线数据传输系统与客户计算机系统连接，为客户提供实时信息管理，从而极大地改善了客户整体工作效率，全面提高了客户服务水平[2]。

(3) 技术自动化。自动化与人性化设计是智能物流装备的主要标准，用以降低工人的劳动强度，改善工作环境，降低操作难度。例如智能仓储在电商、医药、快递冷链等领域快速推进。使用智能仓储机器人进行无人配送，大幅度地提高仓储作业的自动化、机械化和信息化水平。

(4) 多元化与专业化。为了满足各个行业、不同规模的客户的不同需求，物流装备的形式也呈现多元化，且专业化的程度与日俱增。厂商都致力于开发纷繁复杂的产品，用以满足客户的多样性个性需求。物流装备也由以前的全行业通用开始转变为针对不同行业制定不同的机器，由不分工作场合转变为适应不同的工作环境、不同的工况要求，从以前的一机多用转变为专机专用。

(5) 标准化与模板化。在经济全球化的趋势下，物流装备必然与国际接轨。物流装备只有实现标准化、模块化，才能与国际接轨。物流装备标准化可以实现不同的物流设备或控制系统之间能完美对接，为客户提供多种选择和系统实施的便利。多种模块满足客户的需求，可以根据用户的不同需求增强系统的适应性。模块化可以灵活调整现有空间，充分利用现有空间。

(6) 系统化与可扩展化。客户对物流装备的系统集成要求越来越高，供应商应根据客户的实际情况进行系统规划，并将具有相同目的的物流设备有机地集成在一起，以达到最佳效果。只有统筹选择最适合自己的产品，综合利用，才能发挥自己的能力，发挥最大的效益。为了使系统易于集成，达到最佳效果，最好选择同一家公司的物流设备。因此，物流装备厂家也开始提供全套的物流产品解决方案。同时，客户对物流系统的投资往往不是一步到位的，而是按需配置，这需要考虑系统未来的可扩展性。当然，物流设备模块化设计后，可以根据需要方便地进行扩展，一些物流设备还可以通过改变控制软件来调整或扩展系统。

(7) 服务人性化与智能化。物流将朝着更人性化、智能化方向发展。人们的需求是不断变化的，会对现有的物流服务提出更高的要求，因此物流技术和设备的发展将以人们的客观需求服务为出发点，使得其技术和产品更加人性化、智能化，从而降低工人的劳动强度，改善工人的劳动条件，使设备更加方便操作。例如叉车的低重心设计，使驾驶员上下车更加方便；设置了侧向座椅，使驾驶员更容易控制叉车；配备了电子转向器，使叉车更加方便搬运多件货物，并且所需的转向力更小，操作更方便；自动定心功能和故障自诊断功能使小车更加智能化。又如堆垛机地面控制面板的操作界面配备大触摸屏，采用人机对话方式，能清晰显示堆垛机的各种状态和操作步骤，即使是第一次使用也能自由操作。未来，智能操作面板将成为更多自动化仓储系统供应商的首选。

服务的人性化需要物流提供快速的反应能力、更高的准确度、更好的系统稳定性。对物流的快速反应能力而言，主要是指在分拣配送任务完成的时效性，需要不断提高物流队伍的作业速度和处理能力。因此，堆垛机、分拣系统、传输系统等物流设备一直朝着高速运转的目标发展。同时，更高的精度也是客户对物流设备的一贯要求。没有精确性，无论它有多快，都是毫无意义的。因此，生产厂家采用了先进的技术来满足客户对物流设备高精度的要求。物流不是生产设备，但它对生产设备的高效运行起着很大的作用。因此，为了保证物流系统的持续安全运行，开发高稳定性和高可靠性的物流装备已经成为生产厂家的首要技术开发需求。

（8）行业绿色化与节能化。传统物流业的发展模式将物流视为一个相对独立的系统，使得物流具有明显的外部成本和效益。在传统的物流业发展模式中，物流业只需支付很低的资源占用和能源消耗成本，而对环境污染的补偿非常有限，甚至没有补偿，导致物流业外部成本的增加，也导致物流的发展以牺牲社会和环境系统为代价。“绿水青山就是金山银山”，随着“绿色物流”理念在全球的推广和人们环保意识的增强，有远见的物流装备供应商也开始关注环境问题，并采取有效措施满足环保要求。如采用新设备并合理设计，降低设备的振动、噪声及能耗。

1.3 物流专用车辆的发展情况

1.3.1 国外物流专用汽车的发展情况

1.3.1.1 概述

狭义上的物流专用车辆是指运送与储存物料的单元移动集装设备，常用于商场超市的物流配送或工厂库房间的物流周转。广义的物流专用车辆是指从事物流活动的专用车辆，既包含场站内的专用车，也包含生产、运输的全链条物流运输车辆。

物流专用汽车起步于美国和西欧的一些国家，第二次世界大战后，日本和苏联等国也得到了发展。20 世纪 70 年代末，当汽车工业遇到世界性的萧条和滞销时，发展专用汽车成为当时各个国家摆脱汽车工业危机的救命稻草。因此，专用用途的物流汽车就在世界范围内迅速发展了起来。如今，在欧美日等发达国家中，专用汽车的产量已占载货汽车总产量的 80%以上，被广泛应用于社会的各个领域，其种类已经有 6000 余种[4]。特别是进入 21 世纪之后，随着公路交通状况的改善以及高速公路的迅速发展，世界各国对于专用汽车的需求逐年增加，专用汽车已经占领了载货汽车市场的半壁江山。

美国是最早发展专用汽车的国家之一，专用汽车是美国汽车工业的重要组成部分。据不完全统计，美国 9～11.8t 的中型货车保有量中，专用汽车占了 2/3 以上。20 世纪 70 年代美国平均年产挂车已达 15 万辆左右（约占 9t 以上载货汽车的 40%），其中大部分为专用挂车。美国的挂车主要集中在以富荷挂车公司和其他四个较大的挂车制造企业生产，其产量约占全国挂车总产量的 85%。近几年，美国在专用汽车的设计和制造上不断进步，新产品也不断涌现。下面介绍美国具有代表性的几款专用汽车[6]。

图 1-12 所示为前出料混凝土搅拌运输车。我国目前生产和使用的混凝土搅拌车，搅拌筒的筒口都在汽车尾部。搅拌车装料和出料时，驾驶员要将车尾的出料槽对准混凝土泵车的接料槽，倒车调位都很浪费时间，并且地面上还需要有人指挥。而美国目前生产和使用的前出料的混凝土搅拌运输车则消除了这种不便。

图 1-12　前出料混凝土搅拌运输车

图 1-13 所示为托臂式飞机牵引车。目前常用的飞机牵引车都要借助一根重达 30kg、长约 3m 的厚壁钢管牵引杆，必须有两名地勤人员抬着牵引杆的两端才能将牵引车与飞机挂接或分离，而美国的托臂式飞机牵引车仅需一人便可完成。

图 1-14 所示为三轮式地面清扫车。该车为倒三轮结构，即转向单轮在后面，驱动双轮在前面，发动机安装在后部。控制转向的单后轮可绕其垂直安装轴向左右转动 90°，使得清扫车的转弯半径极小，机动性能极好，并且能接近任何拐角，高效完成地面清扫作业[6]。

图 1-13 托臂式飞机牵引车

图 1-14 三轮式地面清扫车

20 世纪 70 年代末期，日本物流专用汽车年平均产量在 20 万辆左右，其中厢式车占 17.9%、特种车占 2.2%、半挂车占 6.5%。1980 年起，因为日本经济不景气，物流专用汽车的产量逐年下降。1987 年日本政府采取一系列的政策措施，物流专用汽车产量才有所回升。到了 2019 年，日本物流专用汽车总产量已达到 123 万辆。近年来在中型货车中，物流专用汽车的比例已超过 54%。日本是高度发达国家，国内物流专用汽车市场的需求主要是满足工业物资、生活物资以及服务于城市功能等方面。日本物流专用汽车公司有如下特点：历史悠久，一般企业的发展史均在 40 年以上；企业的规模两极分化；注重人才战略和产品技术开发，技术人员占比较大；销售体系和售后体系完善；专业化生产程度高、配套体系完善。日本物流专用汽车的代表车型是厢式汽车。目前，日本国内的4t以上物流专用汽车年生产总量约为12万辆，其中厢式汽车占70%~80%，厢式汽车的50%左右为翼开式厢式汽车（见图1-15）。2~4t的物流专用汽车年生产总量约为14万辆，其中厢式汽车占比约为50%。为加强车辆轻量化、材料的可回收利用以及装卸货物方便，日本厢式汽车多采用铝合金、翼开式厢体结构。

图1-15　翼开式厢式汽车

欧洲的专用汽车以重型专用汽车居多，生产厂家知名的有德国的MAN公司、英国的KING挂车有限公司、瑞典的SCANIA汽车公司，车型涵盖主要为低货台货车、挂车和半挂车，最多的是总质量为30t或40t的运送建筑机械的低货台货车；其次还有工业、林业、农业、食品和市政等专用汽车和旅游专用的住宅式专用汽车及野外生活的豪华型专用汽车。

世界各国都非常注重专用汽车的生产和研究，努力提高专用汽车的适用能力，以求满足各种货物的运输。目前，国外主要的工业发达国家专用汽车的保有量占载货汽车保有量的比例均超过50%。

1.3.1.2　国外物流专用汽车生产的组织状况

国外专用汽车的生产组织形式较多，可以概括为如下四种：

（1）汽车主机厂下设分公司或分厂来生产专门专用汽车，如戴姆勒·本茨汽车公司的消防车、救护车、清扫洒水车等。

（2）专用汽车厂从底盘厂购买底盘，自行改装生产专用汽车。由于市场竞争激烈，各主机厂也把生产适用于专用车改装的各种底盘作为主营的业务。如美国大中型货车的出厂主要以底盘形式出现，苏联的专用车厂家也是在主机厂提供的基本型底盘上改装生产专用汽车。

（3）非汽车公司开展专用汽车的生产。因市场潜力较大，日本一些从事飞机制造、造船和铁道车辆制造的公司也设立分公司或分厂来进行专用汽车的生产。

（4）用户兼营专用汽车生产，有些运输公司通过购买一些普通汽车底盘来进行专用汽车的改装。

1.3.1.3 国外物流专用汽车生产企业的特点

（1）小批量、多品种。批量小、品种多，是国外专用汽车生产厂家的一个主要特点，如英国约克公司生产牲畜运输车、冷藏车、保温车、自卸车、粉粒物料散装车等多个品种。

（2）厂家多、规模小。小规模、多厂家是国外专用汽车生产企业的一个重要特点，如英国的专用汽车生产厂家有将近七百家，其中70%的工厂员工人数在30人左右，百人以上的企业屈指可数。

（3）零部件专业化生产。国外大部分专用车厂是总成装配厂，专用作业机构均由零部件公司生产，供专用车企业选购。

（4）技术人员多，产品开发能力强。专用车厂的技术人员一般占总员工数的30%以上，有的高达50%，企业的研发能力强，新产品的开发周期短。

1.3.1.4 国外专用汽车的发展趋势

（1）专用汽车重型化趋势。近年来，国外重型专用汽车发展迅速，其主要原因是重型专用汽车在经济效益、强度、功率等方面相比中、小型专用车有无法代替的优势。如德国的散装水泥车均在15t以上，比利时莫尔公司的大型挂车用牵引车均在50~70t。

（2）一车多用化的趋势。为了提高专用汽车的适应性，满足各种特殊需要，有资料表明国外专用车企业正在谋求专用汽车的一车多用，使专用车功能向多功能方向发展。

（3）底盘专业化趋势。近年来，大型汽车公司的专用底盘均采用专业化和系列化的生产加工模式。国外很多汽车厂对专用底盘的系列化和专业化生产尤为重视，重点服务特殊的客户需求。

（4）新技术、新材料和微型电脑的应用趋势。新材料和新技术在专用汽车上的应用越来越广，如采用玻璃纤维增强塑料代替金属材料；微型计算机应用于专用装置的动力传递、发动机控制、自动变速和电器故障诊断等方面，使专用汽车的使用价值明显提高。

1.3.2 我国物流专用汽车的现状及发展趋势

1.3.2.1 我国物流专用汽车的生产现状

我国物流专用汽车发展起步于军用改装车和消防改装车，全面发展始于20世纪80年代。经过几十年的发展，我国物流专用汽车行业已有相当的规模且发展迅速。据相关资料统计，2006年全国物流专用汽车企业有800家，到2019年已经增加到了1600余家。生产能力也有了长足的发展，1999年全国物流专用汽车产量为17.42万辆；2005年为50万辆；到了2019年我国物流专用汽车及普通自卸车、半挂车八大类产品累计生产336.63万辆，其中厢式类专用汽车累计生产85.54万辆，同比增长6.4%；罐式类专用汽车累计生产15.48万辆，同比增长24.9%；专用自卸车累计生产10.13万辆，同比增长5.4%；仓栅类专用车累计生产3518万辆，同比增长14.9%；举升类专用车累计生产7.38万辆，同比增长41.4%；特种类专用汽车累计生产8.88万辆，同比增长5.6%；普通自卸车累计生产35.55万辆，同比增长4.0%；半挂车累计生产138.48万辆，同比增长109.8%。从车型吨位上分，重型车占60.32%、中型车占3.31%、轻型车占36.36%。物流专用汽车产品范围覆盖交通、城建、市政、石油、化工、环卫、卫生医疗、军工、文化娱乐、银行等国民经济发展的各行各业。物流专用汽车在产品结构、工艺装备、产品产销量、产品技术、新产品开发和新技术应用等方面均取得了较大成就，基本满足了国民经济发展的需要。目前，我国物流专用汽车产量占载货汽车产量的比例超过了50%，物流专用汽车品种超过了5000个，其中厢式汽车占比30%左右，正在逐渐接近欧美日等发达国家和地区的水平。

我国物流专用汽车呈现出向智能化、重型化、厢式化、高档化和多极化的方向发展，其中表现明显的是：货物运输专业化，专用汽车运输重型化、列车化，普通货物运输厢式化。

近年来我国的物流专用汽车生产有如下几个特点：

(1) 产业集群发展势头非常迅猛。如规划占地面积38km^2、地处“沈铁工业走廊”上的辽宁专用汽车生产基地；天津市蓟县开发区批了12km^{2}的土地用于专用汽车产业的发展；在山东省梁山县聚集了105家专用汽车生产企业，并且有继续扩张之势；郑州市拟在中牟县汽车工业园区打造年产10万辆专用汽车的生产基地；湖北省随州市在已有的75家专用汽车及零部件企业基础上，又打造了20km的汽车产业发展走廊；福建厦门和泉州一带，将重点发展专用汽车产业；川渝经济区在汶川地震后重建的背景下，专用汽车产业发展极为迅速[5]。

（2）物流专用汽车市场已逐渐形成规模化。我国物流专用汽车市场是随着国民经济和汽车工业的快速发展而逐渐发展起来的，目前我国的专用汽车生产企业大致可归成四类：一是主要生产基本型汽车的主机厂；二是专业生产专用汽车的企业；三是非专业的生产厂家；四是一些修理厂，根据用户需要改装专用汽车。我国物流专用汽车生产前10名的省市依次为：湖北、江苏、北京、山东、辽宁、河北、广东、四川、上海、安徽，这10个省市的专用汽车产量之和约占全国专用汽车总产量的80%。

1.3.2.2 我国物流专用汽车发展背景

我国专用汽车发展背景可以概括为以下几点：

（1）国家宏观经济背景。国家宏观经济的发展对专用汽车行业影响很大，随着我国宏观经济持续稳定发展，物流专用汽车市场的需求将呈现稳步增长趋势，专用汽车市场的需求仍将维持在较高的水平，内需市场仍将是主要需求市场；半挂车、自卸汽车、厢式汽车、罐式汽车依旧是市场需求的主力车型，社会基本物资运输车辆、作业类车辆和提升城市功能类的专用车辆需求将持续增加。

（2）地区发展背景。我国各个地区的经济发展水平和市场消费环境大不相同，所以专用汽车在国内市场的分布情况也具有很强的地域特点。经济和交通发达地区对专用汽车的需求最旺盛，农村及经济欠发达地区受“新农村”和“城乡一体化”建设等大环境影响对环卫类专用汽车的需求也逐年增长，专用汽车市场在诸多因素的推动下蓬勃发展[7]。

（3）相关行业背景。宏观经济的快速增长，也带动了相关行业的高速发展，巨大的资源消耗也成为我国重型专用汽车发展的重要原动力。道路条件的改善为专用化、高速化、集成化和集装箱化的公路运输发展提供了良好的条件，同时也促进了大功率、大吨位的专用汽车的广泛应用。

（4）行业技术背景。重型专用汽车的营运经济性良好，重型化和列车化也是货运的发展方向。同时，国产重型车一般价格低廉，例如载重量20t的重型汽车，进口的价格在50万~60万元，而国产的价格仅在20万~30万元。

（5）行业政策背景。近几年，国家陆续出台了很多行业优惠政策，如《关于公布取消部分交通和车辆收费项目的通知》《汽车产业发展政策》《工业行业近期发展导向》《关于降低车辆通行费收费标准的意见》等文件，对专用汽车的发展提供了大力支持。

1.3.2.3　我国物流专用汽车行业面临的问题

与国外同行业相比，中国的专用汽车还面临一些问题，主要表现在以下几点：

(1) 生产企业过散、过多。近年来，随着经济的迅速发展和高速公路的快速建设，使得许多企业纷纷投入到以厢式车、自卸车、罐式车和专用半挂车等为主的低、中附加值品种的专用汽车生产中，有的扩展系列，有的增加产量，导致上述各类产品均有数百家企业同时在生产。目前我国大部分专用汽车生产企业的状态是：厂区分散，规模较小，开发能力较弱。生产厂家普遍设备工艺水平落后，生产效率低下；综合产能过剩；产品质量参差不齐。

(2) 科技含量高的产品缺乏自主研发能力。专用汽车是集机械、液压、电子、环保、化工等各领域的先进技术的产品，技术要求高、批量小、品种多、市场需求变化快。我国专用汽车目前处于产量小、劳动密集型的中低技术含量产品居多。由于在技术研发投入不足，导致一些技术含量较高的产品和关键零部件仍需进口，例如泵类、阀类、液压件、控制仪表等，制约了高技术专用汽车的开发和生产。同时，国内一些有实力的汽车企业在产品技术和资金投入上也存在着偏向基础型车而轻视专用车的现象。

(3) 生产技术水平低，产品附加值低。由于专用汽车生产对工装工艺有较高的要求，尤其对冲压成型和焊接涂装设备的要求更高。我国的专用汽车生产企业，由于缺少规模化的技术改造，生产工艺水平普遍较低，阻碍了产品的质量和档次的提高，制约了专用汽车的发展。国产专用汽车主要分布于自卸车、厢式车、罐式车、牵引车和起重车等中、低端车领域，有可靠性差、功能单一、结构简单、成本较高等缺点。由于科技含量较低且易于仿制，大企业可以生产的产品，中小型企业也可以制造，造成产能过剩。这些因素综合起来使得国产专用汽车的平均利润率仅为3.5%，产品附加值低。一些技术先进、功能独特的国外专用车，定价非常高，产品利润率高达50%，附加值高。

(4) 专用汽车市场的拓展受到限制。随着国内外各大厂家不断开发新的生产技术，推出新的品种，我国的专用汽车企业面临着较大压力。如可承担城市清洁任务的清扫车、洒水车等产品受到城市规划的政策制约；处于成熟期的产品，市场份额基本稳定，提高市场占有率有较大难度。

1.3.2.4　我国物流专用汽车发展趋势

长远来看，我国物流专用汽车的市场将在城市建设和高等级公路运输两方面来进行深度发力，其发展将呈现以下几大趋势：

（1）专用汽车占比将逐渐扩大。发达国家专用汽车占普通载货汽车的比例在70%以上，我国的专用车占普通载货汽车比例在40%左右，还有很大的上升空间。

（2）技术含量、附加值不断提升。随着国民经济总量构成比例的变化，专用汽车产品在市场上的需求格局将相应改变。同时，随着市场竞争的加剧，劳动密集型专用汽车厂家以价格取胜的竞争优势将逐步弱化，市场对高技术高附加值的需求将大大增加。

（3）生产模式特色化。国内专用汽车生产企业一般可分为运输类和作业类两种模式，运输类企业产品结构小而全，作业类企业产品结构呈现单一化、系列化。模式固有的不足，需借鉴国外专用汽车企业先进管理经验，建立企业的快速应变能力。

（4）区域化的产业集中趋势。通过国家政策的有效引领，实现产业集聚区的区域化集中优势，区域内企业强强联合，有力推动资源的合理配置，提高物流专用汽车的生产集中度。

（5）行业管理的科学化。随着政府行政职能向服务职能的转化，科学的管理手段会加速物流专用车辆的发展步伐，使我国的专用汽车发展尽快步入快车道。

（6）重型化、多轴化趋势。因重型化和多轴化车辆良好的营运经济性，必然会成为行业发展的主力方向。国家新基建的政策，有效促进了交通运输业发展和道路条件的改善，为重型化和多轴化也创造了良好的客观条件。

2　智能物流装备与分拣技术

2.1　自动化仓库

为节约存储空间、提高仓储存取和管理效率、降低人工误差和人工成本，自动化立体仓库近年来在我国得到了长足发展。自动化仓库主要由堆垛起重机、高层货架和控制系统等主要部件构成。在多层钢结构体货架内设计有货位空间，起重机由控制系统引导，穿行于货架内，完成存、取货工作，如图 2-1 所示。在不直接人工干预的情况下，自动化仓库系统可以自动完成物料的存储和取出过程，自动化仓库已被广泛应用于汽车、飞机、机械、家电、食品等制造行业。

图 2-1　昆山同日工业自动化有限公司研制的自动化立体仓库

2.1.1　自动化仓库基本构成

自动化立体仓库可分为硬件系统和软件系统两部分，其中硬件系统包括多层货架及其货箱、堆垛机、输送搬运机械、电子电气设备等部分。

2.1.1.1　多层货架及其货箱

贯通式货架、货格式货架、悬臂式货架是自动化立体仓库中常见的货架类型。一个标准货物或容器被称为单元负载。货物载体可以是托板、托盘、专用集装箱托盘、滑板、纸箱、专用盛放架等，货物通过载体存放在货架中。托盘的基本功能是储存物料，方便堆垛起重机对货架内的物料进行取出和储存操作。托盘主要由钢、木或塑料制成；托板一般为金属制成。专用集装箱托盘大多由钢制成，可在各种运输设备上进行周转。专用盛放架由钢或木材制成，可以装载特殊形状的零件或物品。

2.1.1.2 堆垛机

堆垛机是自动化仓库中较为重要的起重运输设备，可在仓库通道内按工作程序运行和工作，将货物存放至货舱，或将货舱内的货物取出。堆垛机有多种类型，可按照下述五种主要分类方式进行分类。

（1）按是否有导轨分类，堆垛起重机可分为轨道堆垛机和无轨堆垛机。轨道堆垛机在工作时沿预设的固定轨道运行。无轨堆垛机即高架叉车，运转较为灵活，可用于两车道以上作业环境，但作业速度慢，作业效率低，而且高架叉车的工作高度有限，多用于高度小于12m、吞吐量较小的立体仓库；相反，轨道堆垛机的工作高度较高，在现代化立体仓库中得到了广泛应用。如果仓库存储高度较低，也可以使用普通叉车作业。

（2）按作业高度可分为高层、中层和低层堆垛机。高层堆垛机提升高度超过15m，适用于一体式高层货架；而提升高度小于5m的低层式堆垛机，多用于简易立体仓库；中层堆垛机提升高度一般在5~15m之间。

（3）按自动化程度可分为全自动、半自动和手动堆垛机。手动和半自动堆垛机配有司机室，而自动堆垛机不配备司机室，直接由控制系统自动控制，可自动定位和装卸货物。

（4）按用途分类。根据用途的不同，堆垛机主要可分为桥式堆垛起重机和巷道式堆垛起重机。在桥式起重机的基础上，结合叉车的功能和结构而设计制造的自动化仓库用桥式堆垛机，由小车、大车运行机构、电气设备及桥架等主要部件构成。一个可升降伸缩的货叉可安装在桥式起重机的立柱上，根据立柱结构和功能的不同，可将桥式堆垛起重机分为带固定立柱的支撑式、带伸缩立柱的支撑式、带固定立柱的悬挂式、带伸缩立柱的悬挂式桥式堆垛机[1]。

带固定立柱的支撑式桥式堆垛起重机是由桥架和带立柱的小车组成，使用方便，结构简单。带伸缩立柱的支撑式桥式堆垛起重机有伸缩立柱，可以克服障碍物进行堆垛和装卸，使用方便，并且对地面通道环境要求较低；但相比带固定立柱的支撑式桥式堆垛起重机，结构较为复杂。带固定立柱的悬挂式桥式堆垛起重机的起重机桥架较轻，起重机轨道可以固定在屋顶桁架上。而带伸缩立柱的悬挂式起重机，立柱具备伸缩功能，能够跨越地面障碍物进行堆垛、装卸和搬运工作，对地面通道环境要求较低，使用方便，但结构复杂。

桥式起重机主要性能参数包括：

1）小车最大运行速度。小车最大运行速度是指小车在额定起重量下在桥架上运行时能达到的最大速度。小车的最大运行速度直接影响到作业效率。

2）额定起重量。额定起重量是指允许桥式堆垛起重机进行叉取的最大物料质量，涵盖货叉和其他存取设备的质量。

3）最大提升高度。在额定起重量前提下，物料被抬升至最高位置时，货叉的水平段上表面与地面的垂直距离，定义为桥式起重机的最大提升高度。货架的高度由最大提升高度决定。

4）最大提升速度。最大提升速度是指货物在额定起重量下的最大提升速度。

5）最大回转速度。最大回转速度是指回转平台在额定起重量下回转时所能达到的最大速度。

6）巷道宽度。巷道宽度是指巷道满足各种作业要求的最小宽度，它主要受货物的几何尺寸、货叉长度等因素的影响。

7）货叉下挠度。货叉下挠度是指在额定起重量下，货叉上升到最大高度时，其最前端向下弯曲的距离，该参数反映了货叉抵抗变形的能力。若货叉下挠度过大，会影响货物运行过程中的稳定性。货叉下挠度大小与货叉的材料、加工货叉的热处理工艺以及结构形式有关。

桥式堆垛起重机的桥架尺寸较大，占用空间较大，运行速度受限；而且一个仓库内的桥式堆垛起重机数量一般为 1~2 台，台数增加会增大相互干扰程度与风险。桥式堆垛起重机适用于出入库频率较低、存放尺寸较长的原材料和货物比较笨重的仓库。而在桥式堆垛机基础上结合叉车特性发展而来的巷道式堆垛机，可在多条巷道上运行与工作，将物料取出并转运至巷道口，或将处于巷道口的物料存入高层货架内。巷道式堆垛起重机的运行速度通常为 4~120m/min，提升速度通常为 3~30m/min。

巷道式堆垛机一般由机架、运行机构、提升机构、电气设备和载货台等主要部件构成。图 2-2 为装备同日巷道堆垛起重机的自动化仓库。巷道式堆垛起重机机架的框架通常由上横梁、下横梁和立柱组成，结构较为窄而高。按机架结构分类，可分为单立柱式和双立柱式两种类型。

1）单立柱式巷道堆垛机，其机架一般由下横梁（一根）和立柱（一根）

图 2-2 装备同日巷道堆垛起重机的自动化仓库

构成，如图 2-3 所示，具有质轻、紧凑、堆垛机运行时驾驶员视野开阔等优点，但刚度稍差。立柱的动、静刚度会受到装卸平台和物料对单立柱的偏心作用及行走、制动、加减速的水平惯性力的影响，而且当装卸平台位于立柱的最高端时振幅最大。

图 2-3 江苏易飞迅物流科技有限公司研制的单立柱巷道式堆垛机

2）双立柱式巷道堆垛机是由上横梁、下横梁、立柱构建的框架结构，刚度和强度均较大，适用于起重量大或起升高度较高的仓库环境。堆垛机在工作时，其机架可沿天轨运行。为了防止框架发生倾倒，通常会在上横梁安装导向轮。

下横梁通常装配有运行机构及可在轨道上运转的车轮。其中的运行机构可进一步分为顶部驱动式、中部驱动式和地面驱动式。支承式顶部驱动堆垛机，其下部通常装备有两组水平导向轮，可支承在天轨上运行。悬挂式顶部驱动堆垛机，一般采用在巷道上方支承梁上进行悬挂安装的方式，并展开作业。地面驱动式巷道堆垛机，利用承重轮沿地面轨道运转，并使用顶部的水平导向轮沿天轨进行导向，其应用更为广泛。

巷道式堆垛起重机的提升机构由减速器、制动器、电动机、卷筒或链轮及柔性部件组成。齿轮减速器、较大减速比的行星齿轮减速器和蜗杆减速器是提升机构常用的减速器类型。常用的柔性件有起重链、钢丝绳等，卷扬机用钢丝绳带动载荷台做升降运动。可使用带制动器的电机，减小巷道式堆垛起重机提升机构的空间尺寸。提升机构常设有低速挡位，确保平稳停车和装卸货物时的“微升降”操作。

载货台及其存取货机构是巷道式堆垛起重机的重要组成部分，承担着直接存取物料的任务。作为物料单元的承载装备，载货台一般由平台主体和存取物料机构组成，采用辊轮支撑，能够沿立柱导轨垂直移动进而完成对物料单元的升降起重作业，如图 2-4 所示。

图 2-4　江西丹巴赫机器人股份有限公司研制的载货台

为了使得升降平稳，载货台上面可安装导向轮和侧轮。存取货装置安装在载货台上，包括可伸缩托盘形式和伸缩式货叉形式，可根据货物的形状特点进行设计和选择，最常见的形式是一对伸缩式货叉，如图 2-5 所示。

伸缩式货叉的结构较为紧凑，其货叉伸出方向为与载货台的起重行走平面

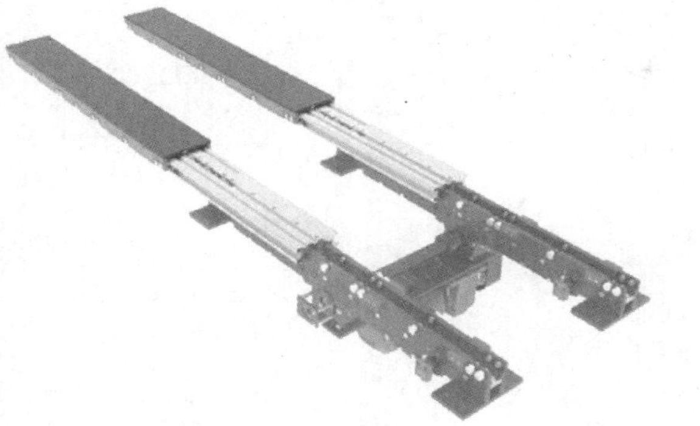

图 2-5 苏州新锋精工制造有限责任公司研制的 xfa99-06 型 1100kg 伸缩货叉

垂直的方向，货叉作业时产生的力矩通过升降导轮传递到门架上，加、减速产生的水平惯性力通过侧轮传递到升降导轨上。其中三节式伸缩货叉用途广泛、结构经典，一般由前叉、导向滚子、中间叉和固定叉构成，传动方式通常为链传动方式或齿轮齿条方式。固定叉安装在载货台上；在链轮链条或齿轮齿条的驱动下，中间叉沿其中点向两侧可伸缩一定长度；前叉又进一步伸缩一定距离，共同完成货物单元的插取存放。前叉可由两条钢丝绳或滚子链驱动，钢丝绳或链条的另一端则固定在载货台或固定叉上。

巷道式堆垛起重机的电气设备主要包括电气传动、检测和控制设备。在电气传动方面，可控硅直流调速、交流变极调速和交流变频调速的应用较为广泛，速度、稳定性和精度要求是电气传动系统应满足的条件。堆垛机的电气控制一般采用可编程逻辑控制器、单片机和微型计算机等设备。

巷道式堆垛起重机作为在高空、窄巷道内高速运行的设备，为了保证仓储操作人员和相关设备的安全，必须具备完善的软硬件安全保护装置；可采用的安全保护措施主要有各机构的缓冲器和终端限位、电机过电流和过热保护、控制回路的零位保护等，进一步可根据实际仓库环境和需要增加各种保护模块。

2.1.1.3 输送搬运设备

输送设备属于自动化立体仓库中的辅助性设备，具有连接各个物流站的功能。带式、轮式、辊式、悬挂式、滑板式输送机是常见的输送设备。搬运设备包括自动引导车、叉车、室内起重机、智能物流搬运机器人（见图 2-6）等地面交通工具。

图 2-6　亚马逊仓库 KIVA 智能物流搬运机器人

2.1.2　自动化仓库的基本功能

自动化立体仓库采用自动存取系统，主要可以实现收货、存货、取货、发货、信息查询等五种基本功能，将接收的货物按照一定的顺序存放到自动化立体仓库中，可为企业的仓库区域节省占地面积，提升空间利用率，为企业节省仓储成本。自动化立体仓库通过对货物的信息化管理，能够准确地记录货物所在库位，方便正确取货并保证效率。在接收到取货需求后，自动化仓库自动进行取货作业。仓库管理人员可利用信息查询功能，较为方便地对仓库及物料信息进行自动化管理，实时查询仓库和物料及其运行信息。

2.2　仓储物流装备

2.2.1　起重机械

2.2.1.1　起重机械的概念

在物流作业中，起重机械是一种循环式间歇性运动的机械，可用于对货物进行垂直升降和水平移动，完成装卸、转运货物等各种作业任务。起重机械是实现物流作业机械化、自动化的主要装备，可改善搬运条件、减轻工人劳动强度、提高装卸搬运效率，在自动化仓库中起着重要作用。

2.2.1.2　起重机械的分类

按结构形式，起重机械一般可分为轻小型起重设备、起重机和升降机三类。轻小型起重设备质量与体积较小，适用于作业任务强度与重量较轻的场合，方便携带，具有代表性的设备包括吊具、千斤顶等。起重机较轻小型起重设备更为复杂，能够对货物进行垂直升降和水平移动操作。升降机仅沿导轨升降，做垂直或近似垂直的运动[2]。

2.2.1.3 起重机械的特点及结构

A 起重机械的特点

水平运动和垂直升降运动是起重机械的基本运动形式，不同种类的起重机械，构造及工作原理也不尽相同，但其工作特点基本相同。起重机械一个完整的工作过程包括：吊钩提升货物，提升后完成若干水平运动，将货物运送至卸载地点，然后返程开始下一次工作。整个过程称为一个工作循环，一个工作循环完成，紧接着进入下一个工作循环，每一个工作循环都有负载和空载返回行程。可见起重机械的工作过程具有间歇性、重复性特点。在工作过程中，各工作部件常启常停，稳定运动时间较短。起重机械的主要功能是装卸，其搬运能力较差，搬运距离较短。起重机械一般较笨重，通用性不强，一般用作港口、车站、物流中心等处的固定设备，而且起重机械的作业方式是从上部空间提升货物，因而工作时高度空间的需求较大。

B 起重机械的结构

起重小车、桥架运行机构、桥架金属结构等主要部件构成起重机械。起重小车由运行机构、起升机构和车架构成，其中由焊接工艺制造的车架是运行机构和起升机构等结构的支撑机架。起升机构由卷筒、滑轮组、电动机、减速器和制动器等主要部件构成，电动机通过减速器降低转速，并驱动卷筒转动，卷筒的转动可以带动钢丝绳卷动，完成升降货物的动作。起重机械运行机构有两类驱动方式，一类为两侧车轮各用一台电动机驱动，即分别驱动；另一类为用一台电动机通过传动轴将动力传给两侧车轮，即集中驱动。中小型桥式起重机一般将电动机、减速器和制动器一体化设计制造来驱动车轮，而起重量较大的桥式起重机常采用万向联轴器驱动。运行机构一般有四个车轮，但在起重量较大时，必须增加车轮数量以降低单轮轮压。若配备四个以上的车轮，起重机械必须安装铰接均衡车架装置，使得各车轮载荷达到均衡状态[1]。

2.2.1.4 起重机

门式、桥式和悬臂式起重机是应用较为广泛的三种起重机类型。

A 门式起重机

图 2-7 所示为河南卫华重型机械股份有限公司生产制造的门式起重机，外

形如同门形框架，其主梁下方的两侧各有两条支撑腿，支腿可沿铺设在地面上的轨道运行。门式起重机具有作业范围广、通用性较好、适应性强等特点，在港口码头、仓库等物流场景较为常见。

图 2-7　河南卫华重型机械股份有限公司生产制造的门式起重机

a　门式起重机的分类

按结构分类，可分为桁架结构门式起重机、箱型结构门式起重机等；按悬臂数量分类，可分为无悬臂式起重机、单悬臂式起重机和双悬臂式起重机；按门框形式分类，可分为全门式、半门式；按主梁个数分类，可分为单梁式和双梁式；按支腿形状分类，可分为 C 形门式起重机、L 形门式起重机、O 形门式起重机和 U 形门式起重机等。

b　门式起重机的构造

门式起重机主要由电气设备、驾驶室、小车、大车运行机构、门架、大车导电装置和安全装置等部件构成。门式起重机的门架主要由主梁、下横梁、支腿、行走平台栏杆、梯子平台、小车导电支架、小车轨道、控制室等主要部件构成。按起重机的主梁数目，门架一般分为单主梁、双主梁门架。门式起重机大车运行机构采用分别驱动方式。车轮分为主动轮和从动轮，在保证起动和制动时车轮防滑的前提下，可确定主动轮占总轮数的比例。通过主动轮驱动支腿，使得起重机可沿铺设在地面上的轨道运行。大车导电装置用于将地面电源连接至起重机，实现起重机的各种动作、控制和过载保护。大车导电装置主要可分为两种，一种是电拖滑线导电装置，其安装时需架起若干根电线杆，用以架起电源线，建设费用较高，电源线离地较高，维修较为困难；另一种是电缆卷取装置，其需要将电缆埋于地下，并将起重机所需电缆引出，机上设有卷取装置，随着起重机的运行，卷取装置进行卷缆和放缆。门式起重机的小车主要由小车架、运行机构、起升机构等部件构成，能够实现小车沿主梁运动，与起升机构配合通过吊具完成货物的吊装升降和移动任务，可适应户外作业需要。门式起重机以电力为动力源，货物的升降、大小车运行的控制和过载保护等模块的正常运行必须依靠电力系统来保障。门式起重机电气设备是指大车轨道面上部电气设备，安装在驾驶室和电气室内，或安装在门架走台上。驾驶室、电气室一般均固定在主梁下，且不可移动。但抓斗门式起重机的驾驶室和电气室是可以随小车移动的。门式起重机的安全装置主要有缓冲器、偏斜指示装置、起重量限制器、安全保护连锁开关、保护罩、扫轨器、起升高度限位器、行程限位开关等，保障门式起重机运行安全[1]。

B 桥式起重机

图 2-8 所示为河南卫华重型机械股份有限公司生产制造的桥式起重机。桥式起重机通常横跨于金属架或水泥支柱上，外形似桥，能够在铺设于两侧高架的轨道上运行，因此运行时不受起重机下方空间和环境的干扰。

图 2-8 河南卫华重型机械股份有限公司生产制造的桥式起重机

起重机的技术参数代表了其工作性能，是正确选择起重机的技术依据，起重量、工作类型、起升高度、跨度、工作速度和轮压是主要技术参数。

（1）起重量。表示起重机在安全工作条件下的最大起重量，即起重机的额定起重量，是评价起重机起重能力的重要参数。一般来说，抓斗、起重电磁铁须包含在起重量参数内，但吊钩、活动滑轮组、钢丝绳不计入起重量。起重量用 G 表示，单位为 kg 或 t。

起重量参数较大的起重机一般具有两种起重机构：主起重机构和辅助起重机构。主起重机构俗称主钩，其起重量较大；辅助起重机构俗称副钩，其起重量较小，副钩的起升速度比主钩快，可提高轻货装卸效率。起重量可用由主钩和副钩构成的分数表示，分子为主钩起重量，分母即副钩起重量。

（2）工作类型。表示起重机的工作繁忙度。对于起重机整机而言，繁忙度是指一年中起重机实际运行小时数与总小时数的比值；对于起重机某工作机构而言，是指该机构一年内的运行小时数与总小时数之比。在起重机的一个工作循环中，机构工作时间的百分比被称为负荷持续率。根据起重机工作繁忙度和载荷变化程度，起重机可分为轻型、中型、重型和超重型四种类型。起重机工作类型主要指标的平均值见表 2-1。在起重机的选型和维护中，应注重机构的工作类型。

表 2-1　起重机工作类型主要指标平均值

类型	起重机工作繁忙程度		载荷变化程度		机构工作特点
	一年工作小时数/h	机构负荷持续率/%	起重量利用系数	机构每小时开动次数/次	
轻型	1000	15	0.25	<60	无载或轻载，负荷持续率较小，运行次数较少，停歇时间较长
中型	2500	25	0.5	60~120	工作速度较慢，负荷持续率与运行次数中等水平
重型	5000	40	0.75	120~240	负荷持续率与运行次数较高
特重型	7500	60	1	>300	满载、高速、周转循环接近连续

（3）起升高度。起升高度是指起重机吊钩上升到最高位置与工作地面或运行轨道之间的垂直距离，常用 H 表示，单位为 m。在我国，起重机起升高度已经标准化，桥式起重机起升高度一般在 12~36m 之间，门式起重机起升高度一般在 11~33m 之间。

（4）跨度。指起重机两侧轨道中心线之间的距离，表示桥式起重机和门式起重机的工作范围。跨度用符号 L 表示，单位 m。

（5）工作速度。一般分为起升速度和运行速度。起升速度是指货物升降速度，单位为 m/min 或 m/s，例如仓库起重机的起升速度一般为 8～40m/min 之间。运行速度是指起重机或起重小车的工作速度，单位为 m/min 或 m/s。一般情况下，起重量较大的起重机工作速度较慢，而起重量小的起重机工作速度较快。起升速度和运行速度要协调搭配，以提高工作效率。

工作速度一般应根据工作需求和起重机结构确定，需要考虑以下四点因素：第一，起重机的工作性质和使用场合。生产率较高、工作较为频繁的起重机，其工作机构应为高速，通用起重机的工作机构应为中速；散装物料装卸起重机的工作机构应为高速；安装用起重机的工作机构应为低速；部分工作机构可采用微速。装卸、安装、搬运起重机采用多速度配合。起重机满载时应采用低速，空载时应采用高速。第二，起重机起重能力。对于中小型起重机，一般采用高速来提高生产率；大型起重机主要用于解决大型重型零部件的吊装问题，工作次数较少，对工作速度要求较低，所以其通常以低速运行，以减小驱动功率和动载荷，确保其安全性和运行稳定性。第三，起重机工作行程。对于工作行程较小的起重机，工作速度宜为低速；对于工作行程较大的起重机，工作速度宜为高速，保证起重机在正常工作时，机构能实现稳定运动。第四，各机构工作速度的协调。起重机的主要工作机构（如起升机构）的工作速度一般可采用机械或电气方法来调节。由于起重机各工作机构的运动特性和工作特性不同，其工作速度选择应协调配合，保证整机工作循环的稳定性和安全性以及各机构在联合作业中的协调性。

（6）轮压。当小车在桥的一端时，起吊额定载荷，此时起重机车轮上的垂直压力即是车轮压力，车轮可承受最大压力参数称为最大轮压[1]。

C 悬臂式起重机

悬臂式起重机主要利用臂架的边幅绕垂直轴线回转配合升降货物，动作较为灵活，使用较为方便。悬臂式起重机主要可分为固定式、浮式和移动式悬臂起重机三种。固定式悬臂起重机仅能在原地工作，常安装在港口码头上，臂架一般可做回转或俯仰运动。浮式悬臂起重机常安装在平底船上，用于港口等场景的货物装卸工作。移动式悬臂起重机可在地面上移动或沿轨道滑行，常用的有汽车起重机、履带起重机、轮胎起重机和门座起重机。

汽车起重机机动性较好，缺点是不能负重驾驶、不适合在松软或泥泞的地面环境下工作、在工作时必须放下两侧支撑腿以保持整机稳定。以履带式底盘为基础的履带起重机，稳定性较好，使用较为方便，可载荷行驶，对道路的要求较低；但是其行走速度慢，行驶时会损坏路面，不宜长距离行走，一般可用平板拖车运输。轮胎起重机是将起重设备安装于轮胎底盘上的起重机，其稳定性较好，在平坦地面上可不依靠支撑腿进行起吊装卸作业；但是其运行速度较慢，较为适合固定作业。门座起重机是港口、车站等处的常用起重设备之一，具有良好的工作性能和独特的结构。门座起重机是随着港口工业的兴起而发展起来的，1890年固定旋臂式起重机首次安装在狭窄码头上运行的半门座式起重机上，码头空间的不断延拓带动了门座起重机的发展，增加了俯仰臂和水平变幅系统在起重机中的运用。第二次世界大战后，港口门座式起重机发展迅速。为方便多台起重机在同一船上并联工作，一般可采用旋转部分与柱体连接的旋转柱式门座式起重机，或采用滚动轴承式支承回转装置，其转动部分通过大轴承与门架连接，减小了转动部分的尾部直径，而门架结构减小了码头覆盖面——门架主体对地面的投影。门座起重机也常用于工作条件与港口相近的船台或水电站施工现场等环境中。图2-9所示为河南卫华重型机械股份有限公司生产制造的门座起重机。

图2-9 河南卫华重型机械股份有限公司生产制造的门座起重机

门座起重机有上部转动部分和下部运行部分，转动部分安装在门式底架上，包括起升、回转、变幅三种机构，转动部分安装有臂架系统及驾驶室等。运行部分一般装配在门座下方，起到改变起重机作业位置的作用。门架的底部可以穿过火车等车辆，轨距一般有三种不同规格，可通过1~3列车。门座底部安装有行走轮或小车，用以驱动起重机移动。门座起重机工作效率较高，速度较快，起升速度可达70m/min，变幅速度可达55m/min，其额定起重量一般为5~100t，造船用门座起重机可达150~250t，适用性强。门座起重机具有起升高度较高、工作范围较大、占用面积较小、灵活性较高和安全可靠等优点；其缺点是造价较高、轮压较大、地基需要足够坚固、附属设备较多[1]。

2.2.1.5 升降机

升降机是一种多功能升降装卸机械设备，可以垂直运送货物或人员，常用于码头、工厂、仓库等场景。升降机最早可以追溯到古代中国和欧洲国家，人员或货物用辘轳等工具垂直运输。常用的升降机有剪叉式、曲臂式和套缸式三种。

A 剪叉式升降机

剪叉式升降机利用剪式机械结构使平台升降的稳定性较高、工作平台宽、承载能力较强、高空作业范围较大，使升降工作更高效、更安全，广泛应用于高空作业、货物升降装卸、设备安装维修等。图2-10所示为山东华雄机械有限公司生产制造的剪叉式升降机。剪叉式升降机可分为移动剪叉式和固定剪叉式两种，其中移动剪叉式升降机可分为自行走人工牵引式、普通牵引式和全自行式三种。剪叉式小轮升降机和剪叉式大轮升降机适用于不同转运场景：剪叉式大轮升降机适用于厂房、工厂车间、维修航吊等室外高空作业，剪叉式小轮升降机具有质量较轻、运转工作速度快等特点，广泛用于饭店礼堂和高档室内场地的升降需求。

图2-10 山东华雄机械有限公司生产制造的剪叉式升降机

剪叉式升降机的举升机构一般由高强度锰钢长方形管制作而成，并装有防止升降机过载的安全保护装置、防止液压管路开裂的安全保护阀、在停电状况下的应急下降装置。直流电源、三相交流电源、单相交流电源等是其主要的动力源。若装配上手动液压装置，则能够在断电或无电源场地进行升降工作。可在剪叉式升降机上面加装可伸缩平台，相比普通升降机可伸到较远的作业位置，提高工作范围和效率。

B 曲臂式升降机

曲臂式升降机具有伸缩臂，可控制该伸缩臂运动将升降平台移动至范围内的任意空间位置，结构紧凑，转向灵活，操作较为方便，安全性较高，移动便捷，可搭载一定重量的设备进行跨越障碍高空作业，多用于船厂等高度要求较高的场合，特别适用于消防救援等场合，也广泛用于工厂、车站、机场、影剧院、市政、展览馆、码头、物流、交通、酒店、体育馆、企业等场景下的高空作业及维修保养，如图 2-11 所示。

图 2-11 山东华雄机械有限公司生产制造的曲臂式升降机

曲臂式升降机分直臂和曲臂两种，其材料一般选用优质结构钢，成型工艺一般采用单面焊接与双面成型。其高空作业升降平台配备平衡阀、自动保压等安全装置，平台安全性高，可靠耐用。

C 套缸式升降机

套缸式升降机由行走轮、底盘、支腿、伸缩油缸、升降平台等主要部件构成，电机驱动齿轮油泵向油缸供油，油缸工作并顶起升降台，当油缸达到其额定工作压力时，平台即上升到升降机最大举升高度，此时溢油阀卸荷，油压工作压力恒定，停机后单向阀保压，升降平台可停留在最高工作位置。根据现场需求作业高度的不同，升降平台可在其最大高度以下的任意高度停留[2]。图 2-12 所示为苏州迅昊扬升降机有限公司生产制造的套缸式升降机。

图 2-12 苏州迅昊扬升降机有限公司生产制造的套缸式升降机

常见的升降机搭载方式有固定式、移动式和车载式三种。

（1）固定式升降机，适用范围较广，主要用于有高度差的流水线货物运送、与叉车配套快速装卸搬运货物、装配大型设备时举升部件、向高处的上料机械送料等。固定式升降机可搭载附属装置，如升降轿厢可与输送设备配合使用，使输送过程自动化，不需要作业员进入升降机内，提升了安全性，实现了多楼层间的货物输送，提高了生产效率。固定式升降机一般由人工液压动力或电力驱动液压动力来驱动，载重量大，受环境影响小。

（2）移动式升降机，与固定式升降机类似，但可以在举升一定的高度时行走。它主要可分为牵引式、自行式、手推式等类型移动升降机，如图 2-13 所示。

（3）车载式升降机，将升降设备装备在汽车移动平台上，主要由专用汽车底盘、工作臂架、电气系统、安全装置、柔性夹紧装置、三维全旋机构和液压系统构成。车载式升降机利用汽车发动机或电瓶车的动力，即可实现行驶和驱动升降平台，无需外接电源。车载式升降机移动便捷，作业范围广，流动性强，特别适用于冷库、人群密集区域如车站等场景，广泛用于城建、油田、交

图 2-13　苏州迅昊扬升降机有限公司生产制造的四轮移动式升降机

通等行业。根据具体环境与工作要求可配备应急下降装置、平衡阀、自动保压等安全装置以防止停电急降，防止高空升降平台超载的安全装置、漏电保护装置和缺相保护装置、防止液压管路破裂的安全防爆装置。

2.2.2　连续输送机械

连续输送机械是指能够在固定线路上的装卸货点之间连续输送包装或散装货物的机械。在现代物流中承担着运输货物的环节，具有连接相应物流环节的功能，如图 2-14 所示。

连续输送机械的优点是运动速度较快且速度稳定、驱动功率小而效率较高、外形尺寸与自重较小、成本较低、结构紧凑，便于实现自动控制且工作中负载均匀，易于制造和维修。而与起重机械相比，连续输送机械可以沿给定的路线连续输送货物，货物的装载和卸载在运动中完成，不用停车，散货连续地分布在承载部件上，成件货物可按一定次序连续被运送。但其缺点也较为明显，连续输送机械仅能按照给定的路线输送，每种机型仅限于运输一定类型的货物，不适用于质量或体积较大物品。

连续输送机械的主要性能参数包括生产率、输送速度、填充系数、输送长度和提升高度等。

（1）生产率。是指输送机械单位时间内运输货物的总质量，见式（2-1）：

$$Q = 3.6qv \tag{2-1}$$

式中 Q——生产率，输送机使用最大充填系统，运用最有利的输送布局和工艺流程，满足物料性能要求等条件下，所能达到的最大生产率，t/h；

q——承载部件单位长度上的货物质量，kg/m；

v——输送速度，m/s。

图 2-14 昆山同日工业自动化有限公司研制的自动化仓库用连续输送设备

(2) 输送速度。输送速度是指物料沿着输送方向的运行速度。带速或链速分别代表输送机械工作时牵引带或牵引链的运行速度，主轴转速是指传动滚筒转轴或传动链的转速。

(3) 填充系数。填充系数是物料在承载部件上的填满程度。

(4) 输送长度。输送长度是指输送机装载点与卸载点间的展开距离。

(5) 提升高度。提升高度是指物料在垂直方向上的输送距离。

此外，性能参数还包括制动时间、安全系数、轴动率、电动机功率、最大动张力、最大静张力、拉紧行程等。

根据输送机能否移动，连续输送机械可分为固定式和移动式输送机。固定式输送机适用于不需要移动的固定输送场景，如码头或仓库的货物搬运、工厂中的产品输送等。固定式输送机具有输送量较大、效率高而能耗较低等特点。移动式输送机安装有车轮，可以随意移动，输送量较小，输送距离较短，适用于中小型仓库。移动式输送机的特点有机动性强，可快速投入输送作业中快速达到装卸要求。根据输送机结构的不同，连续输送机械又可分为有挠性和无挠性牵引构件输送机。有挠性牵引构件的输送机在牵引构件的连续运动作用下，物料或货物可向一定的方向输送，常用的包括带式输送机、链式输送机和悬挂输送机等。而无挠性牵引构件的输送机工作时，其牵引构件可做旋转或振动使货物沿一定方向运动，但不能循环往复，这类输送机有气力输送机、螺旋式输送机和振动输送机等。

按照输送货物种类的不同，可分为输送件货输送机和输送散货输送机；按照输送货物的动力形式不同，可分为机械式、惯性式和液力式等。

2.2.2.1　带式输送机

带式输送机是利用输送带为牵引和承载部件，并依靠摩擦驱动的连续输送机械。带式输送机一般用于水平或坡度不大的场合输送散货或质量较小的大件货物，具有输送距离较长、运量较大、生产率高、结构简单、运行成本低、输送线的布置可灵活配置为水平或倾斜的直线、受地形条件限制小、运行安全可靠且易于实现自动化控制等优势，广泛应用于仓库、工厂等场景，可有效降低人工操作强度和成本，提高工作效率。但带式输送机不能自行取货，当货物运输线路发生变化时需要重新布置输送线，输送角度受限。

带式输送机的主要部件包括输送带、机架、托辊、滚筒、张紧装置和驱动装置。

（1）输送带。带式输送机的输送带起到承载和牵引货物的作用，要求有一定的强度。输送带按使用材料的不同可分为橡胶带、塑料带、帆布带和钢芯带，其中橡胶带较为常见。

（2）机架。机架是输送机其他部件的载体，由滚筒机架、中间架和支腿等构件组成。

（3）托辊。主要由轴、轴承和标准套筒等组成，其作用是支撑输送带，保证输送带悬垂度在合理范围内，减小了输送带的运行阻力，增加了输送带运行的平稳性。根据用途不同可分为槽式、平行、调心和缓冲托辊，其中槽式托辊常用于输送散装货物，一般由 3 个槽角为 30°的托辊组成。可拆式带式输送机的槽式托辊一般由 3 个相互铰接的托辊组成，两个侧托辊挂在机架上；普通固定式带式输送机的槽式托辊则固定于机架上，托辊间距一般为 1.5m。平行托辊可支撑回空段输送带，通常为长托辊。调心托辊是固定式带式输送机常用的托辊。由于固定式带式输送机的托辊固定在机架上，当输送带跑偏时，不能通过移动托辊的位置来校正，在承载段，一般需要在每 10 组托辊中设置一个回转槽形调心托辊；在回空段，一般每 6~8 组托辊中设置一组平行调心托辊。缓冲托辊的作用是保护输送带，降低对输送带的冲击。

（4）滚筒。一般通过筒体蒙皮和接盘焊接制成，主要作用是传力。按照作用形式的不同，滚筒可分为驱动滚筒和导向滚筒，驱动滚筒通过摩擦力驱动输送带运行，包括单滚筒、双滚筒、多滚筒等。驱动滚筒表面有光面、包胶和铸胶三种。在功率较小且环境较为干燥的情况下，可采用光面滚筒；在功率较大且环境较为湿滑的情况下，宜采用胶面滚筒；因其胶面较厚，铸胶滚筒耐磨，防滑效果更好。导向滚筒可改变输送带的运行方向或增大驱动滚筒上的传送带包角，使得驱动滚筒有足够的牵引力。

（5）张紧装置。张紧装置的作用是使输送带有一定张力，保证输送带悬垂度在合理范围，使传送带运行时不打滑，增加传动效率。

（6）驱动装置。驱动装置能够为输送机提供足够动力，主要由电动机、联轴器和减速器等部件构成。其中电动机是带式输送机的原动力，一般采用交流电动机。联轴器应选用工作可靠、安全性与稳定性较高、承载能力强、寿命长的产品。带式输送机的减速器一般采用标准齿轮减速器，降低驱动滚筒的转速[8]。

带式输送机在工作时，输送带绕过滚筒连接成闭合环，由张紧装置张紧，在电机的驱动下，滚筒与输送带的摩擦力驱动输送带连续运动，完成货物的转运。在传动滚筒分离处，胶带需要保证有一定的初张力。在输送机工作过程中，胶带既是承载部件，又是牵引部件，货物与胶带之间不能有相对运动，胶带与货载运行之间的摩擦阻力可忽略不计。托辊内装有滚动轴承，胶带运行阻力较小。带式输送机传递能力由胶带在传动滚筒上的围包角、胶带的张力以及胶带与传动滚筒之间的摩擦系数决定，在生产实践中可增大初张力和围包角以提高牵引力的传递能力。带式输送机的输送能力可按式（2-2）计算[9]：

$$I_M = 3.6\frac{Gv}{T} \tag{2-2}$$

式中 I_M——输送能力，t/h；

G——单件物品质量，kg；

v——带速，m/s；

T——货物在胶带上间距，m。

典型的带式输送机包括平带输送机、弧形带式输送机等。

（1）平带水平输送机。平带水平输送机是常见的平带输送机，广泛用于搬运同层物料，依靠输送带与物品之间的摩擦力使得物品随平带平移。

图2-15所示为昆山同日工业自动化有限公司生产制造的电动滚筒平皮带输送机，其采用C形边框，速度范围1～60m/min，最大承载为30kg/m（中型），功率范围0.37～1.1kW，最低安装高度200mm，设计长度范围6～12m，可用于周转箱、纸箱、包裹、文件的输送。该输送机的特点有：

1）密闭防护，齿轮组、电机和轴承全部密封于金属筒体内，适于恶劣的使用环境；

2）节约费用，电动滚筒简约紧凑，安装方便、免维护；

3）能耗低，电动滚筒可将电机的动力高效传导至滚筒表面；

4）噪声低，运转噪声一般低于 60dB。

图 2-15　昆山同日工业自动化有限公司研制的自动化仓库用电动滚筒平皮带输送机

（2）大倾角带式输送机。大倾角带式输送机的输送带常采用波状挡边，横隔板和基带的组合使用可将物料盛装起来，有利于曳引和承载物料。在电动机的带动下，输送带带动物料上行，实现大倾角输送。图 2-16 所示为河南省恩邦机械设备有限公司生产制造的大倾角带式输送机。皮带输送机设备主要由头部传动装置，尾部拉紧装置和输送胶带构成。其牵引构件和承载构件是一条无端的胶带，胶带绕在机架两端的传动滚筒和改向滚筒上，尾部有张紧装置张紧，在沿胶带长度方向上用托辊支撑，构成封闭循环回路。驱动装置驱动滚筒转动，胶带通过与滚筒的摩擦作用而运行。被输送物料一般由导料槽加载至胶带上，物料或产品可随胶带的移动被运送到头部的卸料装置进行卸料。

（3）窄条皮带输送机。图 2-17 所示为昆山同日工业自动化有限公司生产制造的窄条皮带输送机，采用 C 形边框，速度范围 1～120m/min，最大承载为 30kg/m（中型），功率范围 0. 37～3kW，设计长度范围 6～12m，与相应分拣机构配合可实现小于 3000 件/h 的直角分拣、分流，弹出口的中心距离小于 1750mm，适用于周转箱、纸箱的输送。

（4）平带伸缩式输送机。不少转运场景的运输距离不一，要求输送机能够灵活改变输送长度，平带伸缩式输送机有效解决了这一输送问题，其机尾可

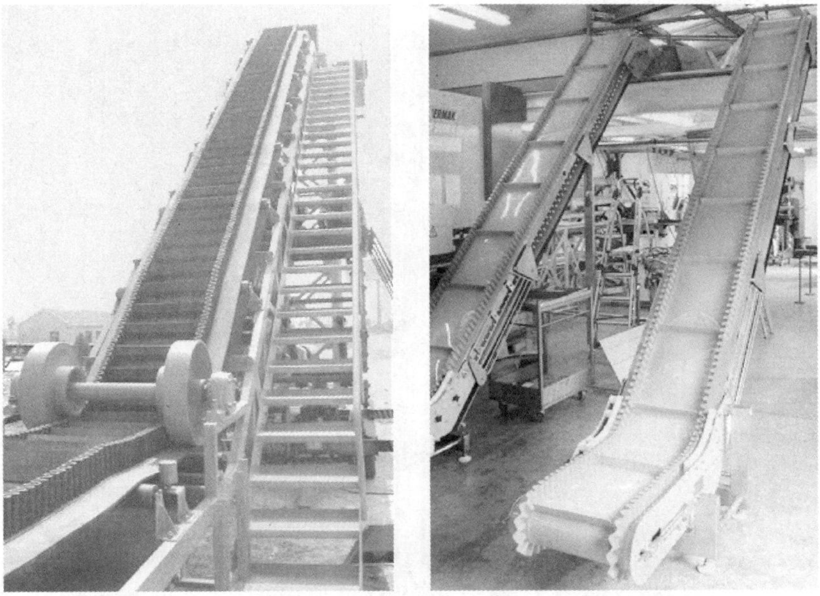

图 2-16 河南省恩邦机械设备有限公司生产制造的大倾角带式输送机

图 2-17 昆山同日工业自动化有限公司生产制造的窄条皮带输送机

随工作面的水平距离变动而伸缩，随工作环境的不同改变工作长度。图 2-18 所示为苏州伟仕多自动化设备有限公司生产制造的平带伸缩式输送机，图 2-19 所示为正在工作中的广东创兴输送设备有限公司生产制造的平带伸缩式输送机。

（5）转弯皮带输送机。典型的转弯皮带输送机可采用 C 形边框，速度范围1～120m/min，最大承载为 30kg/m（中型），功率范围 0.37～3kW，按使用

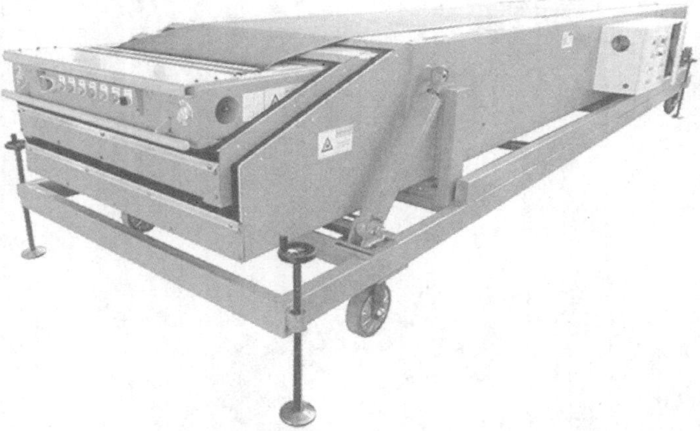

图 2-18　苏州伟仕多自动化设备有限公司生产制造的平带伸缩式输送机

图 2-19　广东创兴输送设备有限公司生产制造的平带伸缩式输送机

角度分 30°、45°、60°和 90°四种，适用于周转箱、纸箱、包裹、文件等货物产品的输送、拉距、长距离输送、高速输送。转弯皮带输送机一般与直线式输送机等其他输送设备组合应用，使得输送效率更高、效果更好。

2.2.2.2　链式输送机

链式输送机是一种利用链条牵引和承载物料，或安装在链条上的板条、金属网带等承载物料的输送机，主要有链条式和板条式等两种，可与其他类型输送机、起重设备等组成各种功能的自动化生产线。

A 链条输送机

链条输送机的主要组成部件包括机架、减速电机和输送链条，如图 2-20 (a) 所示。图 2-20 (b) 所示为昆山同日工业自动化有限公司研制的自动化仓库托盘输送用链条输送机，速度范围 8~18m/min，采用中间驱动方式，最大承载 1500kg，功率范围 0.55~1.5kW。

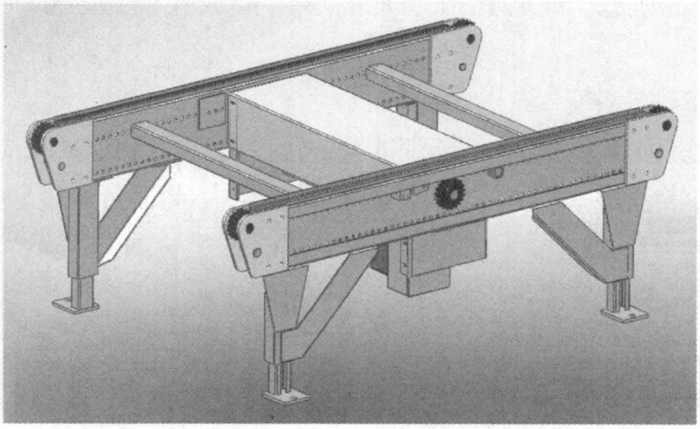

(a)

(b)

图 2-20 昆山同日工业自动化有限公司研制的自动化仓库用链条输送机
(a) 链条输送机三维图；(b) 链条输送机

B 板式输送机

板式输送机可在水平或倾斜方向输送物料，与链式输送机不同，其在牵引链上固联了一系列板条，扩大了应用范围，在仓储物流、煤炭、机械制造等领域中应用广泛。板式输送机的电动机通过联轴器与减速器相连接并带动齿型带轮转动，与齿型带轮同轴的链轮驱动链条同步运动，使得链板和其上的物料也随链条一起运动。

根据布置形式的不同，板式输送机可分为水平板式输送机、水平-倾斜板式输送机和弧形板式输送机。板式输送机的特点包括：

（1）适用范围较广。除黏度很大的物料外，一般物品均可通过板式输送机输送。

（2）输送能力大。双链有挡边波浪形鳞板板式输送机的输送能力较大，可高达1000t/h。

（3）牵引链强度高，输送距离较长。

（4）输送线路布置灵活。与带式输送机相比，板式输送机倾角在30°~35°之间，弯曲半径在5~8m之间，适合倾角较大或弯曲半径较小条件下的场合下作业。

（5）在输送中可对货物进行分类、干燥等作业。

2.2.2.3 辊筒输送机

辊筒输送机结构简单、易组合衔接、输送速度快、运行较为平稳、输送量较大，广泛用于自动化仓库、机械加工、军事工业及物流中心的分拣作业等领域。图2-21所示为昆山同日工业自动化有限公司研制的自动化仓库使用的辊筒输送机。

图2-21 昆山同日工业自动化有限公司研制的自动化仓库用辊筒输送机

辊筒输送机主要包括自由辊筒、动力辊筒、转弯和合流辊筒输送机四类。

A 自由辊筒输送机

自由辊筒输送机有直线式和曲线式两种。直线式自由辊筒输送机的辊筒可无动力转动。曲线式自由辊筒输送机的辊筒呈圆弧状排列。

B 动力辊筒输送机

动力辊筒输送机可分为链条驱动、带驱动辊筒输送机等。链条驱动辊筒输送机主要由机架、主动辊、链条、主动链轮、从动链轮、传动链轮和驱动装置构成，其工作原理是电动机通过传动装置驱动辊筒，辊筒上的物品会向辊筒转动方向移动，实现了输送物品的目的。典型的双链辊筒输送机采用 C 形边框，辊筒间距是链条节距的整倍数，速度范围 1～30m/min，最大承载 50kg/m，辊筒间距设计遵循输送货物底部必须承载 3 只辊筒以上，线体长度小于 10m，为辊筒间距的整倍数，适用于周转箱、纸箱的输送。

带驱动辊筒输送机包括自动化仓库物流常用的楔形带辊筒输送机、摩擦带辊筒输送机、O 形带辊筒输送机等。图 2-22 所示为昆山同日工业自动化有限公司研制的楔形带辊筒输送机，采用电动辊筒及 C 形边框，辊筒间距有 80mm、120mm、160mm 三种，速度范围 1～60m/min，最大承载 30kg/m，功率范围 60～90W，该类型输送机每个动力段不超过 40 只滚筒（电滚筒 25 只），间距设计遵循输送货物底部必须承载 3 只滚筒以上，线体长度为间距的整数倍，适用于周转箱、纸箱的输送。

图 2-22 昆山同日工业自动化有限公司研制的楔形带辊筒输送机

摩擦带辊筒输送机一般采用 C 形边框，辊筒间距有 80mm、120mm、160mm，速度范围 1～40m/min，辊筒间距设计遵循输送货物底部必须承载 3 只滚筒以上，线体长度范围 6～12m，为滚筒间距的整数倍，适用于周转箱、纸箱的输送。

O 形带辊筒输送机，采用 C 形边框，辊筒间距有 80mm、120mm、160mm 三种，速度范围 1～60m/min，承载可达 30kg/m，间距设计遵循输送货物底部必须承载 3 只滚筒以上，线体长度为间距的整数倍，适用于周转箱、纸箱的输送，因为 O 型传动效率较低，多用于过渡段。

辊筒分类输送机包括常用的旋转式辊筒分类输送机和链条式辊筒分类输送机等。图 2-23 所示为杭州诺华机械制造有限公司生产制造的可改变物料流向的旋转式辊筒分类输送机，当主输送机上的物品沿 x 轴方向随主输送机运动到达转向位置时，转盘驱动装置根据转向指令转动 90°，辊筒输送机工作，使物品向 y 轴方向流出，实现了 90°输送方向变换运动[10]。

图 2-23　杭州诺华机械制造有限公司生产制造的旋转式辊筒分类输送机

C　转弯及合流辊筒输送机

a　转弯滚筒输送机

图 2-24 所示为昆山同日工业自动化有限公司生产制造的转弯辊筒输送机，采用 C 形边框，速度范围 1～60m/min，最大承载 30kg/m，功率范围 60～90W，常用于输送、转弯输送货物产品，按使用角度分 30°、45°、60°、90°四种，适用于周转箱、纸箱的输送。典型的小半径滚筒输送机一般采用 C 形边框，速度范围 1～60m/min，最大承载 30kg/m，功率 0.55W，适用于周转箱的输送与转弯输送。

b　滚筒并列合流输送机

图 2-25 所示为昆山同日工业自动化有限公司研制的典型的滚筒并列合流

图 2-24 昆山同日工业自动化有限公司生产制造的转弯辊筒输送机

输送机及其应用场景，一般采用 C 形边框，辊筒间距有 80mm、100mm、120mm 三种，速度范围 1～60m/min，承载可达 30kg/m，适用于周转箱、纸箱的输送。

图 2-25 昆山同日工业自动化有限公司研制的滚筒并列合流输送机

c 直角滚筒输送机

直角滚筒输送机可采用 C 形边框，辊筒间距需根据链条节距确定，速度可达 1～60m/min，最大承载 30kg/m，适用于轮胎等圆形货物或产品的输送。

2.2.2.4　空中输送机

空中输送机主要有悬挂链式输送机和垂直输送机两类。

A　悬挂链式输送机

悬挂链式输送机是一种可在空间中连续输送物料的机械设备，线体在三维空间中可上下运动和转弯，可在水平面和垂直面上任意旋转，可根据需要通过合理的工艺路线设计，绕过障碍物，物料放在箱体或支架上，沿着预定的轨道运行，按给定路线送到指定地点，完成输送任务，如图 2-26 所示。悬挂链式输送机可使工件连续输送通过高温干燥室、有害气体区、喷粉室、冷冻室等，代替人工完成难以操作的生产过程，改善工人工作条件，其布局灵活、噪声较低、运行稳定、操作方便、使用安全，广泛应用于仓储物流、机械、电子、家电、食品等行业。

图 2-26　东杰智能科技集团股份有限公司生产制造的悬挂链式输送机

悬挂链式输送机主要有提式、推式和拖式三类。

（1）提式悬挂链式输送机由转向装置、驱动装置、张紧装置、安全装置、架空轨道、牵引链、滑架、吊具等构件组成。提式悬挂链式输送机的封闭环由架空轨道形成，滑架在环上运行，每个滑架与牵引链等距连接，牵引链可使转向装置倾斜、水平或垂直于架空轨道线，形成与架空轨道线相同的闭环。吊具承载物品，与滑架铰接。提式悬挂链式输送机不能将货物从一条线转移到另一条线。

（2）推式悬挂链式输送机与提式悬挂链式输送机不同，推式悬挂链式输送机可将物料从一条线转移到另一条线，一条输送线可设上下两条架空轨道，轨道上有滑架及承载挂车，挂车在下轨道上运行，由滑架下的推头驱动。

（3）与提式输送机不同，拖式悬挂链式输送机的载具是地面运行小车，承载能力较强。提式和推式悬挂输送机的承载能力不到 600kg，而拖式悬挂输送机小车的承载能力一般在 1000kg 以上。

B 垂直输送机

垂直输送机可垂直连续输送物料，使不同高度间的连续输送机保持物料输送不间断，是将不同楼层之间输送系统联系起来的重要连接设备。根据物品的出入口方向，垂直输送机可分为 Z 形、E 形、C 形和 F 形垂直输送机。Z 形垂直输送机用于异层异侧间的物料搬运，E 形垂直输送机主要用在多层同侧之间的物品搬运，C 形垂直输送机主要用于异层同侧间的物品输送，F 形垂直输送机用于多层异侧间的物品输送，如图 2-27 所示。

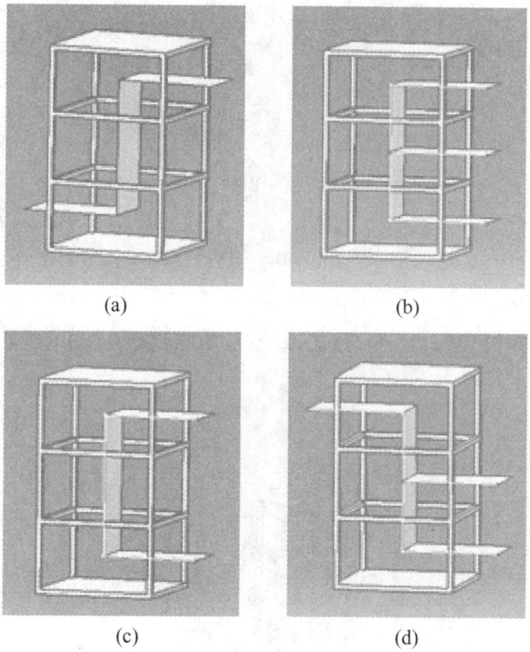

图 2-27 垂直输送机分类

（a）Z形；（b）E形；（c）C形；（d）F形

往复式提升机、工位提升机、连续式提升机、螺旋提升机等是较为常用的垂直输送机。

（1）往复式提升机。如图 2-28 所示，其减速刹车电机的功率在 1.1~3kW 之间，提升速度范围 30~50m/min，最大提升质量 150kg，效率范围 100~400 件/h，主要用于扬程大于 3m 的提升机处理、穿楼层的提升处理和负载 60~

150kg 的提升，适用于周转箱、纸箱等货物的垂直输送。

图 2-28　往复式提升机

（2）工位提升机。如图 2-29 所示，其提升速度小于 40m/min，提升质量可达 50kg，效率范围较广，一般为 100~400 件/h，可用于扬程小于 3m 的提升机处理、不穿楼层的提升处理，成本较低，适用于周转箱、纸箱等货物的垂直输送。

图 2-29　昆山同日工业自动化有限公司研制的工位提升机

（3）连续式提升机。其出入口是依靠本身托盘的主动摩擦实现进出货物，为了避免不能及时准确的出入，需对出入口的输送机提出如下要求：输送对象为纸箱时对接的输送机必须为皮带输送机，增大摩擦力保证顺畅进出；输送对象为周转箱时对接的输送机必须为包胶辊筒机或皮带输送机，增大摩擦力保证顺畅进出。连续提升机从机构上分 Z 形和 C 形两种，Z 形为泛用型连续提升机，即一定尺寸的周转箱、纸箱均可使用；C 形因其机构在出入口自然形成有大于 180mm 的间隙，所以在理论上，尺寸小于 540mm 的箱子都不能使用该形提升机，但是如无负重平衡可以处理大于 400mm 箱子的输送任务。图 2-30 所示为昆山同日工业自动化有限公司研制的 C 形连续式提升机，减速刹车电机功率为 3kW，提升速度范围 20～40m/min，最大提升质量 30kg，效率范围 500～1000 件/h，主要用于扬程大于 3m 的连续提升处理，适用于周转箱、纸箱等货物的垂直输送。

图 2-30 昆山同日工业自动化有限公司研制的 C 形连续式提升机

（4）螺旋提升机。螺旋提升机可以任意布置进出口方式和方向，可布置为多进一出，主要用于效率要求较高的场景下物品的提升作业。螺旋提升机结构较为简单，但是机械钣金加工工艺较为复杂。图 2-31 所示为昆山同日工业自动化有限公司研制的螺旋提升机，刹车减速电机驱动侧弯链上面镶嵌的工程塑料板条进行连续运转，最大提升负载 30kg，最高速度 60m/min。

图 2-31 昆山同日工业自动化有限公司研制的螺旋提升机

2.2.3 码垛机器人

码垛机器人是具有代表性的机电一体化控制设备，可以按照给定的设计程序做出模拟人类臂部、腕部和手部的部分动作，灵活实现自动化抓取、搬运和堆放包装产品的工作。码垛机器人的应用提高了码垛效率，其占用安装空间较为紧凑，节省了人力和空间成本，而且码垛机器人系统能够广泛适应不同工厂生产环境、包装类型和客户需求之间的差异，适用性较强，可以快速响应客户产品的尺寸、体积、形状以及托盘的外形尺寸发生变化的情况，而且能耗较低，在宏观上可降低码垛作业的成本。码垛机器人主要应用在箱装、袋装、桶装产品或物料的搬运和码垛作业，在化工、饲料、食品、肥料、粮食加工等行业得到了广泛应用，特别适用于智慧仓储系统和智能化柔性生产线，如图 2-32 所示。

2.2.3.1 码垛机器人系统组成

根据臂部的不同运动形式，码垛机器人有以下四种类型：直角坐标臂、圆柱坐标臂、球坐标臂、关节臂。直角坐标臂可沿三个直角坐标运动；圆柱坐标臂可用于升降、旋转和伸缩；球坐标臂具有旋转、俯仰和伸缩功能；关节臂有多个旋转关节。码垛机器人的组成主要包括机械系统、驱动系统、控制系统、检测传感系统和人工智能系统。

图2-32 昆山同日工业自动化有限公司研制的智能仓库用码垛机器人

（1）机械系统，是完成抓取工件或产品所需运动的机械部件，其中手部是机器人直接与产品接触，用来完成握持抓取产品的部件；腕部作为手部和臂部的连接部分，主要用于控制手部的位置及姿态，并拓宽了臂部的运动范围；臂部是支撑腕部和手部，实现较大范围运动的部件；机身的作用是支撑臂部及其他部件。

（2）驱动系统，由动力装置和传动机构组成，其功能是为执行机构提供动力输出。

（3）控制系统，向驱动系统及机械系统等其他部分发送指令信号（如运动速度和运动轨迹等），控制机器人按预定程序做出相应动作，同时可对机器人的工作状态进行监控，发生故障时可发出预警信号。

（4）检测传感系统，对机器人的工作状态进行实时监测，并将相关信息反馈给控制系统，控制系统经过与给定信息的比对，调整执行机构的动作。

（5）人工智能系统，赋予码垛机器人感知环境和自身状态的“类人智慧”，实现工件或产品的自动识别和智能自适应操作。

2.2.3.2 码垛机器人主要技术参数

码垛机器人的主要参数包括：

（1）握取质量。指的是机器人以正常速度运行时握取的产品质量，是评价机器人负荷能力的重要技术参数。由于低速时握取的质量较高速时大，一般将高速运行时握取的质量作为评价指标。

（2）运动速度。其直接影响到机器人的精度等参数，是评价机器人性能的重要参数。

（3）自由度。一般情况下，自由度越多，机器人灵活性越高，但不宜过多，过多的自由度会使机器人结构复杂，通常以4~6个自由度为宜。

（4）定位精度。其关系到机器人的工作质量，握取质量、运动速度等参数会影响定位精度，而且运动部件本身的制造工艺及控制方式也会影响定位精度。

2.2.4　登车桥

装卸货平台在现代物流中运用广泛，但是其与运输车辆车厢之间会形成一定的高度差，造成叉车等搬运车辆不能直接进入车厢装卸货物。登车桥的运用可解决这一问题，登车桥可以连接车厢与库房，搬运车辆可以借助登车桥直接进入车厢完成货物的快速、安全装卸作业。登车桥是货物快速装卸的辅助设备，高度可以调节，架起了库房与货车车厢间的桥梁，叉车等搬运车辆可以通过登车桥快速实现货物的装卸。登车桥一般有以下几种常见的种类：

（1）嵌入式登车桥。嵌入式登车桥是指嵌入装卸作业平台的登车桥。所安装登车桥的主板表面与装卸操作平台的上平面水平，登车桥完全集成到平台中，在没有装卸操作的情况下，不会影响平台上的其他任务。这种结构的登车桥应用较为广泛，是较为便捷的登车辅助设备。

（2）台边式登车桥。台边式登车桥直接安装在装卸平台前缘。装卸平台无需开挖或预留坑，建筑结构基本不变。在施工中，如果没有考虑使用嵌入式登车桥，台边式登车桥是一种较好的替代方案，也能满足到达车厢内装卸的要求。

（3）移动式登车桥。移动式登车桥布置较为灵活，移动能力和适应性较强，叉车等作业车辆可借助移动式登车桥快速直接进入车厢内进行装卸作业，装卸效率高，加快了货物流通。图2-33所示为苏州迅昊扬升降机有限公司生产制造的移动式登车桥。移动式登车桥可与叉车配套使用，可采用手动液压方式，无需电源，省时省力，降低成本；可配备刹车垫片，阻止装卸货物时登车桥移动；配备可调式链钩能够便捷地紧密配合各种型号的货车车厢。

图2-33　苏州迅昊扬升降机有限公司生产制造的移动式登车桥

（4）固定式登车桥。固定式登车桥是与仓储月台一体的装卸辅助设备，可根据货车车厢的高度灵活调节自身升降高度，调节范围广，以便叉车直接驶入车厢内，实现货物的快速装卸，其操作较为简便，提高了工作效率。固定式登车桥一般由机械系统、液压系统和电气系统组成。机械系统包括平台和底架，要求承载力较大、可靠性高，台面常采用防滑花纹钢板；采用液压系统控制，运行安全、平稳，承载力较大。固定式登车桥常用于装卸频繁、车型各异的大型企业、仓库、码头、邮政运输及物流转运基地、物流配送等场景中[2]。

2.2.5 码垛机

自动码垛机可根据已设定的编组方式和层数完成对各类产品的码垛，在自动化生产线和智能化立体仓库中比较常见。其结构牢固，动作平稳可靠，可以码多种垛型，调整方便，码垛过程自动完成。码垛机主要由压平输送机、缓停输送机、转位输送机、托盘输送机、托盘仓、编组机、码垛装置、推袋装置、垛盘输送机等部件组成。

2.2.5.1 码垛机的应用

全自动码垛机可将包装袋产品按一定排列码放在托盘上，可自动堆码多层，最后由辊筒输送机推出，并由叉车转运至仓库，其采用 PLC 与触摸屏控制，操作简单方便，显著降低了工人劳动强度，节约成本。图 2-34 所示为苏州国衡机电有限公司生产制造的码垛机，其主要部件和码垛流程包括：

（1）爬坡输送机。皮带式输送机，经过渡输送机把物料输送到爬坡输送机后，由爬坡输送到码垛机转位装置上，完成转位的等待工作。

（2）转位输送机。包装袋运动至转位输送机，会触发光电检测装置，此时由气缸控制的两个夹袋板摆动 90°后将袋子夹紧；转位机构主轴由伺服电机减速机直接驱动，带动夹袋板旋转 90°或 180°后，夹袋板往上摆起复位，可以实现料袋 90°、180°、270°的转位。

（3）编组机。对料袋进行自动编组。

（4）推包机。将编组机编好组的料袋推送到分层机上。

（5）分层机。皮带式输送机通过电机驱动，可左右打开，使编组后的料袋码放到垛盘上。将编组后的料袋，通过分层机，码放在垛盘输送机的托盘上。

（6）托盘仓。托盘库主要功能是自动分配空托盘，标准可储存 10 个，每当一次码垛操作完成后，满载垛盘的当前位置会被托盘库中的下一个空托盘取代。空托盘从托盘库传送到码垛机的适当位置上的所有操作都是自动完成。托盘材料为塑料或木制（具体材质和尺寸由需方提供）。

（7）托盘输送机。即链条式输送机，与托盘仓连接，负责自动向码垛机提供空托盘。

（8）垛盘输送机。即重型滚筒输送机，可输送停放两个码垛好的垛盘。安装在叉车区域的无动力垛盘输送机设有防叉车撞击的安全装置。

（9）防护栏。设有安全护栏，为码垛机提供稳定支撑及维护空间。

（10）控制系统。由西门子 PLC、施耐德变频调速控制器及光电位置检测器件组成，对码垛机相应机构发送指令，实现对码垛机的精确控制。控制系统具备故障检测及故障报警功能，实现对码垛机的保护作用。按钮开关选用施耐德品牌，性能可靠，使用寿命长。整个操作系统较简单，易检修和维护。

图 2-34 苏州国衡机电有限公司生产制造的码垛机

2.2.5.2 码垛机器人

码垛机器人属于码垛机的一种，但与普通码垛机相比，两者有着明显的差别。普通的码垛机主要采取托盘侧推等方式完成码垛输送等一系列动作，而码垛机器人通过机械手模拟手臂动作进行码垛。与普通的码垛机相比，码垛机器人有明显的优势。码垛机器人的灵活性高，能快速适应不同产品，码垛效率更高，所以在自动化生产线、柔性智能制造和自动化仓库中应用广泛，有利于提高企业的生产效率，降低码垛成本；而且对于随机货盘，到目前为止最适合的是码垛机器人，其可以与自动化仓库 WMS 系统互联互通。

2.3 包装机械

包装机械是指完成全部或者部分包装过程的一类机器，随着新型包装材料的出现和包装技术的不断创新而发展起来的，其基本结构主要由七种装置组成：进给机构、计量装置、传动机构、输送机构、动力元件、控制系统和机身与操作系统[3]。

（1）进给机构。主要用于包装产品、包装材料和容器的送料。

（2）计量装置。在物料供应前或供应过程中用计量装置进行计量。

（3）传动机构。起到动力传递作用，直接带动各执行机构的运动，完成包装作业，在包装机械中占有重要地位。

（4）输送机构。包装过程中将物品在各个包装节点中顺序输送，最后将包装好的产品运到仓库。

（5）动力元件。最常见的动力元件是电机。

（6）控制系统。根据控制对象的不同状态控制系统可分为流体自动控制和机械自动控制，其中流体控制是利用流体的控制元件（如阀门、气缸等）和装置，形成一个控制回路进行自动控制，而机械控制是利用机械零件和机械设备进行控制。

（7）机身及操作系统。机身主要用于安装包装机械的部件和设备，操作系统用于操作和控制设备。

包装机械主要可分为上料机械、填充机械、罐装机械、封口机械、打码机械、喷码机等。使用物流包装设备可以提高劳动生产率，保证包装质量，降低劳动强度，改善劳动条件，降低包装成本和流通成本。包装过程包括填充、封口、裹包等主要包装工序以及多种相关工序，例如清洗、杀菌、计量、干燥、成型、标记、紧固、多件集合、集装组装及其他辅助工序。

2.3.1 上料机械

在包装流水线中，上料是一项重复繁重的工作。传统的人工上料方式，效率低下，而且长时间的重复工作也容易引起人工的失误，造成不必要的损失，或者产生大量残次品。使用自动上料机械装置，与包装流水线的匹配度较高，上料稳定，上料效率得以提高，能保证连续不断地向包装流水线上料的同时保证物料的完整性。图 2-35 所示为河南九一环保科技股份有限公司生产的冷铺沥青包装线用自动上料输送机，当料斗内物料不足时，该信息可被包装线上的填充机械检测到，并向上料机械发出启动信号，在电机的带动下，装有一定物料的上料斗沿着轨道匀速上升，并在到达轨道上顶点时翻转，将冷铺沥青物料卸入填充机械的料斗；沥青物料卸载完毕后，上料斗根据命令进行回转并沿轨道下落回到工位，装载下一次物料并等待下一次上料。

图 2-35　河南九一环保科技股份有限公司生产的冷铺沥青生产线用自动上料输送机

2.3.2　填充机械

填充机械主要由计量装置和填充装置等部件构成，能够将物料或产品按预设量灌装填充到包装容器里，完成填充工作。受充填材料物理状态和定量方式的影响，填充机械的进给系统可采用螺旋推进器、重力流动式、振动给料或输送带给料等形式。

（1）螺旋推进器。螺旋推进器多用于粉末状、片状或小颗粒物料的均匀给料。通过改变螺距使物料密实、密度均衡，在螺旋桨出口处安装分配头，可对物料进行分流。根据应用情况，螺旋桨可间歇或连续驱动。

（2）重力流动系统。重力流法是最简单的加料方式，用于咖啡、茶叶、坚果、大米、糖、盐等自由流动的产品包装，可采用大量进给和少量进给相结合的方式。重力流动系统可以利用压力表来工作，当物料向下流动时，如果压力表连续移动，则填充量由物料流量和压力表移动速度决定。通过阀门、定时控制系统或产品位置敏感元件进行控制也是控制填充量的一种方式。

（3）振动给料机。振动给料机多用于自由流动或不良流动的物料包装，进给速度可控。振动给料机的进给速度可以通过改变振动频率或振幅来控制，一般可采用电动、机械驱动或液压驱动。通过改变送料速度、送料时间、振动频率、振幅或振动板的倾斜角度可以控制充填量。

（4）输送带给料机。输送带给料机多用于输送自由流动、不良流动或黏稠的物料，应用范围较广。输送带可采用多种材料和尺寸定制，从而可以运输多种产品物料，如用于食品输送的卫生输送带、用于制药工业的聚醋酸乙烯薄膜轻型输送带和玻璃纤维涂层输送带等。输送带可以间歇或连续工作，其控制系统类似于螺旋推进器或振动器。称重输送带系统使用称重装置测量通过传送带的物料流量，可以实时检测输送带上物料的运送状态。

基于上述进给系统的灵活配置，填充机械主要有以下三种类型。

（1）计数式填充机。推送计数法和滚筒计数法常用于饼干包装、云片糕包装和茶叶的第二次大包装。长度计数机主要用于对固定长度产品进行计数和充填，被包装物品的长度作为其选用原则。容积计数机常用于等长等径物品包装，机构简单但是精度较差，常用于低成本及低精度的场合，例如钢珠等产品的包装，被包装物品可形成规则的排序作为其选用原则。堆积计数机主要用于化工、粮食产品和水泥等大袋包装计数的场景中。在转鼓计数机中，各组孔眼在料斗中连续搓动，产品或物流依靠自重充填进入孔眼，而当孔眼转到出料口时，产品或物料依靠自重落入包装容器内，主要用于小颗粒状物品的计数。

全自动胶囊填充机是一种较为常见的计数式填充机类型，如图 2-36 所示（山东精诚医药装备制造有限公司生产制造），其中的多孔转盘用于颗粒状胶囊的定量计数。

图 2-36　山东精诚医药装备制造有限公司生产制造的全自动胶囊充填机

（2）容积式充填机。采用定容装置对粉状、颗粒状、液体状、糊状物料进行计量填充，一般可进一步分为量杯式、螺杆式、柱塞式、气流式、插管式等充填机。

1）量杯式充填机。包括固定式和可调式量杯充填机。对于固定式量杯充填机，物料经过料斗落入计量杯里，当圆盘被转轴主轴带动旋转时，量杯上的多余物料被刮板刮去。当量杯转到卸料工位时，活门底盖被推开，物料在自重作用下充填到容器中。通过调节上下量杯相对位置，可调式量杯充填机能够对容积进行微调操作。量杯式充填机运转时，送料过慢、送料不稳定、装料面过低等因素均可以导致量杯装不满，影响包装质量。

2）螺旋式充填机。主要用于小颗粒或粉状物料的计量和充填，通过利用螺旋槽的空腔对物流状态进行测量。螺旋充填机漏斗形料斗内设有旋转螺杆，螺杆可竖直安装在漏斗内，进料管直接向下对准容器，螺杆匀速旋转可以均匀定量地向容器内输送物料。其主要优点是结构较为紧凑，无粉尘飞扬，可以通过改变螺杆参数适应不同的物料。

3）柱塞式充填机。用途较为广泛，适用于粉状、粒状、黏性物料。但由于其工作速度较慢，不适用于高速工作场景。

4）气流式充填机。主要用于粉状物料的计量填充，测量精度高，可有效减少物料的氧化。

5）插管式充填机。测量填料时，将内径较小的套筒插入有一定粉层高度的料罐中，由于粉状物料与管壁之间的黏附力，在提升套管时粉状物料不会脱落；当套筒被移动到卸粉工位时，套筒中的粉末被喷射器推入包装容器中，完成填充工作。

（3）称重式充填机。称重式充填机是将物料按预定质量装入包装容器的机器，其计量精度较高，相当于容积式充填机，更适用于流动性差、密度变化大或易结块的物料包装。图 2-37 所示为河南九一环保科技股份有限公司生产的冷铺沥青生产线用称重式定量充填机，每包填充约 40kg 的冷铺沥青。

2.3.3　灌装机械

灌装机械是将定量液体状物料灌装到包装容器中的一类包装机械，包装容器一般选用玻璃瓶、金属罐、塑料瓶、塑料袋、复合纸箱和复合纸袋等。灌装机种类繁多，但其结构主要由包装容器加料装置、灌装物料加料装置和灌装阀组成。

（1）包装容器加料装置。主要功能是周期地将容器送到灌装站，灌装后再将容器送出灌装机。

（2）灌装加料装置。主要功能是向灌装阀供料，其中常压进料装置利用物料的重力在常压下流向低位进料阀，物料在高位装入储料罐，主要用于黏度低、流动性好的物料；而黏度较大、流动性差的物料必须施加压力使其向

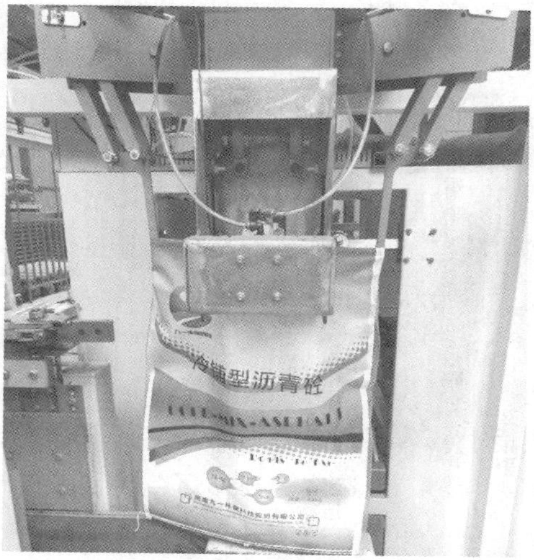

图 2-37 河南九一环保科技股份有限公司生产的冷铺沥青生产线用称重式定量充填

下流动。

（3）灌装阀。主要功能是根据灌装工艺要求切断或接通液室、气室与灌装容器之间的物料流动通道，一般包括常压压力灌装阀、真空灌装阀和恒压灌装阀等常用灌装阀。

2.3.4 封口机械

封口机械是对盛装物料后的包装容器进行封口的一类包装机械，在较长时间内可保证包装容器密封性、保持容器内产品或物料的质量。封口机及其封口装置和封口形式的选用，要匹配适合不同的产品或物料属性、包装容器的物理特性和形状。热压式封口机通过加热加压的方式对包装容器进行封口，加热元件有加热辊、加热环带和加热板等；熔焊式封口机通过加热使封口处熔融完成对包装容器的封口，常用电磁感应、热辐射和超声波等加热方式；缝合式封口机使用缝线对包装容器进行缝合封口，多用于复合编织袋、布袋、麻袋等类型包装容器的封口；液压式封口机使用滚轮滚压金属盖使之变形，完成对包装容器的封口；通过旋转封口器材（如螺纹瓶盖）的方式，旋合式封口机可对特定产品包装进行封口，如对带有螺纹瓶口的饮料包装瓶进行封口；结扎式封口机使用线绳或扎带等结扎材料对包装容器进行结扎完成封口。

2.3.5 贴标机械

作为现代包装中不可缺少的组成部分，贴标机可将标签粘贴在产品包装上。贴标机主要由供标装置、取标装置、印刷装置、涂胶装置和连锁装置组成。供标装置按规定的工艺要求供应标签纸，在贴标过程中印刷装置将生产日期和产品批号等信息打印在标签上，涂胶装置在标签背面或取标执行机构上涂抹适量的黏结剂，连锁装置的应用可保证高效的贴标工作及其可靠性。

按照结构形式分类，贴标机可分为卧式和立式贴标机；按照粘胶涂布方式分类，主要可分为热熔胶、不干胶和浆糊贴标机等；按照自动化程度不同进行分类，可分为全自动、半自动和手动贴标机。

2.3.6 喷码机

在产品包装的表面上，喷码机能够喷印文字、图案、防伪标识或条码，不接触产品的喷印使其不会对产品造成额外损坏，而且其喷印内容和字符大小可通过人机交互程序灵活快速调整，应用较为广泛，安全高效。小字符喷码机和高解析喷码机是较为常用的喷码机类型，分别如图 2-38 和图 2-39 所示。

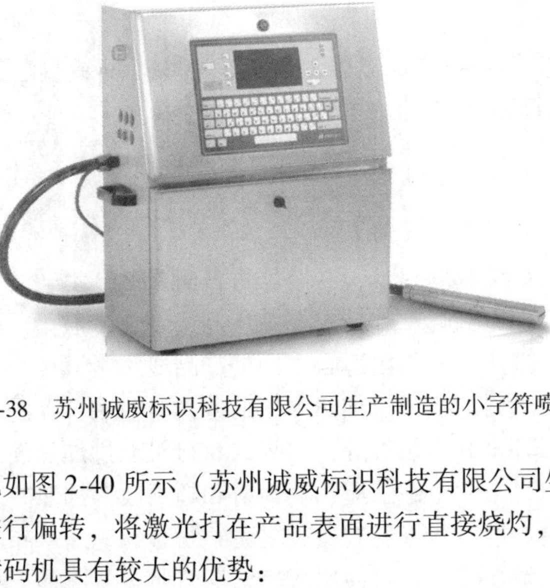

图 2-38 苏州诚威标识科技有限公司生产制造的小字符喷码机

激光喷码机如图 2-40 所示（苏州诚威标识科技有限公司生产制造），通过编程对激光束进行偏转，将激光打在产品表面进行直接烧灼，形成预设的图案和文字。激光喷码机具有较大的优势：

（1）降低生产制造成本，减少耗材，提高生产效率；

（2）防伪效果较为明显；

（3）可靠性高，激光喷码机性能稳定可靠，可长时间连续工作；

（4）广泛适用于各行业生产包装领域；

（5）环保、安全，不产生对人体和环境有害的化学物质，噪声污染较小；

（6）能在极小范围内喷印大量数据，打印精度较高。

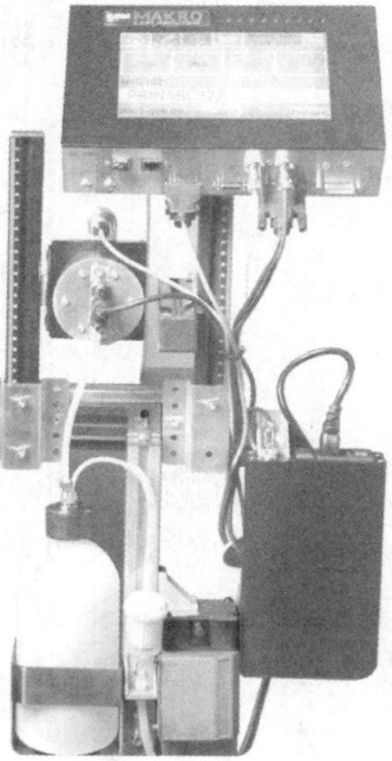

图 2-39 张家港欧码喷码电子有限公司生产制造的大字符喷码机

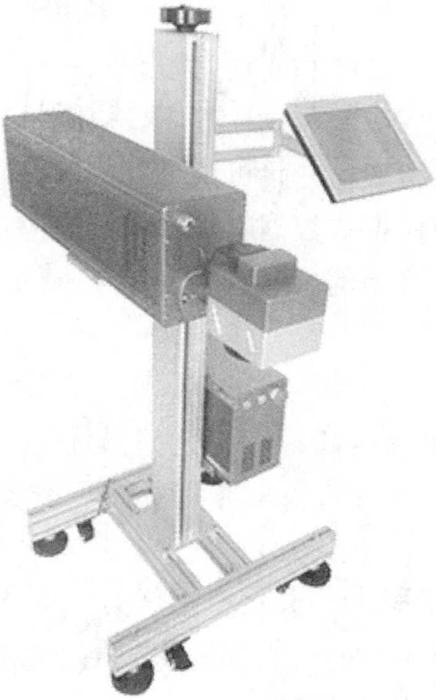

图 2-40 苏州诚威标识科技有限公司生产制造的激光喷码机

2.4 自动分拣

2.4.1 电子标签技术

2.4.1.1 电子标签基本概念

A 电子标签的定义

电子标签又称射频标签、应答器、数据载体，电子标签是射频识别 RFID (radio frequency identification) 技术的载体[11,12]。电子标签主要运用于无线射频技术，它是无线射频技术的重要组成部分。在物流过程中，电子标签附着在物品的表面，当物品通过识别区域的时候，标签上的信息就可以被识别出来。现阶段，电子标签已经被广泛运用在物流运输中。

B 电子标签的种类

电子标签的种类主要有主动式标签、被动式标签两种，分为只读标签、可读标签、标识标签、便携数据文件等类。其中主动式标签的使用寿命有限，但是能够实现连续供电。被动式标签需要电力支持，并且其电能较弱，传输距离和传输信号会受到一定的影响，但被动式标签的使用寿命比主动式标签长。另外，主动式标签的通信距离较远，价格昂贵，多用于贵重物品的检测，而被动式标签的价格低廉，但存储容量和能量有限。只读标签主要由只读存储器、随机存储器和缓冲存储器组成。而可读标签主要由随机存储器、只读存储器、缓冲存储器、编程记忆器等组成，并且可读标签能够擦除并重写数据。标识标签主要存储数字和字母，而便携式数据文件由用户自主进行编程，并且便携式标签还有包装说明、工艺说明等信息。

C 电子标签的优势

电子标签的优势有：

(1) 电子标签具有灵敏度高，可快速扫描优势，能够被读写器激活并向读写器传输信号，可以同时扫描多个标签，优于条形码技术一次只扫描一个标签。

(2) 电子标签具有体积小、形状多的优势。电子标签与其尺寸和形状的关系不大，不需要配合印刷品的尺寸和形状，电子标签正朝着小型化及多样化的方向发展，来适应于多样化的产品。

(3) 电子标签能够重复使用。电子标签能够进行删除、重写或修改，可以重复使用，避免浪费。

（4）电子标签具有穿透性。电子标签能够穿透纸张、木材、塑料等，能够实现穿透通信，而传统条形码技术只能在没有障碍物遮挡的情况下进行扫描。

（5）电子标签具有抗污染能力。电子标签对水、油、化学物品的抗污染能力较强，储存在芯片中不容易被破坏，而传统的条形码由纸张制作而成，很容易受到水、油、化学物品等的腐蚀。

（6）电子标签具有较高安全性，可以对必要的数据信息加密处理。

D 电子标签的读取

电子标签的阅读器，据其可否离线改写数据，分为读出装置、扫描器、读头、通信器、读写器等。电子标签与阅读器通过耦合元件实现射频信号的无接触耦合，在耦合通道内，根据时序对应关系，能量的传递和数据交换得以实现。

电子标签技术具有无需接触、非光学可视、不需要人工干预、适用于实现自动化，同时，电子标签具备不易损坏、可识别高速运动物体、可同时识别多个射频卡、操作快捷方便等诸多优点，可以较好地满足现代物流信息流量不断增大和高信息处理速度的需求。电子标签技术凭借其独特的优势，克服了条码识别技术等需要光学可视，并且识别距离短、信息不可更改等缺点，在飞速发展的现代智能物流中得到了越来越广泛的应用。现代智能物流作为传统物流装备行业发展的高级阶段，现代物流是现代信息技术、现代生产方式以及现代经营管理方式相结合的产物，它以高度发达的信息技术为基础，注重服务、信息、技术、人员与管理技术在物流平台的综合集成应用。因此，要实现物流标准化与高效化，快速、实时、准确的信息采集和处理尤为重要。电子标签技术与条码技术的功能对比见表2-2。

表2-2 电子标签与条码技术的功能对比

标签功能	电子标签	条码技术
信息容量	较大	较小
读取距离	较远	较近
反复读写	能	不能
读取数量	多个	单个
高速读写	全方位穿透性读取	表面定位读取

续表 2-2

标签功能	电子标签	条码技术
读取条件	在恶劣环境下仍可读写工作	条码污秽或损坏则无法读取

与纸质标签条相比电子标签技术具有以下优点：

(1) 电子标签可以识别单个的非常具体的物体，它不像条形码那样只能识别某一类物体；

(2) 采用无线电射频方式，能够透过外部材料读取数据，而条形码须要靠激光来读取信息；

(3) 具备同时对多个物体进行识读能力，并且储存的信息量较大，而条形码技术只能逐个解读有限信息。

2.4.1.2　电子标签结构原理

电子标签技术主要内涵为电子标识和射频识别，当下应用较广的为电子标签 RFID，电子标签 RFID 是随着雷达技术发展起来的自动识别技术，利用射频信号（>100kHz）和空间电感或电磁耦合的传输特性，实现对物体或商品的非接触式自动识别。图 2-41 所示为电子标签结构图。

RFID 电子标签系统基本结构由标签、阅读器、天线组成。其中标签内由耦合元件与芯片组成，每个标签电子编码唯一，高容量的电子标签预留用户可写入的存储空间，附着在物体上标识目标对象。阅读器用于捕捉和处理 RFID 标签数据的设备，可以为单独的个体，也可嵌入其他系统。阅读器是构成 RFID 系统的重要部件，因其能够将数据写到 RFID 标签中，所以称为阅读器。阅读器的硬件基本组成为微处理器、收发机、存储器、外部传感器/执行器、报警器接口、通信接口及电源等。图 2-42 所示为阅读器组成示意图。天线是一种信号首发设备，它以电磁波形式把前端射频信号功率接收或辐射出去。天线也是电路与空间的界面器件，以此实现导行波与自由空间波能量的转化。天线在 RFID 系统中分为电子标签天线和读写器天线两个大类，分别承担接收能量和发射能量的作用。

RFID 电子标签系统的基本工作流程：第一步，RFID 电子标签靠近读卡器天线时，它会接收到读卡器发出的查询信号，与此同时读卡器发出的能量激活 RFID 标签；第二步，RFID 标签根据查询信号的要求，将标签中的信息反射回读卡器；第三步，读卡器接收到 RFID 标签反射回来的微波信号后，经读卡器内部电路的解调和处理，识别出 RFID 电子标签内部存储的信息；第四步，将

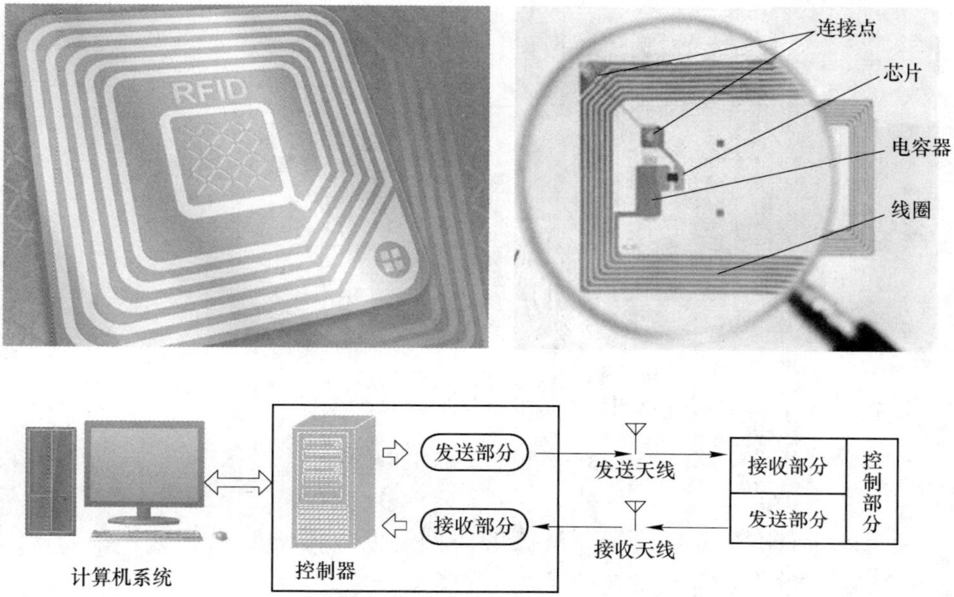

图 2-41 RFID 电子标签结构图

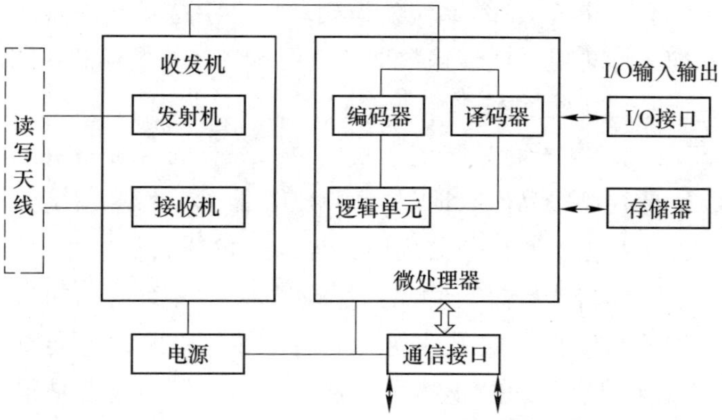

图 2-42 阅读器组成示意图

识别出来的信息作为物体的特征数据传送至控制计算机进行处理，进而完成与物体有关的信息查询和管理。电子标签 RFID 具体的工作原理如图 2-43 所示，利用读写器经天线将信息进行发送，标签至一定的磁场内时会出现感应电流并采集能量，然后标签把自身的相关信息传送至读写器；读取相关的信息后进行解码操作，并传送到主机处理，电子标签识别不需要工作人员，可应用在恶劣的环境中。

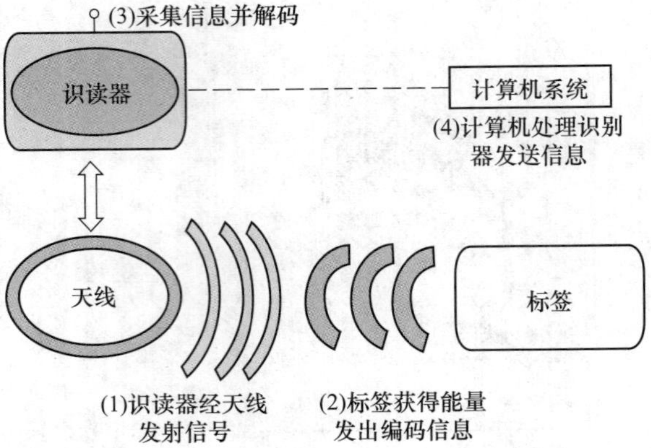

图 2-43　RFID 电子标签工作原理

RFID 电子标签系统根据其功能的不同，可分为便携式数据采集系统、EAS 系统、物流控制系统、定位系统四种类型。

（1）便携式数据采集系统。便携式数据采集系统是使用带有 RFID 阅读器的手持式数据采集器装置，以此采集 RFID 上的数据。此种系统灵活性较大，适用于不方便安装固定式 RFID 系统的应用环境。手持式阅读器可在读取数据的同时实时地向主计算机系统传输数据，也可暂时将数据存储在阅读器里，再分批向主计算机系统传输数据。

（2）EAS 系统。电子商品防盗系统（electronic article surveillance，EAS）是一种设置在需要控制物品出入地门口的 RFID 技术。EAS 系统典型应用场景是商店、图书馆、数据中心等公共场所，当未授权的人从这些地方取物品时，EAS 系统就会发出警告或警报。物品经过设置有 EAS 系统的门口，EAS 装置会自动检测标签的活动性，如果发现失活性标签，EAS 系统会发出警告。通过 EAS 技术应用可以有效地防止物品被盗，无论是大件或者是很小的物品都适用。企业、事业单位应用 EAS 技术后，物品不必再锁在玻璃柜里，可以自由地观看并检查物品，这在自选商品日益流行的今天意义非凡。EAS 系统一般由电子传感器、电子标签灭活装置、监视器组成，其中电子传感器为附着在物品上的电子标签，电子标签灭活装置用于授权物品能够正常出入，监视器则是在出口形成一定区域范围内的监视空间。

EAS 系统的基本工作原理：在监视区内，发射器以一定的频率向接收器发射信号。发射器与接收器通常安装在零售店里、图书馆的出入口，形成监视空间。当具有特殊特征的标签进入监视空间区域时，就会对发射器发出的信号产生干扰，此种干扰信号也会被接收器接收，再经过微处理器的分析判断，从而控制警报器发生鸣响。依据发射器发出的信号不同以及标签对信号干扰原理不同，EAS 可以分成不同的类型。

（3）物流控制系统。在物流控制系统中，RFID 阅读器分散地固定布置在给定的区域，阅读器直接与数据管理信息系统相连接，移动信号发射机一般安装在移动的物体或者人身上。当物体和人经过阅读器时，阅读器会自动扫描标签上的信息，并把数据信息输入数据管理信息系统储存、分析、处理，从而达到控制物流的目的。

（4）定位系统。定位系统主要用于自动化加工系统中的物料定位及对物流装备车辆、轮船等进行定位支持。阅读器放置于移动的车辆、轮船上或自动化流水线中原材料、半成品、成品上，信号发射机嵌入到操作环境的地表下面。信号发射机存储位置识别信息，阅读器一般通过无线或者有线的方式连接到主信息管理系统。

2.4.1.3 电子标签拣选系统

电子标签拣选系统（digital pick system），是以一连串装于货架格位上的电子标签取代拣货单，指示应拣取的物品种类及数量，从而辅助拣货人员的作业，减少目视寻找时间。电子标签拣选系统在日本、欧美等国家的集中式配货运作中已被广泛采用。目前，上海联华集团配货中心、上海光明乳业集团配货中心、上海医药配送中心等率先引进了电子标签拣选系统。电子标签具有柔性控制拣货流程、即时现场控制拣货流程、紧急订单处理功能，并能够降低分拣货错误率、加快分拣货速度、免除表单作业、节省人力资源，如图 2-44 所示。

图 2-44 电子标签拣选系统

电子标签拣选系统是通过固定在货架上的电子标签分拣货物，由后台计算机系统控制的电子标签自动显示货物数量，分拣员只需要按照数量提取货物并按确认按钮就可以完成分拣工作，这是一种具有广泛用途的数字化分拣设备，无论是少量、多品种还是大量、少品种，都可以实现分拣的自动提示和自动记录。

2.4.1.4 电子标签技术应用

电子标签技术在物料跟踪、货架识别、运载工具、库存管理需要非接触式数据采集、交换或频繁改变数据内容的场合发挥重要作用。在实际应用中，电子标签技术在其他物品的识别及自动化管理等方面也得到了比较广泛的应用，为现代物流供应链管理提供了便捷高效的实施方案，其具体应用包括仓储管理、物流供应、产品认证、质量控制、自动结账等方面，电子标签技术彻底解决了物流管理中信息采集的自动化问题。附着在单个商品、包装箱、托盘上的电子标签，能够提供供应链管理中产品流和信息流的双向通信，并通过互联网传递从标签采集到的数据。同条形码技术相比，电子标签技术可以极大地降低用来获取产品信息的人工成本，使得现代物流供应链许多环节操作实现自动化，对提高现代物流配送中心的工作效率和经济效益具有关键性的作用。电子标签应用中应注意标签之间要有一定的距离，如果电子标签距离太近会导致电子标签之间相互干扰；电子标签在物流转载、贮存等设备中应具有特定的位置，方便电子标签的读取；电子标签要按照跨国运输规则，在不同的国家遵循不同的国际标准；电子标签根据其类型不同应具有与标签类型相匹配的读写器；电子标签使用中应对必要的数据信息进行加密。

电子标签技术的应用有：

(1) 基于电子标签技术的快递物流。电子标签技术具有非接触、无需光学可视、无人工干预、适于实现自动化且不易损坏，可识别高速运动物体，并可同时识别多个射频卡，操作快捷方便等诸多优点，在飞速发展的现代物流中得到了越来越广泛的应用。

(2) 基于电子标签技术的立体仓库。伴随科学技术的不断发展，以自动化为基础的立体式仓库货物识别技术受到较多的企业关注，并且此类型的立体仓库系统已经从传统时代的人工纸质标签识别逐步转变为机器式的电子标签自动识别。目前，应用广泛的自动识别技术主要包含 RFID 无线射频、条形码、二维码、机器视觉图像、磁卡等识别技术。

在仓库选择使用 RFID 电子标签识别技术应当在设计仓库时便做好相应的准备，由于自动化立体仓库建成后使用时间较长，因此 RFID 电子标签识别技术应用前应当掌握自动化立体仓库中对 RFID 电子标签具有影响的各种不同因素。自动化立体仓库系统基本组成如图 2-45 所示。

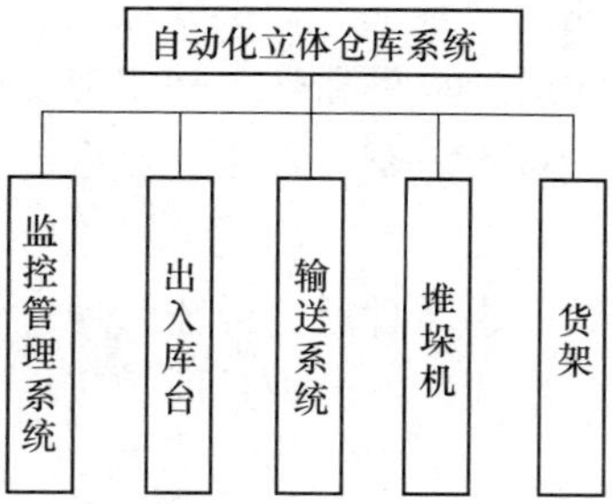

图 2-45 自动化立体仓库系统基本构成

自动化立体仓库使用 RFID 电子标签识别技术前要明确仓库的使用需求和要求，以及相关的内部问题，进一步明确仓库所服务的对象，还要对使用单位是否具备管理能力进行检查。然后对仓库特点开展主要的分析，分析产品到达仓库的整体程序，以及仓库所拥有的相关资源，比如装备和人工等，还有仓库的主要结构和内部的环境因素。此外，对自动化立体仓库外部环境的分析也特别重要，使用 RFID 电子标签自动识别技术时，需要注重 RFID 频率的分配，因为其存在不同的标准。

（3）基于 RFID 电子标签技术的物品管理。在各类军警部门、科研院所及企事业单位日常工作中，经常面临着对重要仪器仪表、物资装备及涉密资产等重要物品的管理。这类物品由于本身承载着重要信息，在实际管理过程中因为其使用场所较分散、工作区域内外的流转率高等特点，使其集中管控实现困难。依靠记账、人工流程派单等传统管理方式导致管理滞后、监管程度低以及重要物品丢失等安全隐患依然存在。随着移动互联网与信息传感技术的快速发展，利用信息传感设备与互联网通过某种接口协议将任一物品连接起来，从而实现智能化识别、定位、跟踪、监控及管理方式“物联网”模式已广泛应用于物流跟踪、智慧农业、食品追溯、物资管理等领域，在提高面向大量目标集群、分布式管理效率方面发挥了显著作用。基于物联网技术的物品管理已在智能制造、智能仓储及智慧物流等典型物联网应用领域逐步实现，其中多基于有源、无源 RFID 标签技术、NFC 技术以及条码标签技术实现对物品的识别及管控。

2.4.1.5 电子标签应用价值

现代物流要求高度标准化和高效化，从而要求物流企业必须实时和精确地了解和掌握整个物流环节上各个组成部分的变化。怎样在第一时间掌握从运输、流通加工、配送、采购、存储、包装、装卸、搬运、销售到服务等环节中实时变化与进展信息，是现代物流企业标准化管理所必须面对和解决的问题。因此，快速、准确、实时的信息采集和处理是实现现代物流的重要保证。电子标签技术具备可读写能力，对于需要频繁改变数据内容的场合比较适用，它发挥的作用不仅是数据采集和系统指令的传达，更能够广泛应用在现代物流供应链上的物料跟踪、运载工具、生产管理、运输管理、仓库管理、货架识别、商店超市防盗等场景。其在现代快递物流中具体的应用价值，主要表现在以下几个方面：

(1) 在生产环节方面。由于电子标签技术具备信息的自动接收与发送能力，因此将电子标签技术应用在生产制造环节，可实现在整个生产线上原材料、零部件、半成品和全成品的识别与跟踪，从而减少人工识别的成本和出错率：一方面可实现生产线的自动化运作，另一方面提高生产制造过程的效益与效率。尤其在采用准时制生产方式的制造流水线上，由于生产过程中对原材料和零部件的准时送达要求严格，因此可采用电子标签技术，通过自动识别电子标签信息来快速地在众多库存中准确地找出当前生产环节所需的原材料及零部件。同时，电子标签技术还可帮助管理人员实时地掌握原材料和零部件库存情况，依据生产进度及时发出补货信息，进而实现流水线均衡稳步的生产，增强生产质量的控制与跟踪。

(2) 在储存环节方面。在存储环节中，电子标签技术最广泛的应用就是实现货物存取和库存盘点等自动化工作。将现代物流供应系统的收货计划、取货计划、装运计划与电子标签技术相结合，可以高效地完成上架、取货、补货、指定堆放区域等业务操作，从而减少了整个业务过程中由于物品误置、损害、库存出货错误等造成的损失，增强了业务操作的准确性、快捷性，进而降低成本、节省劳动力及库存空间。此外，电子标签技术在储存环节的应用使得库存盘点时不需要人工的检查或扫描条码操作，管理人员基于电子标签技术可以快速识别并纠正低效率运作情况，实现更加快速准确地提供有关库存情况信息，从而更快速供货并最大限度地减少储存成本。

(3) 在运输环节方面。在运输中将电子标签贴附在货物和运输车辆上，并在运输线的一些检查点安装电子标签信息接收转发装置。当货物运输车辆行经安装有电子标签信息接收转发装置的检查点时，电子标签接收装置在收到电子标签信息后，将读取识别信息及接收地的位置信息上传至通信卫星，再经卫星传至运输调度中心，最后进入数据库中，从而实现货物整个供应链上的物流跟踪和供应链的自动化管理，实现供应链管理的透明化。如果要更精细化，在每辆运输车上安装电子标签信息接收及转发装置等信息终端，发货时将车辆、货物和司机的身份信息上传至运输调度中心信息数据库。在运输途中，接收转发装置每隔一固定间隔时间就以一定的频率自动无线扫描车辆和货物的电子标签，然后将扫描到的信息存入车辆信息终端，并通过全球定位系统获得车辆位置信息，再将所有采集的数据一起传回运输调度中心，存入中心信息数据库。计算机软件系统再将传回的信息与数据库中保存的发货时原始信息进行对比，检查司机信息、车辆的信息、货物信息等是否匹配，一旦有任何不匹配，表明该车货物出现了问题，必须采取相应紧急应对措施。通过这种方式可实现对运输车辆实时动态的追踪和监控，有效地解决货物在运输过程中的防盗问题。

（4）在配送、分销环节方面。当货物运抵中央配送中心时，电子标签信息读取系统将扫描读取货物的电子标签信息，并与运输调度中心信息数据库中储存的发货记录进行比对，若出现信息不符，说明货物在运输过程中出现了问题，需要进一步进行调查核对，以较快速度找出问题所在并解决问题。由于电子标签技术可以实现自动识别与读取，因此极大地提高了拣选与分发过程的效率与准确率，降本增效。通过这种方式既保证了精确的库存控制，又能准确了解目前有多少货物处于运输途中、转运的始发地和目的地，以及预期的抵达时间信息等。

（5）在零售环节方面。在商场和超市电子标签应用中，电子标签可以弥补条码识别技术的不足，每件商品都可携带其自身特有的信息，生产商及销售商可以随时知道它的位置，在某个商场和超市的货架上下，还有多少存货以及商品的有效期等信息。更重要的是，消费者不必在收款台前排队等候，只需把购物车从电子标签信息接收装置旁边推过，接收装置就会读取所有商品的信息。收银员不必把每件商品逐个拿到手里扫描，只需收款即可，从而极大提升商场和超市的现代化管理水平。

2.4.2 条码技术

2.4.2.1 条码技术简介

A 条形码

条形码（barcode）是将宽度不等的多个黑条与空白，按照一定的编码规则排列，用以表达一组信息的图形标识符。常见的条形码是由反射率相差很大的黑条和白条排成的平行线图案。条形码能够标出物品的生产国、厂家、品名、生产日期、图书分类号、邮件起止地点、类别、日期等信息，条形码在商品流通、图书管理、邮政管理、银行系统等领域都得到广泛的应用。条形码技术（bar code technology，BCT）是在计算机的应用实践中产生和发展起来的一种自动识别技术。条形码技术是为实现对信息的自动扫描而设计的，它是实现快速、准确而可靠地采集数据的有效手段。条形码技术的应用能够解决数据录入和数据采集的瓶颈问题，为物流管理提供了有利的技术支持。条形码技术的核心内容是通过光电扫描设备识读条形码符号来实现机器的自动识别，并快速、准确地把数据录入计算机进行数据处理，从而实现自动管理的目的。条形码技术的研究对象包括编码规则、标准符号技术、自动识别技术、印刷技术及应用系统设计五个部分。条码识别技术存在使用时容易造成标签损坏、误码率高、可靠性低、存储量较小、无法满足当下相关技术的使用要求等缺点。

B 条码技术

条码技术是指利用一些按规则排列顺序的黑条、白条和数字字母等组成的一个码来进行信息传递的一项技术。该技术主要分为符号标识、识别技术、编码技术三个方面。条码技术是从国外引入的一项先进技术，借鉴国外的先进管理经验，改善国内企业的管理模式。随着信息技术的发展，互联网逐渐应用于人们的日常生活中。条码技术与互联网信息技术相融合，使得各行各业在进行信息传递时传递过程变得更加便捷，安全性大大提高。在生活中，条码技术的应用较为常见，如商品包装上的条形码、二维码等。虽然表现形式不尽相同，但均是按照一定顺序排列所组成的。

2.4.2.2 条码技术现状

自改革开放以来，外国先进技术不断引入国内，使得国内制造业得到了迅猛的发展。条码技术作为其中的一项重要技术，在各行各业中均有应用，并发挥了巨大的作用。在引入国内之后，我国技术人员通过将信息技术、互联网技术等与其进行融合，使其功能日渐强大。相较于欧美等一些发达国家，我国在该技术上处于国际领先地位。目前，条码技术不但在工业生产过程中被广泛应用，在生活中该技术也十分常见。在超市购物时，商品外包装的条形码、移动支付时用到的二维码等，都是条码技术的生活应用实例，条码技术在人们的生活中发挥着巨大的作用。

条码技术在使用过程中逐渐体现出以下几个特点：

（1）技术优越性。该技术从被引入国内开始，便被逐渐应用于各行各业的生产过程中，多年以来，伴随着与一些新生的高新技术的融合，该技术的功能日渐强大，并取代了一些落后的信息传递技术。

（2）条码技术的载体为网络平台，所以传递信息速率较快，可以实时传递数据体量不受限制。

（3）条码技术还在智能识别领域中有广泛的用途，且相较于语音识别等技术，该技术的成本更低，用起来更加方便。

2.4.2.3 标准符号技术

条形码主要由黑白条纹组成，即由大小不一的宽度的黑条与空白进行组成，黑条与白条位置根据相应的编码规律进行排列，其所包含相关的信息在内。深色条将光吸收，而浅色空白则把光进行反射至扫描器，扫描器接收反射的信息并转变为电子脉冲，最后再经过译码器进行转换并把信息传送至后台。条码一般分为一维码和二维码两种，一维码常用在日常商品外包装上，它承载的信息量较小，仅能存储单个代号信息，使用时需再通过代号调取计算机相连的数据库信息。二维码是近年来发展较快，它能在有限的空间内存储较多的信息，包括图形、文字、指纹签名等，并可以脱离计算机使用，目前已被 ISO 和一些主要工业标准组织采纳作为物流运输标签标准，如国外的新西兰陆路运输部、法国邮局、南非航空货运公司，国内的上海大众汽车公司在汽车销售过程中的物流管理和海尔企业物流管理等。

A 一维条码

一维条码是由一组黑白相间的条纹构成，这种条纹由若干个黑色的“条”和白色的“空”组成，常用的一维码包括：EAN 码、39 码、128 码、93 码、25 码、ISBN 码、库德巴码（Codabar）等。EAN 码是国际通用的符号体系，它是一种长度固定、无含意的条码，所表达的信息全部为数字，主要用于商品标识。39 码用途广泛，可表示数字、英文字母以及“-”“.”“/”“+”“%”“$”“ ”（空格）和“＊”等共 44 个符号，其中“＊”仅作为起始符和终止符，既可以用数字，也可用字母及有关符号表示信息。128 码和 39 码主要为国内企业内部自定义码制，可以根据需要确定条码的长度与信息，它编码的信息可以是数字、字母，主要用于工业生产线领域、图书管理等。93 码类似 39 码，它的密度较高，可以替代 39 码。25 码主要用于包装、运输以及国际航空系统的机票顺序编号等。ISBN 编号是国际标准书号（International Standard Book Number）的简称，是专门为识别图书等文献而设计的国际编号。库德巴码主要应用于血库、图书馆、包裹等跟踪管理。

完整的条形码符号是由两侧静区、起始符、数据符、校验符和终止符组成，如图 2-46 所示。静区分为首静区和尾静区，位于条形码的左右两端。静区为没有任何印刷符或条形码信息的空白区，其作用是提示阅读器即扫描设备准备扫描条形码符号、保证阅读器的光束到达第一个条纹前有一个稳定的速度。由于首、尾静区相同，故可以双向阅读。

图 2-46　条形码示例

起始符是指条形码符号的第一位字符，它由特殊黑条、白条结构组成，用于识别一个条形码符号的开始。阅读器先确认起始符的存在，再处理由扫描器获得的系列脉冲。数据符由条形码字符组成，代表一定的原始数据信息。校验符是经过对数据字符进行一种算数运算而确定，在部分条形码制中是可选的。解码器对各字符进行相同算数运算，并将运算结果与校验字符比较，若两组数据一致，表明读入的信息有效。终止符是条形码的最后一位字符，它由特殊黑条、白条结构组成，用于识别一个条形码符号的结束。阅读器识别到终止符，便知道条形码符号已扫描完毕。若条形码符号阅读结束，阅读器就会向计算机传送数据，并向操作者提供“读入有效”的反馈。终止符的应用避免了不完整信息的输入问题。若采用校验符时，终止符还会指示阅读器对数据符实施校验计算。起始符和终止符的黑条、白条结构一般为不对称的二进制序列，这种非对称性允许扫描器进行双向扫描。当条形码符号被反向扫描时，阅读器在进行校验计算与传送信息前会把条形码各字符符号重新排列成正向顺序。

B　二维码

二维码经常使用的形式为 QR 码，如图 2-47 所示。其主要是特定的图形并依据相关的规律体现在一个平面之上，并由黑白两种颜色相间组成，以此来记录数据符号的相关信息，通过运用组建计算机内部的逻辑基础的相关概念加以编码，然后运用多个和二进制对应的形体表达相关的信息，利用扫描的设备和图像输入的设备来对其进行识别和读取。二维码还具备条码技术拥有特定字符集、字符宽度一定的特点和共性，具备校验的作用。与一维码相比，二维码能够对不同行的信息进行识别，由于一维码在使用中必须通过连接数据库的方式提取信息才能确定条码表达的信息，所以一维码只能表达字母和数字，而不能表达图像和汉字。此外，一维条码携带信息量较小，不能满足物流过程中需要携带大量信息的要求，而二维码的出现恰好弥补了这一不足。

二维码是采用某种特定的几何图形，按一定规则在二维方向平面分布的黑

图 2-47 二维码示例

白相间的图形记录符号信息，在代码编制上灵活的运用构成计算机内部逻辑基础的“0”“1”比特流的概念，运用若干个与二进制相对应的几何形体来表达文字信息，采用图像输入设备或光电扫描设备自动识读以此来实现信息自动处理。二维码具备在横向和纵向两个方位同时表达信息能力，所以在很小的面积内表达大量的信息。条形码只能在一个方向进行信息的表达，并且只有几十位的存储信息量。另外，如果二维码出现轻微的损坏，但还可以进行读取辨识。近年来，二维码在国内外运用非常广泛，已经成为人们生活中不可缺少的一种信息读取方式。二维码目前有几十种，如 PDF417 二维码、QR Code、Code 49、Code16K、Code One、Datamatrix 二维码、Maxiccode 二维码等常用码制。

C 物流条码

按照应用场景对象的不同，条码也可分为商品条码和物流条码。商品条码是用在最终消费品的消费单元上的标识，通常是单个商品的唯一标识，常用于零售业现代化的管理。商品条码有 EAN 条码和 UPC 条码等。EAN 条码是国际物品编码协会在全球推广应用的商品条码，有 EAN-13 条码和 EAN-8 条码两种版本；UPC 条码在北美地区应用较为广泛。

物流条码是储运、贸易单元的唯一标识，通常标识多品类商品的集合，它标贴于商品的外包装上，以供物流过程中的发货、运输、装卸、仓储、分拣、配送等环节识别，用于物流的现代管理。国际上通用的和公认的物流条码码制主要有 ITF-14 条码、UCC/EAN-128 条码、EAN-13 条码三种。

D 条形码的识别原理

条形码扫描器根据物体颜色的不同，其反射的可见光波长不同来识别条形码。白色物体可以反射所有波长的可见光，黑色物体能够吸收所有波长的可见光。白条、黑条的宽窄度不同，相应的电信号持续时间长短则不同。当条形码扫描器光源发出的光经过光阑及凸透镜后，照射在黑白相间的条形码上，反射光通过凸透镜聚焦后，照射至光电转换器上，此时光电转换器接收到与白条和黑条相应的强弱异同的反射光信号，并转换成相应的电信号输出放大整形电路。整形电路的脉冲数字信号经译码器转译成数字、字符信息等。译码器通过识别起始符、终止符判别出符号的码制和扫描方向，再通过测量脉冲数字电信号“0”“1”的数目来判别条和空的数目，通过测量“0”“1”信号持续的时间来判别黑条和白条的宽度，从而得到了被辨别条形码符号的黑条和白条数目及相应的宽度与所用码制，根据码制所对应的编码规则，便可以将条形码转换成相应的数字、字符信息，再通过接口电路传送给计算机系统进行数据处理与管理，便完成了条形码辨读的全部过程，如图 2-48 所示。

图 2-48　二维码扫码识别示例

2.4.2.4　条码阅读器

条码阅读器或称为条码扫描枪、条码扫描器，主要用于读取条码所包含信息的阅读设备。其本身没有内存，只是通过它实现了及时传输，当连接上电脑后，扫描出来的数据会直接地显示在光标定位处。无线扫描枪可以在不连接电脑的情况下工作，但是扫描的距离会受到较大限制。条码阅读器的结构一般包括光源、接收装置、光电转换部件、译码电路、计算机接口等。根据条码阅读器支撑技术的不同，可将其划分为激光条码阅读器、光笔条码阅读器、CCD 条码阅读器。条码阅读器实物如图 2-49 所示。

A　光笔条码阅读器

光笔条码阅读器是一种出现较早的手持接触式条码阅读器，也是较为经济的一种条形码阅读器。其操作如同用笔画一条线，只要将笔头的小窗口对准条形码，在其表面匀速移动，条码信号便可通过电缆进入计算机。光笔条码扫描器是一种轻便的条形码读入装置，在光笔内部有扫描光束发生器和反射接收器。目前，市场上销售的此类扫描器产品较多，它们主要在发光波长、电路结

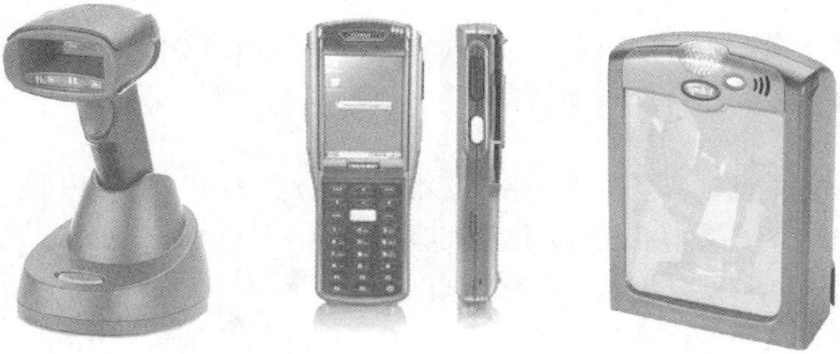

图 2-49 条码阅读器实物

构、光学系统结构、分辨率、操作方式等方面有些不同。然而，光笔条码扫描器无论采用哪种工作方式，在使用上都有一个共同特点，即当阅读条码信息时需要扫描器与待识读条形码接触或离开一个极短距离。

光笔条码阅读器的主要优点是与条码接触阅读，可以明确地知道哪个是需要阅读的条码，阅读条码的长度不受限制，设备成本较低，没有内部移动部件，较坚固、体积小、质量轻。其缺点是有一些应用场景不适合接触阅读，只有在较平坦的表面上阅读制定密度、清晰度较好的条码时才能发挥它的作用，需要业务操作人员经过相应的训练才可使用，如果阅读速度、阅读角度和使用的压力不当均会影响它的阅读性能；由于它必须接触阅读，因此当条形码有污损或保护膜时光笔不能使用；另外，光笔条码阅读器的首读成功率低且误码率较高。

B CCD 条形码阅读器

CCD 条形码阅读器是基于光电耦合原理，对条形码印刷图案进行成像后再译码，较适合近距离的接触阅读。CCD 条形码阅读器一半采用一个或多个 LED，发出的光线可以覆盖整个条码，条码图像被传到一排光探测器上，被所有单独的光电二极管采样，由紧邻的探测器探测结果为“黑”或“白”来区分每一个黑条和白条，从而确定条码的字符信息。CCD 条形码不是简单的阅读每一个“黑条”和“空”，而是阅读条形码的整个部分，并将其转换成可以译码的电信号。

CCD 条形码阅读器的优点是与其他条码阅读器相比，价格较便宜，使用方便，它的质量比激光条形码阅读器低，不需要接触阅读。其缺点是在阅读弧形表面的条码时较困难，在一些需要远距离阅读的应用场景也不合适；CCD 的防摔性能较差，因此产生的故障率较高，在所要阅读的条码较宽时，CCD 条形码阅读器也不是很好的选择，信息长度较长或密度较低的条形码很容易超出扫描头的阅读范围，从而导致条码不可读；而且一些使用多个 LED 的条形码阅读器中若一个 LED 有故障，就会导致不能阅读；部分 CCD 条形码阅读器的首读成功率比较低且误码率较高。

C 激光条码阅读器

激光条码阅读器是各种条码阅读器中价格相对较高的，其内部一般装有控制扫描光束的自动扫描装置。但它能够提供的各项功能指标较高，所以在各个行业中都能被广泛采用。激光条码阅读器的扫描头与条形码标签的距离一般只有 0~20mm，而最长可达 500mm。激光条码阅读器的基本工作原理是：激光扫描仪经激光二极管发射光束，再照射到旋转的棱镜或来回往复摆动的镜子上，反射后的光线穿过阅读窗口照射到条码表面上，光线经过黑条或白条的反射后返回阅读器。再通过一个镜子进行采集、聚焦，经光电转换器转换成电信号，电信号将通过扫描器或者终端上的译码软件来进行译码。

激光条码阅读器的优点是可以用于非接触扫描，一般情况下，当阅读距离大于 30cm 时，激光条形码阅读器是唯一的选择。激光阅读条码密度范围较广，能够阅读不规则的条码表面，还可以透过玻璃、透明胶纸阅读，因为是非接触式阅读，所以不会损坏条形码标签。激光条码阅读器因具有较先进的阅读及解码系统，所以首读识别成功率高、识别速度相对于光笔和 CCD 更快，对印刷质量不好的条码识别效果好，误码率极低，激光条形码阅读器的防震、防摔性能好。激光条码阅读器缺点是价格相对较高，若从购买费用与使用费用的综合评价计算，与 CCD 条形码阅读器无较大的区别。激光条形码阅读器根据使用方式的不同，又可分为手持与固定两种形式。

手持激光条形码阅读器连接方便简单、使用灵活。固定式激光条形码阅读器是指条码阅读设备安装在固定位置上，适合于不便使用手持式扫描方式阅读条形码信息的场合，也适合阅读量较大、条码较小的场合。如果工作环境不允许操作者一手处理标附有条形码信息的物体，另一只手持扫描枪，就可以选用固定式激光条形码阅读器自动扫描。这种阅读器也可以安装在生产流水线传送带旁固定位置，等标附有条形码信息的物体平稳、缓慢进入扫描区域立即进行扫码，从而实现自动化生产线控制。

D 条形码数据采集器

条形码数据采集器或称为盘点机、掌上电脑等，具有体积小、质量轻、一体性、机动性、高性能、可手持的特点，能够自动存储、自动处理、实时采集、即时显示、及时反馈、自动传输功能，其自身配有内存，扫描获取的数据存储在采集器里，再通过传输底座将数据传输到电脑里实现批处理。条码数据采集器主要在固定资产管理、产品出入库、物流快件管理、抄表系统、图书管理系统上应用较为广泛。

条码数据采集器根据数据传输的方法不同可以分为两种类型，一种是批处理型，一种是无线实时型。批处理型条码采集器本身配有数据存储器，通常由电池供电，可以脱机使用，广泛应用于仓储管理、商品盘点以及多种野外作业。当数据采集后，先将数据存储起来，通过和电脑连接的通信设备再将采集的条码信息用文件形式传输至电脑。

无线实时数据采集器称为无线是因为其不需要通过通信座与计算机进行数据交换，它是通过无线网络、计算机、服务器来进行实时数据通信。业务操作人员在无线数据采集器上操作后，相应的数据都会第一时间进入后台数据库，这就意味着无线数据采集器将数据库信息系统延伸到每一个操作员手中。

2.4.2.5 条码技术应用

条码识别技术主要应用在企业的仓储物流管理中，第三方物流企业应用得也较多。在机械、电子、电气、纺织等行业，由于产品出入库频繁、数量多、种类多，传统的做法以手工录入单据为主，容易出现串货、效率低、信息传递不准确、差错率高等问题。目前普遍开始尝试将条码技术用于企业的内部仓储管理、公司—分公司物流配送体系、上下游企业物流管理等领域之中，从而实现了精准、防串货、高效、无纸化的自动化信息管理体系。

物流设备作为物流转运中的一种重要支撑，在物流业中发挥着运输传递物资载体的重要作用。目前物流市场竞争压力越来越大，物流运输业在发展过程中的困难和问题也日益突出，需要行业内引进先进技术，从加快运输速度、减少错误率等方面来提高运输的服务质量。近年来，随着条码技术在物流设备行业中的应用，使得物流设备行业运输速率得到了较大提升，同时让物流运输行业的服务质量得到了有效改善。由于条码技术具有制作简单、信息收集速度快、信息量大、准确率高、成本低、应用方便等特点，已广泛应用于仓储、运输、配送等生产过程，条码技术是物流实现自动跟踪的有力支撑工具。作为物流管理的重要工具，条码技术的应用主要集中在以下几个场景：

（1）物料管理。通过对物料编码，粘附条码标签，不但便于物料跟踪管理，还有助于做到合理的物料库存准备，提高生产效率，便于企业资金的合理运用。

（2）分拣运输。利用物流标识技术，将预先打印好的标签粘附在发送的物品上，并在各个分拣点安装一台条码扫描器，使得包裹、产品自动分拣到不同的运输机上。

（3）生产线物流管理。条码生产线物流管理是产品条码应用的基础。在生产中通过产品识别码监控生产，通过采集生产测试数据、生产质量检查数据、产品完工检查，以此建立产品识别码与产品档案，有序安排生产计划，同时监控生产及流向，以此提高产品合格率。

A 条码技术在物流管理中的应用

物流运输企业应当在产业的发展过程中充分考虑消费者的需求，从运输、出入库、配送等多过程的管理工作入手，对过程进行集中优化，从而提升物流行业的服务质量，为物流行业的发展注入新的动力。条码技术的广泛使用，使得传统物流业的运输配送过程变得简单，且工作效率极大提升。充分利用条码技术，还可以帮助物流运输企业有效缩减成本资金，提高管理水平，对于企业优化管理体系具有重要意义。条码技术在物流管理过程中的应用，相较于其他技术，具有极高的准确率、灵活性好、信息量大、错误率低等优势。

条码技术相较于传统的物流管理技术而言，有着极其高的准确率和灵活性。准确率体现在物流管理过程中的货物运输及分配、配送方面。物流运输及配送要求物流公司在运输过程中不能出现丝毫差错，在运送过程中，要保证能够按照消费者的要求来进行配送，货物要完整地送达目的地。该工作的容错率较低，需要物流公司在进行物流管理时明确货物信息，条码技术在此时发挥了重要作用。通过利用计算机将信息编译成条码信息样式，贴附于货物表层，配送过程中，工作人员只需利用软件扫码获取信息，省略了信息输入输出的烦琐流程，同时有效避免了信息传递过程中的偏差。灵活性体现在管理方面，通过对物流运输的各个过程进行实时监督管理，可以强化过程稳定性。物流运输过程中，条码的使用能够帮助工作人员简化信息统计过程，让信息传递方式更加灵活多样，不再受传统形式方法的拘束，同时也保证了物流管理工作能够高效进行。

条码技术依托工业互联网平台，通过软件与信息技术等对消费者提供的货品信息进行快速处理，并以条形码、二维码等形式进行记录。通过借助互联网技术，物流运输平台可以对货物相关信息进行记录和短期保存，无论是消费者还是物流运输企业，都能够通过网络实时查询到货物的相关信息，查询运输状态，实时了解相关情况。错误率低是条码技术应用过程中体现出来的一大优势。消费者在托运货物时，可以自己在网上进行信息填写，并将货物交付于物流公司进行运输配送。物流信息在网上通过条码技术进行转换，基本信息记录在条形码上，配送人员可以利用终端软件平台进行查看，以了解配送货物的配送地点、电话等基本信息。传统的运输配送服务，由于需要人工进行统计，在统计过程中会出现一定的偏差，配送服务质量也会随之下降。条码技术的应用有效避免了这一缺陷，并帮助企业提高了服务质量。

B 条码技术在物流运输中应用

在仓库管理方面，条码技术应用主要是为了方便货仓管理人员进行货物出入库统计。在出入库统计过程中采用条码技术，既简化货物出入库验收环节，同时节约大量的信息统计时间，简化了统计管理的过程。

在物流配送方面，物流管理流程主要分为物流配送、数据记录以及货物出入仓三个环节，条码技术主要用于配送过程中。条码技术在配送过程中的应用，能够使消费者信息的安全性得到有效保障，同时还能够让配送人员第一时间获取信息，进行配送，既保障了送达及时性，同时也降低了信息传递的出错率，减少信息处理方面的成本。该技术主要依赖信息技术及互联网技术，借助网络平台对信息进行及时处理，可以随时进行储存和删除，因而数据记录工作能够顺利完成，货物出入仓的情况，也能通过扫码进行及时查询。

2.4.3 自动分拣技术应用场景

2.4.3.1 自动分拣系统基本构成

为了达到自动分拣的目的，自动分拣系统通常由供件系统、分拣系统、下件系统、控制系统四个部分组成，如图 2-50 所示。在控制系统的统一协调下，自动分拣系统实现物品从供件系统转入分拣系统并进行分拣，再由下件系统完成物件的物理位置的分类，从而实现物件分拣的目的。

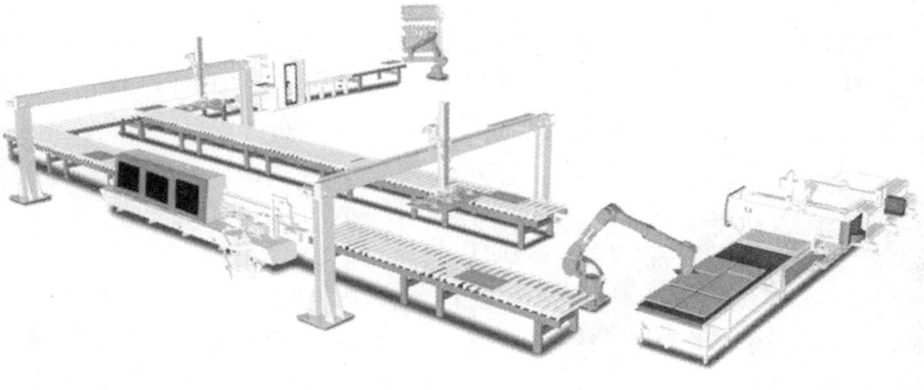

图 2-50 自动分拣系统示意图

(1) 供件系统的主要作用是实现分拣系统的高效、准确的处理，其目的是保证等待分拣的物品能够准确地送入高速移动的分拣主机中。在各种物理参数的自动测量过程中，供件系统运用信息识别与处理技术，准确地将物品送入分拣主机。因为供件系统的处理能力一般低于分拣主机，所以需要配备一定数量的高速自动供件系统来保证分拣的需要。

(2) 分拣系统是整个自动分拣系统的核心，也是实现分拣的主要执行系统，它的作用就是使具有不同附载信息的物品，在一定策略、逻辑关系的基础上，实现物件的分配与组合。

(3) 下件系统则是分拣处理的末端设备，它的作用是为分拣处理后的物件提供暂存位置，用于承接由供件机提供的包件，同时将包件送往预先设定的道口落袋，从而实现一定的管理功能。带有包件的分裂盘移动小车在到达预定的道口时被自带电机触发分裂盘，分裂盘打开使包件迅速落入袋中。主体运载系统从结构上采用同步带与移动小车的沉孔连接，而小车之间使用连接轴设置，使得小车在高速水平转弯时既平稳又转动自如。

(4) 控制系统是整个自动分拣系统的大脑，它不仅能将系统中的各个子功能模块有机地结合在一起协调工作，还肩负控制系统中的通信与上层管理系统进行数据交换，使得分拣系统成为整个物流系统的重要组成部分。

2.4.3.2 自动分拣系统应用模式

自动分拣系统按物品识别方式的不同可分为两类，一类根据被分拣对象的固有质量、外观尺寸、硬度等分拣识别，此类分拣识别一般采用传感器、摄像头等直接获取分拣对象属性，再由控制器根据获取的属性数据控制机械、电气设备系统动作，从而实现分拣；另一类针对通过分拣对象固有属性难分拣的邮件、包裹等，采用在分拣对象加统一条形码或二维码等身份标识的方法分拣识别，分拣时通过拣取对象的身份标识识别装置识别出它们的身份，再由控制器发出分拣指令，指挥机械和电气设备实施分拣。自动分拣采用的信息识别技术主要有条码技术和电子标签技术。在物流配送中心，根据订单和拣取商品的对应关系、操作流程，可以将自动分拣作业方式分为摘取式拣货（pick-to-light）、播种式拣货（put-to-light）两大类。

(1) 摘取式系统是由拣货人员将每一张订单中的货品逐一选出，这种拣货方式常用于多订单配送、货品品类较多、物品储位相对固定的情形，一般拣货最小存货单位（SKU）小于货品总 SKU 50%。摘取式系统作业方法简单、订单处理前置时间短、导入容易且弹性大、作业员责任明确、拣货后不必再进行分类作业，适用于多拣货单的拣货作业处理；其不足之处是商品品项多时，拣货行走路径较长、效率较低，拣取区域大时搬运系统设计困难，少量多次拣取时，容易造成拣货路径重复、费时、效率低。

(2) 播种式系统指的是把多张订单根据商品品项数合并成一批，然后进行拣取，再根据客户订单分配。播种式系统通常适合处理客户数量多、商品种类少、商品储位经常移动的情况，一般拣货 SKU 大于货品总 SKU 的 50%。播种式系统比较适用于订单数量庞大而商品品项少的系统。

2.4.3.3 自动分拣系统应用现状

激烈的市场竞争使得物流行业迫切需要提高分拣效率，因此自动分拣系统正逐步代替人工分拣方式，在物流分拣作业中应用越来越广泛。目前自动分拣系统在工业生产线等领域上承担着重要的角色，自动分拣系统在多个生产领域、分拣货物等方面具有很大的优势。对于物流的分拣与配送，自动化分拣系统具有较高的分拣准确率与效率。

越来越多快递企业的出现使快递行业之间的竞争压力逐渐增大，彼此之间的竞争也变得更加激烈。当快递公司具有差不多的服务态度时，客户就会将关注点放到快递运输的速度上，也就是在相同产品下比较哪一家快递公司具有更快的物流服务。这时，快递行业之间的竞争就演变成了商品在运输过程中时间的竞争，这为自动分拣机器人的出现创造了条件。自动分拣机器人是指物流配送中心在接收供配送商品需求后，运用视觉扫描技术，按照商品的品类、材质、质量及发往的地址等综合因素进行快速的分类，之后将商品送到之前指定好的货架上或者出货站台处。当供货商或者货主通知发货时，自动分拣机器人将在较短的时间内将货架上或者出货站台处的商品投送至不同的配送站台集中向外运输至商品上所要运达的地方。自动分拣机器人通过视觉扫描技术进行高效率分拣作业，大大地缩减了客户从订货到发货之间的周期，不仅提高了工作效率，同时提高了服务水平。以自动分拣机器人为代表的具有自动扫描、机械处理、效率较高等优势的自动技术正成为快递企业关注的热点。而且以视觉识别为基础的自动化技术，如自动化色码扫描、基于视觉识别的自动化数量检测技术、形状设置技术等，已在快递服务企业中得到了广泛应用，对企业的智能化转型和提升行业竞争力中发挥着重要作用。

（1）自动化的色码扫描。基于视觉识别的自动化技术在快递企业中的应用主要体现在自动分拣系统的控制装置。该控制装置主要依据供应商或者货主提供商品的材质、质量等因素，发出分拣的要求，进而按照商品的种类、商品所要送达的地方进行自动化的分类。例如快递企业的工作人员，通过对商品上条形码扫描方式来将相关的信息输入到分拣系统中，按照分拣系统所发出的要求判断商品将会进入到哪一个分拣的区域中。供应商与货主提供商品的件数是非常多的，繁多的商品也根据客户所在地区的不同输送到各个地方。如果是人工辨别快递条上的信息，速度慢、出错率高。于是再采用人工识别信息就会比较麻烦，此时以视觉识别为基础的自动化技术装备在快递企业中的应用会提高商品分配的效率，降低信息辨别的失误。以视觉识别技术为基础形成的自动分拣机器人帮助快递公司提高了工作效率，增强了快递企业之间的竞争力。顺丰快递通过自动分拣机器人视觉扫描进行商品分拣，一台自动分拣机器人每天可以分拣一万多件，而人工分拣最多只能达到几千件，自动分拣机器人极大地提高了分拣的工作效率。因此，自动分拣机器人在快递企业中的应用对其工作效率的提高非常重要。

（2）基于视觉识别的自动化数量检测技术。在快递企业中，基于视觉识别的自动化技术还体现在对商品数量检测方面。为了能够及时了解库存，应对突发断货事件，快递企业采用基于视觉识别为基础的自动化技术来收集向外输送商品的数量、库存以及客户退还等信息，及时检测商品的数量，引导商家做出正确的决策。为商家及时了解市场行情提供帮助，提高商家在行业内部的竞争力，同时也可以提高快递企业的业绩。以视觉识别为基础所形成的自动化技术对快递企业联系供应商和货主有着重要的作用，不仅可以使快递企业和供应商之间关系融洽，也可以相互补足，推动双方业绩的提高。因此，基于视觉技术形成的自动技术在快递企业中的应用是必要的。

（3）基于视觉识别的形状识别技术。基于视觉识别的形状识别技术，在快递企业分拣中发挥了巨大的作用。由于这种技术在商品形状识别时出错率低，获得许多快递企业关注。其中最有代表性的快递企业就是顺丰。顺丰快递利用先进的自动分拣机器人来进行商品分类，顺丰自动分拣机器人可以快速地识别物品的形状、大小以及商品本身的属性等，比如物品是正方形、长方形还是易碎商品等。自动分拣机器人依据商品的形状就能够进行快速、精准的分类，既可以节省空间，又可以提高商品向外配送的速度。

（4）基于视觉识别自动化技术下的商品包装。当供货商或者货主将客户所需要的商品送到快递站点时，快递企业的工作人员根据商品的材质等多种因素选择不同的包装方式，以此避免商品在运输途中出现破损现象。在快递企业没有引入基于视觉识别的自动技术之前，快递公司的工作人员在包装盒上面会贴上一层又一层的快递纸。在快递企业引进基于视觉识别的自动技术后，快递企业的工作人员只需将相关的信息输入到相关系统上，就可以通过视觉识别技术将一张含有条形码的纸条打印出来，贴在快递物品上面即可。相比原来烦琐的快递包装，基于视觉识别的自动技术包装更加简洁，可以保持快递外包装的整洁，给客户留下好印象。

3 物流专用车辆技术

3.1 物流专用车辆概况

物流专用车辆作为机械工业和汽车工业的关键环节，也是中国物流行业迅速发展的基础。物流专用车辆主要指的是具有专一行业或者多种用途或者专门用途使用的，具有多种功能或者独立功能的运输工具。改革开放以来，随着我国机械行业技术和人民需求的发展，物流专用车辆行业在这种趋势下快速成长，物流专用车辆从无到有、从小到大不断发展壮大，涉及的行业越来越多，用途也越来越多并且越来越专一。

物流专用车辆是综合了现代运输、仓储、搬运、保管、包装、产品流通及物流信息于一体的综合车辆工具，如图 3-1 所示。物流专用车辆是与原材料供应商、批发商、生产厂商、零售商、物流公司及最终用户沟通的桥梁，是商品从生产到消费所有流通环节的有机结合。

图 3-1　不同用途的物流专用车辆

3.2 物流专用车辆的特点

物流专用车辆可用于公路、水路、火车、飞机等一切可运输的场景。在公路工况时不同类型的货运汽车改装生产后可称为物流专用汽车，用于公路运输的物流专用汽车的车厢有箱式、罐式、自卸式、仓式、格栅式和桁架式等形式，可运输不同性质、状态和要求的货物。而在封闭场景下的短程运输，则可以使用小型的物流专用车辆，如轻质纸箱类的物品，可以使用手推车完成运输，沉重且物件较大的物品，可以使用叉车完成运输。根据不同的运输目标和运输目的地以及运输环境，需要使用不同的物流专用车辆来完成运输。

与传统的非专用运输工具相比，物流专用车辆有以下特点：第一，物流专用车辆的运输效率高、运输量大、运输速度快。第二，物流专用车辆能够规划生产、运输、存储过程，节省人力、降低成本、规划生产。第三，物流专用车辆技术复杂性更高，针对不同的运输物品、不同的运输环境、不同的运输目的地，物流专用车辆所运用的技术和相关设备技术复杂性都更高。第四，物流专用车辆提供的服务更加专业性。物流专用车辆的技术复杂性也决定了其提供的物流服务具有更高的专业化，并且针对不同的使用场景和目的，提供了针对性更强的服务。第五，物流专用车辆高资本、技术和知识密集型特点，是现代社会与科技发展的一个综合性结果。

针对物流专用车辆的特点，物流专用车辆在未来将会有如下的发展趋势：第一，装载能力的重型化，同等质量、体积的物流专用车辆，其物品的载重量能力相比传统车型会更强，满足中国物流行业的飞速发展。第二，物流专用车辆动力系统的清洁能源化，物流专用车辆的发展是新时代的综合产物，为了顺应新时代绿色清洁的发展要求，物流专用车辆的动力系统将会以清洁能源动力为主发展。第三，物流专用车辆的多样化，物流专用车辆作为一种高效的运输工具，针对不同物品、不同运输环境、不同运输目的地，为了达到更高的效率，物流专用车辆向着多样化的方向发展。第四，物流专用车辆机械结构与电子系统的生产专业化，物流专用车辆在过去的发展属于改装行业分支，但是随着物流专用车辆专业性的发展，其机械结构和电子系统仅仅由改装完成已不能满足现在物流行业运输要求，必须有专门的厂家进行专业化生产。第五，物流专用车辆技术的高新科技集成化，物流专用车辆集汽车、机械、电子等相关技术于一体，其专用车身、专用装置或设备需要通过采用机电一体化、电子技术、传感器技术、无人驾驶技术等高新技术。

3.3 物流专用车设计

3.3.1 手推车

手推车是通过人力拉或者推的搬用车辆，广泛应用于物流行业中。手推车造价低廉、维护简单、操作方便，在短距离搬用轻型货物时十分便捷。

不同结构的手推车有着不同的用途，生产生活中应用的手推车各式各样。按照层数不同可分为单层、双层、三层；按照轮数不同可分为单轮、两轮、三轮和四轮；按照底板不同可分为整版平底式、骨架式。现代手推车十分小巧，甚至有的可以折叠，车轮多用实心轮胎或充气轮胎。手推车的选择需要根据使用工况选择合适的型号。图 3-2 所示为几种手推车实物。

图 3-2 手推车类型

经典手推车有以下几种：

（1）平板手推车。平板手推车是一种短距离运输的人工驱使的运输工具，它的搬运作业距离一般不大于 25m，承载能力在 500kg 以下。它的优点是轻巧灵活、操作简单、转弯半径小，是短距离运输体积较小、质量较轻物品的一种便捷经济的运输工具。平板手推车按其用途及负载能力来分，一般分为两轮或多轮及物流用手推车三大类。在选择手推车时，应首先考虑物品的形状和种类，当搬运多品种物品时，优先选用通用的手推车；搬用单种物品时，应选用专用型，以提高搬运效率。其次考虑搬运距离和质量，由于手推车是以人力为动力，当搬运距离较远时，装载质量不宜过大。单位运件或成件包装货物的体积、物品放置方式及路面情况等，在选用手推车时都要考虑在内。

（2）手动搬运车。手动搬运车是一种使用人力提升货叉的堆垛、装卸、搬运多用车，其提升机构有机械式和液压式，适用于工厂车间和仓库内需要一定起升高度的搬运。其中，低提升手动搬运车的作用主要是把货物起升，稍离地面做水平移动，适用于短距离的搬运，它的提升机构多数采用液压式和杠杆式。而手动托盘搬运车用于搬运装载托盘上的货物。在货叉插入托盘后，摇动手柄以使液压提升货叉，并托起托盘。在物品到目的地后，踩动踏板，货叉落下，放下托盘。它适用于短距离水平搬运作业，非常灵活和轻便。托盘搬运车的货叉的最低高度低于托盘搬运车车体的最低高度。图 3-3 所示为手动托盘搬运车实物。

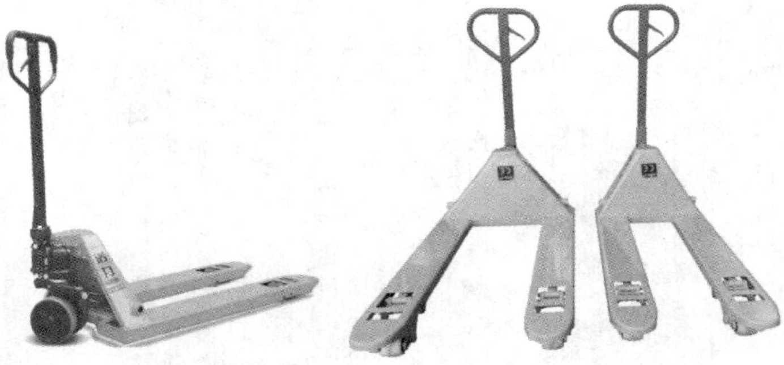

图 3-3 手动托盘搬运车

3. 3. 2 升降机

3. 3. 2. 1 升降机的发展

升降机在古代已经广泛使用，使用简易的辘轳和桁架结构进行货物或者人的搬运，现在的升降机是蒸汽机的衍生物。1845 年第一台使用水为传力介质的液压升降机被发明，1853 年美国人艾利莎在液压升降机的基础上发明了锁止机构，极大地提高了升降机的安全性能。现在生产的升降机形式各异，提升高度甚至可达百米。随着技术的发展，各种形式的自锁装置和防爆装置在升降机中大量应用，使升降机使用更加安全和简便，被广泛应用于厂房、仓库、机场、港口等场所。液压升降机既安全又具有超大的负载能力，而且维修方便，大大提高了货物运输效率[13]。

3.3.2.2 升降机的分类

升降机的类型主要有以下几种，如图 3-4 所示。

图 3-4 升降机类型

（1）剪叉式升降机。剪叉式升降机具有用途广泛，稳定性高，作业平台大和承载能力强的特点，升降动力分为 24V、220V 或 380V 电源，台面使用防滑绝缘扣板，具有防滑、绝缘安全等性能。

（2）固定式升降机。固定式升降机只可以固定进行工作，升降稳定性好。它主要用于生产流水线间或者楼层间的货物运送；仓储的装卸场所与叉车等其他搬运车辆配合极大地提升了物料装卸效率、物料上下线等。固定式升降机还可以配置附属装置，如升降轿厢与出入口的输送设备配合使用，可实现多楼层间的货物运送，从而提高生产效率。

（3）壁挂式升降机。壁挂式升降机采用液压油缸作为主要动力，通过重型链条和钢丝绳传动，确保机器运行安全；十分适合于地下室、仓库改造、新建货架等，具有安装维修方便、美观、安全等特点。

（4）牵引式升降机。牵引式升降机采用驱动车辆牵引，具有移动方便、灵活的特点，使用电力或者车辆自身能量动力启动，速度快且自身的伸缩臂机构能够快速达到工作位置，工作台不仅可以360°旋转，还可以升高、快速到达工作位置。

（5）自行式升降机。自行式升降机具有行走及转向驱动功能，不需要人工牵引、外接电源，移动灵活便捷；在不同工况下，在担任操作的情况下可以实现复杂动作，适合于码头、大型购物广场、露天厂区等作业空间大的场景。

（6）车载式升降机。车载式升降机是将升降机安装在专用车辆上的高空作业设备，它由专用底盘、三维全旋机构、工作臂架、液压系统等组成。它利用热力动力或电力动力，直接行驶和驱动平台移动，特别适合于冷库、飞机场等区域。

（7）伸缩式升降机。伸缩式升降机是四轮简易车辆的定制改装专用车辆，该车辆可自由伸缩，广泛适用于汽车、集中箱等各类工业企业及流水线生产。它可以安装各种形式的工作台面，组合相应的各种控制方式，实现载重量大、升降平稳准确、频繁启动等功能，使作用效率高效简单。

3.3.3　叉车

叉车是叉式装卸车的简称，是工业生产过程中的运输专用车辆，它是指对成件的托盘货物进行装卸、短距离运输作业和堆垛的专用运输车辆。图3-5所示为同日集团生产的自动驾驶叉车。国标标准化组织ISO/TC110称之为工业车辆。常用于仓储大型物件的运输，通常使用燃油机或者电池驱动[14]。

3.3.3.1　叉车的特点

叉车广泛用于各种生产和工作场所，能够提高劳动生产率，实现装卸搬用作业的机械化和自动化，是现代物流系统的重要装备，能够缩短船舶和车辆在港停留时间，减轻装卸工人的劳动强度，提高装卸效率，降低装卸成本。叉车的主要特点有以下方面：

（1）叉车将装卸和搬用两种作业合二为一，加快作业效率；

（2）在仓库、码头、车站等货运搬运装卸的场所都需要应用叉车进行作业，具有很强的通用性；

图 3-5 同日集团生产的自动驾驶叉车

（3）与大型机械相比，成本低，投资少，见效快，经济效益好；

（4）与汽车相比，质量轻，轮距小，外形尺寸小，可以在作业区域内任意改变物流方向及调动适应货物数量，可机动地与其他起重运输配合运输作业；

（5）可以“一机多用”，在配备与使用各种工作属具，如货叉、铲斗、臂架、串杆、货夹、抓取器、倾翻叉等以后可以适应各种品种、形状和大小货物的装卸作业，扩大对特定物料的装卸范围，并提高其装卸效率。

3.3.3.2 叉车的用途

叉车由动力、底盘和一组能够前后倾斜和垂直升降的工作装置组成。为了使工作方便，工作装置通常放在叉车的前方，货叉是其主要工作属具，叉车因此得名。叉车主要应用于工厂、机场等处进行成件和包装件货物的装卸、搬运和堆码等工作。在换装其他属具以后，还可以用于散装货物和非包装的其他货物的装卸、搬运作业。

成件货物由于其包装、外形、质量和类型的区别，使得统一的机械化作业实现一直是一个比较大的难题。经过叉车几十年来的应用表明，叉车作业是实现机械化搬运现阶段最有效的方法。使用叉车可以使仓库的空间位置得到充分利用，货物堆码高度可达 4~5m，仓库容积利用系数可提高 30%~40%。

3.3.3.3 叉车的分类

叉式装卸车分类很多，通常按动力、用途、结构特点进行分类。

A 按动力装置分类

叉车动力装置可以分为内燃机式、步行操作式、电动式等。内燃机式叉车又可分为普通内燃机叉车、集装箱叉车、重型叉车和侧面叉车。吊装质量1~8t的叉车多使用汽油机，吊装质量在8t以上的大、中型叉车多使用柴油机。电动叉车由电机驱动，电池储能。目前广泛使用的电池有两种：一种是酸性蓄电池（铅蓄电池），一种是碱性蓄电池（铁镍和镉镍蓄电池）。酸性蓄电池的优点是制造费用低、内阻小，能提供强大的电流，因此使用较为普遍，但蓄电池的尺寸较大，寿命较短。碱性蓄电池的尺寸小，寿命可达13年以上，但制造费用较高。电动叉车承载能力为1~4.8t，作业通道宽度一般为3.5~5m。步行操纵式叉车是专供在通道窄小的仓库、车间、车厢内部装卸、搬运货物而设计的。这种叉车的转弯半径很小，无驾驶台，车体后部有方向操作手柄，手柄上附有前进、后退按钮，以蓄电池为动力，通过操纵杆控制货叉升降。

B 按结构特点分类

叉车按其结构特点分类可分为平衡重式、插腿式、前移式、变形叉车和跨运车等多种形式。

平衡重式叉车用内燃机或者电池做动力，其特点在于车体自身较重，依靠自身重量与货叉上的重量相平衡防止叉车装货后向前倾翻。平衡重式叉车由于适应性强而成为叉车中应用最广泛的一种，占叉车总数的80%以上，具有效率高、操作简单、机动性强等特点。以内燃机为动力的平衡重式叉车，在内燃机和驱动桥之间装有变速传动装置。而电动式叉车则有两套独立的电动机，一套用于行驶，另一套用于驱动油泵，以便为起重液压系统提供动力。为使结构轻便，提高叉车的机动性，在3t以上的叉车上都装有液压转向助力器。叉车前轮为驱动轮，后轮为转向轮。

插腿式叉车的结构特点是有两条臂状插腿伸出在车体前方，插腿前端装有小直径车轮，高度很小。其作业过程中将货叉和插腿一起插入货物底部或者货物底盘，升起后进行搬运。被举起的货物，由于其重心位于两条插腿所包围的底面积之内，因此叉车的稳定性好。该型叉车结构简单、整备质量小、外形尺寸小，特别适用于在通道窄小的场地或者仓库内部进行装卸和堆码等工作。由于其行走车轮直径很小，对路面要求高，且由于行驶速度低等原因，只适用于在室内作业，吊装质量一般在1t以下。

前移式叉车的货叉是可以伸缩的，它是插腿式叉车的一种变形。叉车前部有呈双臂形的插腿，插腿前部配有重轮。货叉可以在叉车纵向前后移动。叉货或卸货时，货叉伸出。叉卸货物后或者带货物移动时，货叉收回到接近车体的中间位置，因此叉车的行驶稳定性很好。前移式叉车按货叉移动方式的不同，分为门架前移式和货叉前移式两种形式。门架前移式叉车作业时，货叉和门架一起移动，叉车驶进货堆时，前伸的门架可能受到空间障碍物对门架高度的限制，因此它只能对货堆的前排货物进行作业。货叉前移式叉车的货叉通过伸缩机构单独延伸，而门架不移动。只要地面上有一定空间允许插腿插入，叉车就能超越前排货架，对后排货物进行作业。货叉前移式叉车的吊装质量大多在3t以下，其优点是车身小、质量轻、转弯半径小、机动性好，但行驶速度低，一般为2.5~4km/h，主要用于室内作业。

侧叉式叉车的门架、货叉和起升机构位于叉车中部，可沿横向导轨移动。货叉位于叉车的侧面，侧面安装有货物平台。当货叉高度高于货物平台高度时，门架会沿着导轨缩回，使货叉降下，将货物搬运至货物平台上。侧叉式叉车门架和货叉的位置特征决定了其工作特性。车体进入通道，货叉面向货架或货垛，装卸作业不必先转弯再作业。为抵抗叉车在起重货物时受到的倾翻力矩，在车体侧面还有两个千斤顶。叉货时，先将千斤顶着地，门架向外推出；取货后货架升起，门架退回；然后下降货叉，货叉便自动放置在叉车一侧的前后车台上。将千斤顶收起后，叉车便可行驶。由于货物是沿着叉车的纵向放置，货物重心又位于车轮支撑底面之内，因此叉车的行驶稳定性好。

变形叉车为适应各种途径的需要，还有很多其他形式，以实现一机多用。以三节门架叉车为例，如图3-6所示，当叉车的起升高度很大时（4~5m以

图3-6 三节门架叉车

上)，可采用三节门架叉车。当三节门架全部升起时，起升高度比两节门架的大；当门架收缩时，叉车的整体高度小于两节门架的整体高度。它适用于高层货物的装卸、堆垛作业，起升高度可达 7～8m。

跨运车是由门形车架和带抱叉的提升架组成的搬运机械，如图 3-7 所示。一般用内燃机驱动，起重量 10～50t。作业时，门形的跨架横跨在货物正上方，货物由抱叉机构举起，进行码垛和搬运。在港口，跨运车可用来搬运和堆码钢材、木材和集装箱等。跨运车的载重量大，运行速度快，效率高，可以进行不停车装载；缺点为质量集中在跨车上部，重心高，空车行走时稳定性较差，要求有良好的路面。

图 3-7 跨运车

3.3.3.4 叉车的型号及基本参数

A 叉车的型号

叉车产品的型号按型、类、组的方式进行编制，见表 3-1。

我国通用叉车的型号标注由七项内容组成：厂牌、叉车代号、结构形式、动力类型（用燃料代号表示）、传动形式、主参数和改进代号，型号编制规则如图 3-8 所示。

表 3-1 叉车的类型

类	组	型号		类组型代号	主参数代号	
		名称	代号		名称	单位
搬运车辆	叉车	平衡重式叉车	P（平）	CP	起重量	t
		侧面式叉车	C（侧）	CC	起重量	t
		前移式叉车	Q（前）	CQ	起重量	t
		插入插腿式叉车	T（腿）	CT	起重量	t
		低起升高度插腿式叉车	B（搬）	CB	起重量	t
		跨入插腿式叉车	Z（装）	CZ	起重量	t
		集装箱叉车	X（箱）	CX	起重量	t
		通用跨车	K（跨）	CK	起重量	t
		集装箱跨车	KX（箱）	CKX	起重量	t
		龙门跨车	KM（门）	CKM	起重量	t

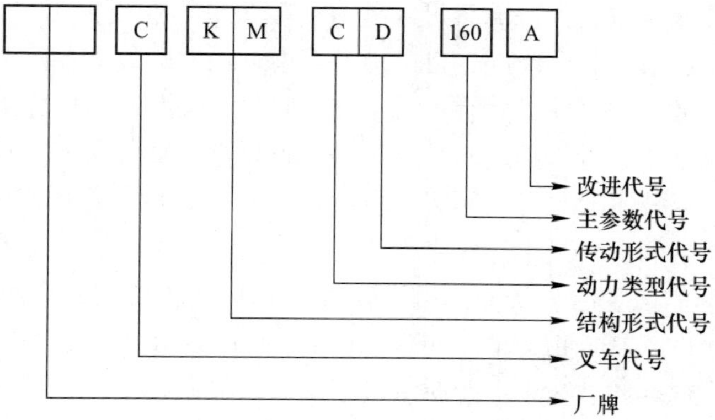

图 3-8 叉车的命名规则

图 3-8 中，厂牌编码有的企业用两个汉语拼音字母表示，有的用两个汉字表示，厂牌由厂家自定；改进代号中以汉语拼音的字母顺序表示；主参数代号以额定起重量（t）×10 表示，原机械工业部部颁标准起升质量不乘以 10；传动形式代号中机械传动不标字母，动液传动标字母 D，静液传动标字母 J；动

力类型代号中汽油机标字母 Q，柴油机标字母 C，液态石油气机标字母 Y；结构形式代号见表 3-1。

例如：CPQ10B 指的是平衡重式叉车，以机械传动、额定起升质量 1t、汽油机为动力，是同类同级叉车第二次的改进。CPCD160A 表示平衡重式叉车，以柴油机为动力、动液传递、额定起升质量 6t、同类同级叉车第一次改进。CCCD100 表示侧面式叉车，柴油机为动力、动液传动、额定起升质量为 10t、基型。

国际上通用的叉车型号表示：FB30 表示 3t 电动叉车，F 是叉车英文“forklift”的首字母，B 是电池“battery”的首字母；FD30 表示 3t 柴油叉车，D 是柴油英文“diesel”的首字母；FG30 表示 3t 汽油叉车，G 是汽油英文“gasoline”的首字母；FBR30 代表 3t 前移式电动叉车，R 是前移的英文“reach”的首字母；FBRE30 表示 3t 座驾前移式电动叉车，最后一个 E 是表示座驾；FBT30 表示 3t 三支点式电动叉车，T 是三支点英文“tri-point support”首字母；FG30NT 中，N 表示当地产，T 表示自动挡，与之相对，D 表示手动挡；如果遇到 FD30S，则 S 表示该车是经典版；特别的，如丰田叉车 7FBRE15，前面的 7 则表示第 7 代叉车，或者丰田 7 系。

B 叉车的基本参数

叉车的技术参数是表示叉车结构特点和工作性能的参数，技术参数分为质量参数、尺寸参数、性能参数等。

叉车的性能参数包括：满载最大起升速度、额定起重能力、载荷中心距、满载行驶速度、最大起升高度、自由提升高度、最大爬坡度、门架倾角、最小转弯半径等。叉车的尺寸参数有：最小离地间隙、轴距、前后轮距、外廓尺寸等。叉车的质量参数有：额定起升质量、整备质量、轴负荷等。

叉车的主要技术参数有：额定起重量、载荷中心距、最大起升高度、门架倾角、最小离地间隙、最小转弯半径等。

（1）叉车的额定起重量 Q，指货物重心到货叉前壁的距离小于等于载荷中心距时，允许起升货物的最大质量，以 t（吨）表示。如果当货叉上的货物的重心超过了规定的载荷中心距时，由于叉车的纵向稳定性的限制，应相应减少起重量。许多国家为了减少产品规格，都制定了自己的叉车标准。我国规定平衡重式叉车的额定起重质量系列为 0.5t、1t、2t、3t、5t、10t、16t、25t、40t。

（2）载荷中心距 C，指的是将标准的货物放置在货叉上时，从货叉垂直段前壁到重心的水平距离，以 mm 表示。对于 1t 的叉车规定了载荷中心距为 500mm。叉车的载荷中心距的标准值见表 3-2。

表 3-2 载荷中心距

额定起重量 Q/t	$Q<1$	$1 \leqslant Q<5$	$5 \leqslant Q \leqslant 10$	$12 \leqslant Q \leqslant 18$	$20 \leqslant Q \leqslant 42$
载荷中心距 C/mm	400	500	600	900	1250

（3）最大起升高度 H_{max}，指的是位于平坦地面且叉车处于满载时，货物处于提升最高高度，货叉与地面的垂直距离。港口叉车最大起升高度一般为 3~4m，若要求再升高，则要增加门架或者起升油缸的高度，或者采用三节门架和多级作用油缸，这样不仅使叉车的自重和外形尺寸增大，而且由于叉车的总重心位置升高，使叉车工作时的纵向和横向稳定性都变差。因此，当最大起升高度达到一定数值时，必须相应减少叉车的允许起重量。

（4）自由提升高度，是指不改变叉车的总高时，货叉可能起升的最大高度。具有自由起升性能的叉车不仅可以通过在净空不小于叉车总高的库门，也可以在低矮的船舱或车厢内作业；典型值为 110~300mm，当达到 $H_{max}/3$（或者三级门架 $H_{max}/3$）时称为全自由提升。

（5）最大起升速度，通常定义为叉车满载货物的提升最大速度。典型值为 300~500mm/s。提高叉车的最大起升速度主要取决于叉车液压系统各元件的性能。起升速度过大，容易引起机件的损坏，影响叉车的安全作业。

（6）门架倾角，定义为空载时处于平坦地面的叉车，门架相对于其垂直位置向后或向前的最大倾角。前倾角的作用是便于卸放货物和叉取；后倾角的作用是预防货物在叉车运行时从货叉上滑落。一般叉车前倾角取 3°~5°，后倾角取 10°~12°。

（7）满载行驶速度，指的是额定起重能力，最高档的情况下，在平坦坚硬的路面上，可以达到的最高稳定行驶速度。一般运距小于 200m 时，叉车功能得到最有效的发挥；运距超过 500m 时，则不宜用叉车运输，宜采用运输小车或者装有其他牵引装置的运输车辆。过大提高叉车行驶速度，不仅会使原动机功率增大，经济性降低，而且受装卸货物场地的限制，也不宜过大。

（8）叉车的最大爬坡度，指的是叉车在正常路面低速行驶且无载和满载的情况下，所能爬越的最大坡度，以角度或者道路坡度的百分比计算，典型值为 20%。

（9）最小转弯半径，指的是叉车在低速无载转弯行驶时，如果转向轮处于最大转角，转向中心到车体最外侧和最内侧的最小距离，分别称为最小外侧转弯半径和最小内侧转弯半径。叉车的最小转弯半径，通常是最小的外侧转弯半径，是表示叉车机动性的主要参数。最小转弯半径越小，则叉车转弯时所需要的地面面积越小，机动性越好。

(10) 最小离地间隙，是指车轮以外，车体上固定的最低点至地面的距离。它表示叉车无碰撞地越过地面凸起障碍物的能力，最小离地间隙越大，则叉车的通过性越高。

(11) 叉车轴距，指的是叉车前后桥中心线的水平距离。轮距，指的是同一轴上左右轮中心的距离。如果增大轴距，有利于叉车的纵向稳定性，但会使车身长度增加，最小转弯半径增大。增大轮距，有利于叉车的横向稳定性，但会使最小转弯半径和车身总宽增加。

(12) 直角交叉的最小通道宽度，指的是叉车往返过程中成直角相交通道的最小宽度。一般直角通道最小宽度越小，性能越好。

3.3.3.5　叉车的主要组成

叉车是一种复杂的机器，尽管其形式多样，但都具备相同的装置和系统。从总体机构上来讲，它可以分为八个部分：动力系统、传动系统、转向系统、制动系统、起重系统、液压系统、电气系统、行驶系统。

A　动力系统

动力系统是叉车工作的动力来源。目前，大多数发动机由内燃机驱动。动力通过两端输入，后端通过离合器和飞轮连接，将动力传递到传动系统，前端通过钢球联轴节，经过分动箱传递到液压齿轮油泵。

在内燃机叉车中，柴油机是最常见的。这是因为柴油机油耗小，价格便宜，尾气有害成分少，但其噪声大。起重量小时可以采用汽油机，体积小、质量轻，但汽油价格昂贵，排放有害气体较多。现在电瓶式叉车也逐渐进入市场，噪声小、行动灵敏，且十分环保。表 3-3 为内燃式叉车与电瓶式叉车性能的比较。

表 3-3　内燃式叉车与电瓶式叉车性能比较

动力形式	内燃式叉车			电瓶式叉车
	柴油机	内燃机	液化石油气机	蓄电池-电动机
作业效率	高	高	较高	较低
启动性能	差	较好	较好	好
行驶速度	高	高	高	低

续表 3-3

动力形式	内燃式叉车			电瓶式叉车
	柴油机	内燃机	液化石油气机	蓄电池-电动机
合理作业距离	长	长	较长	较短
运营费用	低	较高	较低	高
环保性能	最差	较差	较好	高
噪声	大	较大	较大	小
使用范围	大中搬运量，室外作业	中小搬运量，室内外作业	中小搬运量，室内外作业	中小搬运量，室内外作业

B 传动系统

叉车的传动系统将动力传递给驱动系统，使叉车能够以不同速度行驶。由于叉车的原动机具有较小的转矩和较高的转速，而叉车的行驶速度较低，要求驱动轮具有较大的转矩，因此在驱动轮和原动机之间具有降速增扭的传动装置。为了使叉车还可以倒退行使，传动系统中还必须装有换向装置。目前，电瓶式叉车采用电动式机械传动，内燃机叉车可采用机械式、液力式和静压式三种传动方式。

(1) 电动机械式传动。电动叉车的电动机为直流式，直流电动机具有理想的机械特性，它可以无级调速、正反转和负载启动。电动机械式传动又可以分为单机集中驱动和双电机分别驱动。单机集中驱动的电动叉车没有变速器，不能充分利用直流电传动的最佳特性。双电机驱动不需要主减速器和差速器，但可以充分利用附着力，扩大调速范围，使叉车获得最小的转弯半径，进一步提高机动性，在现代叉车传动系统中被广泛使用。

(2) 内燃机叉车的机械式传动。机械式传动的叉车由万向节、离合器、变速箱、传动轴（小吨位叉车没有）、主减速器、轮边减速器、半轴组成。

机械式传动工作的顺序依次为：发动机→离合器→机械式变速器→传动轴及万向节→主减速器→差速器→半轴→车轮。

机械式传动的优点：传动效率高，应用广泛，结构简单，制作可靠。

机械式传动的缺点：操作复杂，作业效率低，零件寿命短等。

(3) 内燃机叉车的液力式传动。液力式传动的内燃机由液力变矩器、变速箱、主减速器、差速器、半轴和轮边减速器等组成。它与机械式传动的不同在于：用液力变矩器代替机械式摩擦离合器，用液压换挡变速器代替机械换挡变速器。

液力式传动工作的顺序依次为：发动机→液力变矩器（变速箱）→传动轴及万向节→主减速器→差速器→半轴→车轮。

液力式传动的优点：可以带载起动，不易熄火，变速器挡位少，操作简单，应用广泛。

液力式传动的缺点：要求严格，制造困难，传动效率低。

(4) 内燃机叉车的静压式传动。内燃机叉车的静压传动也称为液压式传动，一般由液压泵、管路、控制阀、液压马达等组成。当采用高速液压马达时存在机械传动部分，否则没有。

静压式传动工作的顺序依次为：传动轴→花键→缸体→柱塞。

静压式传动的优点：可以实现无级调速，牵引性能良好等。

静压式传动的缺点：精度要求严格，价格昂贵。

C 转向系统

叉车使用转向系统来保持直线行驶和改变行驶方向，通常由前轮驱动，由后轮转向。由于叉车的转向半径较小，因此转向轮转角很大，在转弯时，所有车轮的轴线必须通过叉车的瞬时转动中心。叉车转向一般有三种方式：液压助力式转向、机械式转向、全液压式转向。采用哪种转向方式取决于转向桥负荷的大小。通常，机构简单的机械式转向用于起重量在 1t 以下的，液压助力式或者全液压式用于起重量大于 2t 的，这两种方式操作轻便。

D 制动系统

叉车制动系统功能是降低叉车的行驶速度直到完全停止为止，防止叉车下坡时超过一定速度，保证叉车在坡道上停放。叉车制动机构消耗叉车行驶积累的动能，强制其减速直至完全停车。制动系统驱动工作的可靠性决定了叉车的安全性，它不仅可以确保叉车行驶过程中的平均速度较高，而且可以使叉车作业过程中有较高的生产效率。制动系统由制动操纵装置和制动器组成。一般叉车的制动系统分为行车制动系统和驻车制动系统。行车制动系统使用频繁，用来在行驶过程中减速或者停车。每个驱动车轮都装有车轮制动器，其操纵装置可分为机械式、液压式和气压式。驻车制动系统是辅助系统，它的作用是使叉车停车后保持不动。

E 起重系统

叉车的起重系统使叉车完成装卸作业，如图 3-9 所示，在使用中需要经常维护，以保持其良好的技术状况。叉车的工作装置主要组成为：门架、货叉、起重货架、起升油缸和倾斜油缸、链条、链轮等。

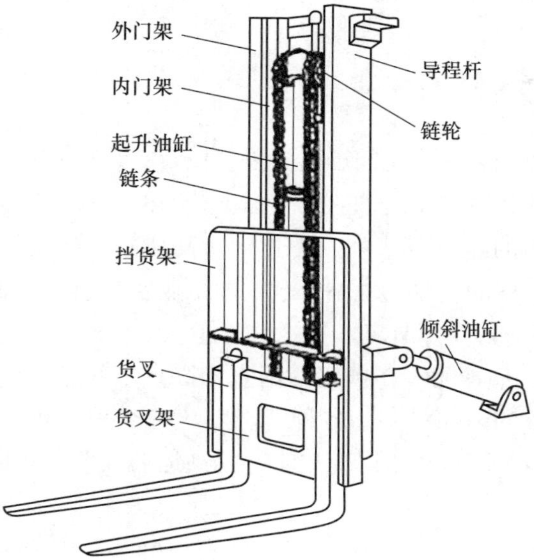

图 3-9 工作装置示意图

叉架做垂直运动，用来装载货叉或者其他属具，沿着门架升降。根据结构不同，叉架可分为挂钩式和轴套式叉架；货叉用来承载货物，分为水平段和垂直段，水平段用来支撑货物，垂直段与滑架相连；门架由内门架和外门架组成基本形式，外门架支撑内门架，两者组合形式有重叠式、并列式和综合式；链条带动滑架上升并承受载荷；起升液压缸和倾斜液压缸控制门架的起升和倾斜。

F 液压系统

液压系统分为转向液压系统和起重液压系统。大多数叉车通常只采用一套起重液压系统，装载质量在 3t 以上的叉车装有两套系统。起重液压系统由油泵、换向阀、限速阀、升降油缸、倾斜油缸、油箱及管路组成。发动机带动齿轮泵通过控制换向阀实现门架的升降。转向液压系统由液压转向器、油泵、分流阀、油箱、转向油缸、油管等组成。

G 电气系统

叉车的电气系统一般包括灯、喇叭、发电机、蓄电池、仪表等，蓄电池叉车的电气系统还有负责直流牵引电动机的调速，称为电控。

H 行驶系统

叉车的行驶系统由车架、车桥、悬架、车轮等组成，它承载着车身的全部重量，转递力和力矩，使叉车平稳前进。

3.3.4 自动引导车

3.3.4.1 概述

随着我国工业化和智能化的迅速发展，以及5G时代的到来，互联网经济得到迅速发展，这就对物流运输的效率提出较高的要求。目前，我国大多数中转和物流运输使用的作业方式为人力作业。高成本、低效率，自动化集成落后，不利于企业发展的同时，也不符合我国工业发展趋势。而基于自动引导车(automated guided vehicle，AGV）技术的智能仓储物流和自动化工厂成为新的发展方向。AGV是一种能够在预定的起点和终点之间按照规定路线完成规定无人驾驶运输任务的运输设备。各种智能系统趋于完善和成熟，AGV运载小车广泛应用于物流系统，可以降低成本，提高运输效率，减轻人工负担，实现物流运输的智能化[15]。

货物搬运方面，在现代物流运输行业中，AGV广泛应用于货物搬运中，大大节省了人工资源成本，提高了运输效率。据统计，截至2018年10月，全世界有2万多种不同类型的AGV应用于各行各业中。

生产线流水作业方面，传统的生产线一般由固定的传动设备组成，有的长度长达数百米，占地面积巨大且利用率低。AGV的出现大大改善了这一局面，它可以单独使用，还可以进行组合作业；不仅可以作为一个单独小车使用，还可以作为移动式装配站处理平台使用。AGV相比之前的作业形式更加灵活，效率也更高。

特殊应用场合方面，一些要求较高或者较为危险的行业，比如核行业、易燃易爆行业、生物制品等；在具有核辐射的场所中AGV的使用避免了辐射的危险；在重工业中，AGV被用于运输质量较大的物体，降低了人们的劳动强度。

3.3.4.2 AGV控制系统

A 控制系统概述

自动导向车系统（AGVS）指的是无人操纵的自动化运输系统，它工作安全、运输效率高。目前已经被广泛应用于各行各业，随着我国工业技术的发展，国家和各型企业将AGV作为重点发展。

B AGV控制系统的搭建（以电磁感应式为例）

自动引导车（AGV）控制系统的实现过程，分为软件设计和硬件搭建，如图3-10所示。

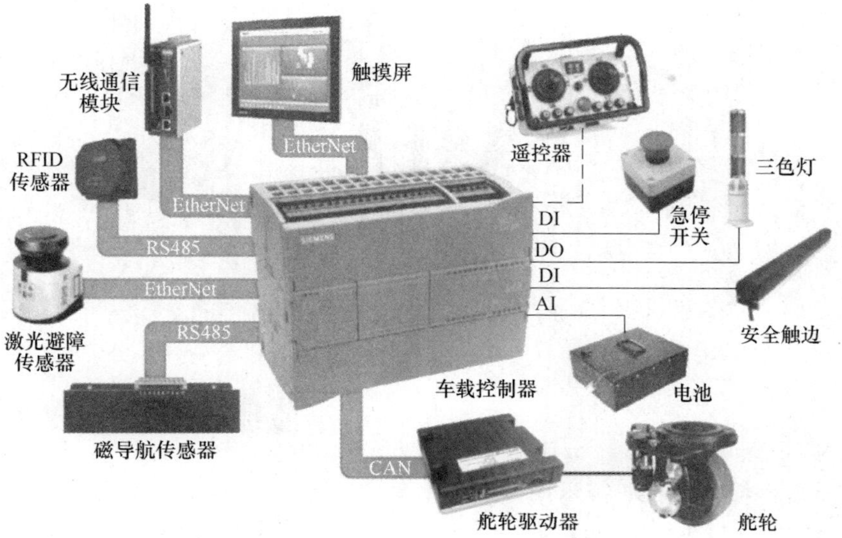

图 3-10 AGV 系统图例

（1）车载控制器。车载控制器是控制系统乃至整个 AGV 的核心，国家标准 GB/T 30030—2013《自动引导车（AGV）术语》中 AGV 为“由计算机控制的运输工具”，所以车载控制器本质就是一个计算机。从硬件类型来分，目前 AGV 所采用的车载控制器基本分为三种：PLC、工业控制计算器、单片机，如图 3-11 所示。

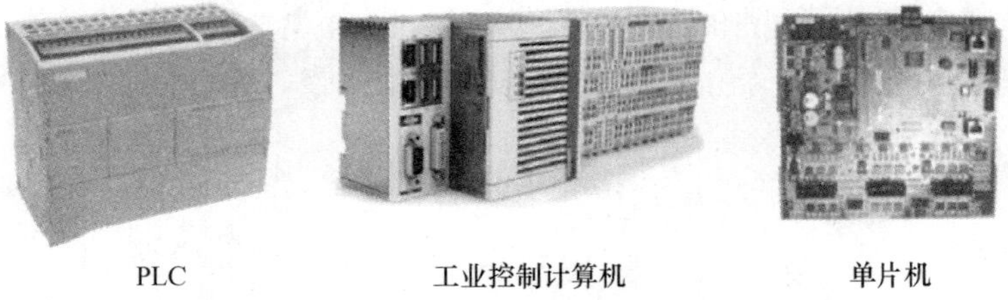

图 3-11 车载控制器类型

（2）驱动器。驱动器给车轮的电机提供电流。AGV 普遍采用蓄电池作为电源，电压一般在 12~72V，因此 AGV 使用的驱动器属于低压直流型伺服驱动器。PLC 通过向驱动器发送指令数据而控制驱动器。低端驱动器可以使用模拟量或脉冲信号传输数据，而高端驱动器则使用正式的通信协议传输数据，这样的通信可以通过 RS232、RS485、CAN、以太网等现场总线或者工业网络实现，如图 3-12 所示。

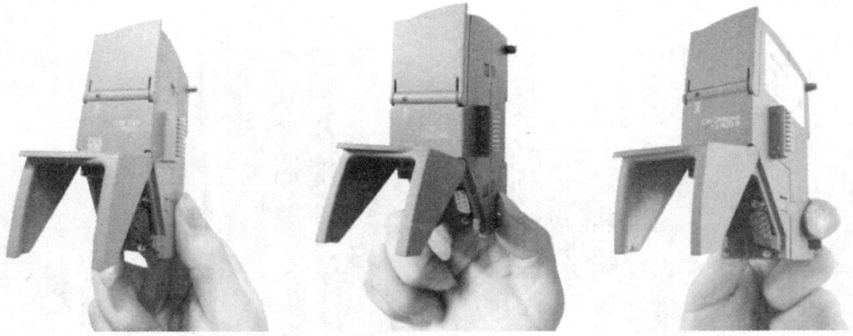

232通信模块　　485通信模块　　CANopen通信模块

图 3-12　驱动器不同类型的驱动模块

（3）移动机构。通常采用的移动机构有舵轮、差速轮和麦克纳姆轮。麦克纳姆轮的优点是运动精度高，但是结构复杂，磨损严重，对地面要求高，虽然麦克纳姆轮问世已超过 30 年，但实际应用场景并不多。舵轮由车轮、回转车轮、齿轮箱、驱动电机、转向电机、编码器、限位开关、制动器等部件组成，它既可以提供牵引力，又可以主动转向，因此一个舵轮有两个自由度。AGV 使用一个或多个舵轮来实现全方位运动：原地旋转、斜向运动、横向运动等。舵轮一般用于室内，材料多为聚氨酯。根据电机的安装位置可分为：卧式和立式。卧式舵轮的驱动电机水平安装，所以整体高度较低，有的 AGV 对高度有要求，因此这时使用卧式舵轮比较合适；立式舵轮的驱动电机垂直安装，整体高度较高，它的优点是在某些场合方便隔离电机，要求舵轮电机和外部环境隔离，这时适合于立式舵轮，如图 3-13 所示。

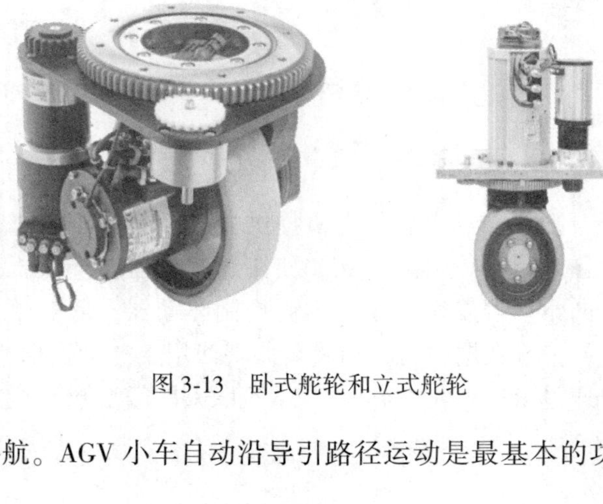

图 3-13　卧式舵轮和立式舵轮

（4）磁导航。AGV 小车自动沿导引路径运动是最基本的功能，磁条引导是使用最多的引导方式之一。如果采用磁条作为导向路径，只需将磁条预先放置在地面上，AGV 就会沿着铺设的磁条形成的路径前进。磁条一般宽 3~5cm，一面光滑一面具有黏性，将具有黏性的一面贴在地面即可完成铺设。大多数 AGV 将驱动轮放置在车辆的两侧或斜对称位置，以避免压碎磁条。

磁导航传感器，也称为磁循迹传感器，用于帮助 AGV 巡线行走。它一般安装在车体或驱动轮组上，在 AGV 运动时始终保持在磁条上方一定高度内。磁导航传感器相对于车身一般安装在对称中轴线上，通常对称安装。传感器上有若干个探头，每个探头可以检测磁场，位于磁条上方的探头有信号输出，超出磁条的探头没有信号。探头通常称为“点”，点越多表示传感器的分辨率越高。传感器的点数通常为：6 点、8 点、16 点，磁导航实现简单、成本低廉，但存在着一个严重的干扰问题，如图 3-14 所示。

图 3-14 磁导航传感器

（5）供电系统。AGV 启动时需要电流较大，因此需要使用动力电池，多为铅酸电池和锂电池。铅酸电池寿命短、能量密度低；锂电池密度高，但是成本也高。控制器、传感器等器件的输出电压与电池不同，所以有必要使用电压变换模块，也可以起到稳压的作用。选择模块时最关心的是功率，即能提供的最大电流（见图 3-15）。

（6）开关。电源开关有两种：自锁型和自动复位型。自锁是按下后即使手指松开，开关依然保持闭合使供电畅通；而自动复位的开关按下按钮后如果松开手指，电路就会被切断。急停开关几乎在所有 AGV 小车上均可以见到。国标 GB/T 20721—2006《自动导引车通用技术条件》中规定：“AGV 应配备紧急停车按钮，并且该按钮应安装在紧急情况下便于操作的位置。应使用红色按钮，如按下急停按钮，应关闭 AGV 驱动电源。”因此，急停开关是 AGV 的

图 3-15　电压变换模块

最后安全保障。

（7）电气元件。AGV 的各个部分所需要的电流是不同的，所以需要设计适当的电路，防止它们互相干扰。国家标准 GB/T 30029—2013《自动引导车（AGV）设计通则》中规定：控制器应该有过压保护、欠压保护、过流保护功能。为了实现这些功能，通常在电路中加入以下器件：接触器，用大电流控制小电流。电源开关只允许通过极小的电流，但有时设备里面有些组件需要大电流才能启动，这时就需要借助接触器。接触器内部有个电磁铁，用小电流控制电磁铁的吸合，电磁铁带动另一组开关闭合使大电流通过，如图 3-16 所示。

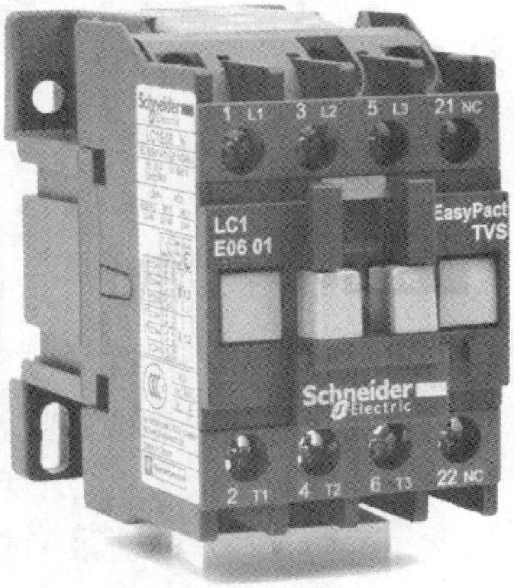

图 3-16　接触器

断路器是起过流、欠压保护作用，也可以看成一个开关，在短路等电流过大时为了保护设备会断开。继电器相当于开关，用于小电压控制触电开闭，但是触点不能有太大电压。

（8）激光避障传感器。AGV 的安全防护方式有接触式和非接触式，触边的属于接触式，而激光传感器和超声波传感器属于非接触式。相比接触式，非接触式更加安全。

(9) 触摸屏。使用触摸屏方便设置 AGV 参数，在使用触摸屏前需要对触摸屏进行编程，或者说“组态”。目前国产的触摸屏质量也很可靠，性价比高，代表厂家有威纶通、昆仑通态。

3.3.4.3 AGV 小车分类

按照搬运方式的不同可将其划分为：模具牵引式、托盘式、叉车式、轻便式、悬挂式和专用式。在物流运输中，主要应用的搬运方式是牵引式、托盘式和叉车式。牵引式 AGV 中模具牵引式 AGV 小车最早被应用。AGV 小车提供动力，后面加上挂车，货物放在挂车上，在转弯时 AGV 小车智能减速，以防翻车。牵引式小车有运输量大、结构简单等优点；但缺点是仍然需要人工装卸货物。托盘式 AGV 的作用是将货物运输到指定高度的位置，降低了操作风险，但是不适合于远距离运输。叉车式 AGV 不仅可以将货物运输一定距离还可以提升一定高度；可以与其他的运输装备配合在一起使用，但是不宜远距离运输[16]。

3.3.4.4 AGV 引导分析

A 引导方式的分类

根据引导信息的来源的不同，可将其分为外导式和内导式。外导式是指在运行路径上设置引导信息媒体，由车上的传感器检测引导信息的特性，然后处理信息媒体来控制车辆沿引导路线行驶。内导式是指在车辆上预先设定运行路径坐标，在运行过程中将实时的位置坐标与预先设定的位置坐标相比较，然后控制车辆运行方向，即坐标定位原理。根据 AGV 引导路线的形式，引导方式又可分为有线式和无线式，见表 3-4。

表 3-4 AGV 的引导方法

分类	按信息的来源		按线路的形式	
方式	外导式	内导式	有线式	无线式
方法	超声引导 电磁引导 标线引导 光学引导 激光引导	坐标识别 惯性引导 自主导航	色带线路 网格线路 标线线路 磁带线路 电磁线路	超声引导 激光引导 坐标引导 惯性引导 自主导航

B 引导技术分析

(1) 电磁引导技术。在车辆行驶路线上铺设磁条或磁钉，通过磁感应传感器检测车辆相对运行路径的偏离程度来引导车辆的运动。此种方式精度高，不受外界环境的影响，但是成本较高，且容易受到磁环的影响。

(2) 激光检测技术。AGV 接收固定设置的三点定位激光信号，通过计算其实时的位置，与设定的路径相比较，从而引导车辆的运行。该技术的定位比较精准，但此种方法的成本比较高，且位置计算以及传感器和发射或发射装置的安装也很复杂。

(3) 光学检测技术。在车辆行驶的路线上铺设一条带有稳定反光带的色带，汽车上装有发射和接收反射光的光电传感器，通过对检测信号的比较，来调整车辆的运行方向。

(4) 超声探测技术。利用物体对反射的超声波信号进行定位和引导，因为无需设置反射装置，从而降低了引导的成本。但是设备所处环境反射情况比较复杂时，该技术可靠性降低。

(5) 惯性导航技术。利用陀螺仪检测 AGV 的方位角，并依据从某一参考点出发所测得的行驶距离来确定当前的位置，通过与已知地图路线的比较来控制 AGV 的运动，进而实现自动引导。

(6) 图像识别技术。采用图像识别技术有两种方法。第一，用 CCD 系统动态摄取行驶路线周围环境的图像信息，并与预定行驶路线周围环境的图像数据库信息进行对比，从而对车辆行驶进行调整。第二，标识线图像识别法，在行驶地面上绘制出导标线，用 CCD 系统动态摄取标线的图像并计算出 AGV 相对于该标线的方向和距离偏差。

(7) 坐标检测技术。采用双坐标传感器进行定位，测量时，首先确定两个已知距离为 L 的参考点 A 和 B，选择其一为起点，当车辆运行到具体某一点时，可以测出两个坐标传感器分别相对于 A、B 两点的角度为 α 和 β，进而推算出具体点的位置：

$$x = y\tan\alpha \tag{3-1}$$

$$y = L/(\tan\alpha\cot\beta) \tag{3-2}$$

但是，由于电磁场对微型电子坐标传感器的干扰较大，因此在长距离运输时的定位精准度较低。

3.3.4.5 AGV 机械结构

AGV 的机械结构包括以下几个部分：

（1）AGV小车车架。车架是AGV小车的主要支撑装置，分为底部和顶部两个部分。顶部主要用于安装各种控制和通信设备；底部用于安装轮子、传感器和驱动电机，顶部和底部可用于拆卸连接，便于安装和拆卸。在保证具有足够刚度的前提下，应尽量减少车架的质量以提高有效载重质量，同时还应尽量降低车体的重心以提升抗侧倾能力。此外，车体外部应避免尖锐突出，防止碰撞其他物体。常见车架结构的纵剖面形式主要有：矩形、凸形和凹形。

（2）升降及旋转机构。载物托盘的升降装置可采用曲柄滑块装置，通过马达的转动带动连杆转动，再将滑轮转动转化为顶杆的转动。载物托盘的旋转可通过内啮合齿轮的连续传动实现，在电机的作用下齿轮带动托盘进行旋转。

（3）驱动转向总成。驱动转向系统主要由车轮、直流电机和减速器三个部分组成，整车的动力性能主要取决于电机的型号。车轮尺寸影响车的高度和车辆的离地间隙，在车架的四角安装四个具有减振能力的万向轮。

（4）安全机构。安全系统主要包括障碍物探测、警音与急停装置，采用红外线传感器来进行障碍物探测。自动引导车辆系统（AGVS）通常采用三级安全保护机构，即触碰缓冲保护机构、障碍物探知保护机构和地面防追撞区段保护机构。其中的触碰缓冲保护机构往往采用一些机械结构，如弹性薄板式、杠杆机构式和弹性胶垫式。

（5）运行机构：

1）前轮转向后轮驱动三轮车型。车的驱动和转向分别由两个不同的电机带动，车前轮为转向轮，车体后两轮为驱动轮。该车型结构简单，但定位精度低。

2）差速转向式四轮车型。车体布置为中部两轮，前后各装有一个车轮。中部两轮为驱动轮，前后轮为转向轮。通过控制中部两轮的速度可控制车速，控制前后轮可实现转向。该方式不仅结构简单，而且定位精度较高。

3）全轮转向式四轮车型。该车型车体的前后各装有两个转向和驱动一体化车轮，每个一体化车轮分别由各自的电机进行驱动，可以实现沿横向、纵向、倾斜方向和回转方向的任意路径行驶，控制较为复杂。

3.3.4.6 AGV分拣技术在图书馆的应用

AGV小车通过电磁感应等自动引导装置，沿着规定的路径行驶，主要用来完成物料转运等作业，常用于工业生产领域如自动化生产线和柔性工厂，目前在货物的拣选和分拣方面也越来越成熟，被物流行业广泛应用。

AGV转运效率高、可扩展性强、可靠性高、节能环保，且单个AGV故障不影响系统运转，分拣控制系统将自动供件系统、分拣系统、搬运系统三个独立的系统进行配合[17]，越来越离不开 AGV 的配合，完成高效的物流转运作业。

3.4 物流专用车辆设计

目前，我国货物运输主要依靠公路、铁路运输设备，水运运输设备，航空运输设备和管道运输设备等。为了适应运输服务的要求，各种专用运输设备的种类和数量也在不断增加，其中公路物流占据货物运输的主导地位。根据交通运输部的数据，2020 年全年公路累计完成货运量 308. 92 亿吨，占全社会货运量的 3/4 以上。这其中，物流车起着主要作用。

对于依托公路进行的物流，主要有区域物流以及城市物流。区域性的物流运输设备以重型卡车为核心，这就要求该车辆具有良好的安全性能，车身具有良好的承载功能，以及具有良好的动力性能，同时还要保证维修和维护便利性的问题。城市物流多指支线（50~150km）、派送线（<50km）运输，以日常需求的生活用品运输、快递和小件货运最为普遍。城市物流用车以厢式汽车为主[2]。

本节主要对中重卡车型与厢式货车的结构参数设计进行介绍。

3.4.1 总体布置设计

物流专用车辆的设计在达到所需的基本性能和准用性能的要求下，总体布置应遵循以下原则：

(1) 需保证特殊工作设备专用工作性能的充分发挥。

(2) 保证汽车底盘各零部件位置的相对固定。

(3) 应尽量减轻物流专用车辆的车身质量，以提高其装载能力。

(4) 应符合有关法规的要求。

3.4.2 主要性能参数设计

专用汽车性能参数的设计计算对于汽车的总体设计具有重要的作用。其作用是保证整车尺寸参数以及使用性能参数的合理匹配，主要包括动力性、通过性，以及燃油经济性等性能的设计计算。

3.4.2.1 动力性计算

由于物流运输车辆主要目的是用来运输物资，因此物流运输车的运输效率即动力性是一项重要特性。下面介绍物流运输车动力性的指标及其计算方法，用来指导物流运输专用车的设计。

A 发动机外特性

发动机的外特性指的是在发动机节气门全开状态下其功率与速度的关系，为汽车动力性的计算提供了依据。发动机的输出转矩与发动机转速的关系由式（3-3）表示，根据相关的试验经验，其发动机外特性曲线可用二次三项式进行表述，如下：

$$T_e = an_e^2 + bn_e + c \tag{3-3}$$

式中 T_e——发动机输出转矩，N·m；

n_e——发动机输出转速，r/min；

a，b，c——待定系数，根据特定的外特性曲线来进行确定。

（1）当给定一个确定的发动机外特性曲线时，根据相关参数建立拟合方程，由拉格朗日三点插值法：在外特性曲线图上取 3 个点（T_1，n_1）（T_2，n_2）和（T_3，n_3），由拉氏插值三项式得：

$$T_e = T_1 \frac{(n_e - n_2)(n_e - n_3)}{(n_1 - n_2)(n_1 - n_3)} + T_2 \frac{(n_e - n_2)(n_e - n_1)}{(n_2 - n_1)(n_2 - n_3)} + T_3 \frac{(n_e - n_1)(n_e - n_2)}{(n_3 - n_2)(n_3 - n_1)} \tag{3-4}$$

（2）当无法给出特定的外特性曲线时，可根据相关的经验公式来进行拟合。由发动机的最大输出功率 P_{em} 及其对应的转速和发动机的最大转矩及其对应的转速，利用相关的经验公式来对发动机的外特性曲线进行拟合。

如果没有所要的发动机外特性曲线，可从发动机的最大输出功率 P_{em} 及其相应的转速和该发动机的最大转矩及其相应的转速，利用下列经验公式来描述发动机的外特性：

$$T_e = T_{em} - \frac{T_{em} - T_p}{(n_t - n_p)^2}(n_t - n_e)^2 \tag{3-5}$$

式中 T_{em}——发动机最大输出转矩，N·m；

n_t——发动机最大输出转矩时对应的发动机转速，r/min；

n_p——发动机最大输出功率时对应的转速，r/min；

T_p——发动机最大输出功率时对应的发动机转矩，N·m。

需要说明的是，在进行室内台架试验时，发动机未携带水泵、风扇等零部件；另外，试验的工况稳定，就是要保证在进行试验时，发动机的冷却液温度、机油温度要符合规范。当带上全部的车身附件时，此时的发动机特性曲线为使用外特性曲线，其功率小于外特性的功率。

B　汽车的行驶方程式

根据汽车的行驶方程式，可对该汽车的动力性进行计算分析，如下式：

$$F_t = F_f + F_w + F_i + F_j \tag{3-6}$$

式中　F_t——驱动力，N；

F_f——滚动阻力，N；

F_w——空气阻力，N；

F_i——坡道阻力，N；

F_j——加速阻力，N。

（1）驱动力 F_t。专用物流运输汽车在道路上行驶时排除发动机的影响所能够达到的驱动力 F_t 与发动机的输出转矩 T_{tq} 之间的关系为：

$$F_t = \frac{T_{tq} i_g i_o \eta_T \mu}{r} \tag{3-7}$$

式中　i_g——变速器某一挡的传动比；

i_o——主减速器比；

η_T——传动系统某一挡的机械效率；

r——驱动轮的动力半径，m；

μ——发动机外特性修正系数。

（2）滚动阻力 F_f。物流专用汽车的滚动阻力 F_f 表达式：

$$F_f = mgf\cos\alpha \tag{3-8}$$

式中　m——汽车的总质量，kg；

g——重力加速度；

α——道路坡度角，（°）；

f——滚动阻力系数。

滚动阻力系数是指当车轮在特定的道路状况下进行运动时所需要的驱动力与车轮负载之比，就是单位汽车重力所需要的发动机驱动力。它取决于多方面的因素，如汽车轮胎结构、轮胎气压、路面行驶状况，以及车辆的行驶速度等，表 3-5展示了在不同路面条件汽车低速行驶时滚动阻力系数的理论数值范围。

表 3-5 滚动阻力系数 F_f 的数值范围

<table>
<tr><th>路面类型</th><th>滚动阻力系数</th><th colspan="2">路面类型</th><th>滚动阻力系数</th></tr>
<tr><td>良好的沥青或混凝土路面</td><td>0.01~0.018</td><td colspan="2">干砂</td><td>0.100~0.300</td></tr>
<tr><td>一般的沥青或混凝土路面</td><td>0.018~0.020</td><td colspan="2">湿砂</td><td>0.060~0.150</td></tr>
<tr><td>碎石路面</td><td>0.020~0.025</td><td colspan="2">结冰路面</td><td>0.015~0.030</td></tr>
<tr><td>良好的卵石路面</td><td>0.025~0.030</td><td colspan="2">压紧的雪道</td><td>0.030~0.050</td></tr>
<tr><td>坑洼的卵石路面</td><td>0.035~0.050</td><td rowspan="2">压紧土路</td><td>干燥的</td><td>0.025~0.035</td></tr>
<tr><td>泥泞土路（雨季或解冻期）</td><td>0.100~0.0250</td><td>雨后的</td><td>0.050~0.150</td></tr>
</table>

当汽车处于驱动状态时，轮胎上作用有转矩以驱动轮胎的转动。此时，轮胎与地面之间便会产生相对滑动，因而增加了车轮的能量损耗。货车轮胎的滚动阻力系数与车速之间为线性关系，由于滚动阻力系数的数值很小，因此车速对滚动阻力系数的影响很小。在进行汽车动力性计算时，倘若没有确定的滚动阻力系数数值，可以由经验公式进行粗略计算。式（3-9）确定了货车在良好路面条件下的滚动阻力系数。

$$f = f_0 + f_1\left(\frac{u_a}{100}\right) + f_4\left(\frac{u_a}{100}\right)^4 \tag{3-9}$$

其中，f_0，f_1，f_4 的数值见表 3-6。

表 3-6 f_0、f_1、f_4 的数值

系数	*SR*（允许最高速度为 180km/h）	*SR-M+S*（用于泥浆和积雪覆盖路面）
f_0	0.0072~0.0120 以上	0.0085~0.00120
f_1	0.00025~0.00280	0.0025~0.0034
f_4	0.00065~0.002 以上	0.0005~0.0010

因此，可以利用表 3-6 中系数 f_0、f_1、f_4 的数值，粗略估计轮胎的滚动阻力系数 f。

（3）坡道阻力 F_i。车辆在上坡时，全车质量在坡道方向上的分力即为坡道阻力，由下式确定：

$$F_{\mathrm{i}} = mg\sin\alpha \tag{3-10}$$

（4）空气阻力 F_{w}。车辆行驶时，空气阻力的大小与空气的相对流速的动压力成比例，由下式计算：

$$F_{\mathrm{w}} = \frac{1}{2}C_{\mathrm{D}}A\rho u_{\mathrm{r}}^{2} \tag{3-11}$$

式中　C_{D}——空气阻力系数，对于专用物流车辆一般可取 0.5~0.9；

ρ——一般取 0.2258N · s^2/m^4；

A——迎风面积，即汽车在行驶方向上的投影面积，m^2，可用汽车的轮距 B(m) 和整车高度 H 的乘积估算；

u_{r}——相对速度，在此处对无风条件下的空气阻力进行计算，$u_{\mathrm{r}} = u_{\mathrm{a}}$，km/h。

$$F_{\mathrm{w}} = \frac{C_{\mathrm{D}}Au_{\mathrm{a}}^{2}}{21.15} \tag{3-12}$$

（5）加速阻力 F_{j}。加速阻力是指汽车在行驶时由于加速而产生的阻力，由下式进行计算：

$$F_{\mathrm{j}} = \delta m\frac{\mathrm{d}u}{\mathrm{d}t} \tag{3-13}$$

式中　$\frac{\mathrm{d}u}{\mathrm{d}t}$——汽车加速度，$m/s^2$；

δ——传动系质量换算系数，计算公式如下：

$$\delta = 1 + \frac{1}{m}\frac{\sum I_{\mathrm{w}}}{r^{2}} + \frac{1}{m}\frac{I_{\mathrm{f}}i_{\mathrm{g}}^{2}i_{\mathrm{o}}^{2}\eta}{r^{2}} \tag{3-14}$$

式中　r——车轮半径，m；

I_{f}——飞轮转动惯量，kg · m^2；

I_{w}——车轮的转动惯量，kg · m^2。

在不知道 I_{f}、I_{w} 的值时，可用下列经验公式估算 δ 的值：

$$\delta = 1 + \delta_1 + \delta_2 i_g^2 \tag{3-15}$$

其中，$\delta_1 = \delta_2 = 0.3 \sim 0.5$。低挡时取上限，高挡时取下限。由以上介绍的计算公式，可计算评价汽车动力性的指标。

C 动力性评价指标的计算

汽车的动力性指标有：最高车速 U_{amax}、最大爬坡度 i_{max} 和最大加速度 a_{max}，分别由下面的公式进行计算。

（1）最高车速 U_{amax}，指的是汽车在水平良好的道路条件下（沥青或混凝土）所能够达到的最高行驶速度，因此在计算汽车最高车速时认为 F_j、$F_i = 0$。此时式（3-6）简化为：

$$F_t = F_w + F_f \tag{3-16}$$

将式（3-7）、式（3-8）、式（3-12）代入式（3-16）得：

$$\frac{T_{tq} i_g i_o \eta_T \mu}{r} = mgf\cos\alpha + \frac{C_D A u_a^2}{21.15} \tag{3-17}$$

此式再经化简得：

$$U_{amax} = \sqrt{\frac{21.15\left(\frac{T_{tq} i_g i_o \eta\mu}{r} - mgf\cos\alpha\right)}{C_D A}} \tag{3-18}$$

（2）最大爬坡度 i_{max}，是指汽车在满载或者固定载重量条件下，在良好道路条件下能够爬上的最大坡度。因此在计算汽车最大爬坡度时认为 $F_j = 0$。此时式（3-6）化简为：

$$F_t = F_f + F_w + F_i \tag{3-19}$$

将式（3-5）、式（3-6）、式（3-8）、式（3-10）代入式（3-19）得：

$$\frac{T_{tq} i_g i_o \eta_T \mu}{r} = mgf\cos\alpha + \frac{C_D A u_a^2}{21.15} + mg\sin\alpha \tag{3-20}$$

即

$$\alpha = \arcsin\frac{F_t - (F_f + F_w)}{mg} \tag{3-21}$$

由此可求出专用汽车的最大爬坡度 $i_{max} = \tan\alpha_{max}$。

（3）最大加速度 a_{max}，汽车发动机输出动力在克服空气阻力、滚动阻力和坡道阻力后剩余的部分用来加速，即：

$$\frac{du}{dt} = \frac{1}{\delta m}(F_t - F_f - F_w - F_i) \tag{3-22}$$

求汽车加速时间 t 时，只需要对速度进行积分即可：

$$t = \int_{v_1}^{v_2} \frac{1}{a} dv \tag{3-23}$$

3.4.2.2　燃油经济性

在确保运输车良好的动力性条件下，汽车尽可能减少其燃料消耗的能力即为物流运输车辆的燃油经济性。运输车辆的燃油经济性影响着运输成本，因此研究运输车辆的燃油经济性也是我们要关注的一个重点。

A　燃油经济性的指标

在我国和欧洲，汽车的燃油经济性指标为百公里的燃油消耗量（L），其数值越大，燃油经济性越差。

等速百公里燃油消耗量作为评价汽车燃油经济性的核心指标，指的是汽车在满载或者半载状态下（轿车半载，货车满载），以最高车速在良好道路条件下等速行驶 100km 时的燃油消耗量。

由于汽车在运行过程中不可能总是保持匀速行驶的状态，特别是在市区内运行时，会频繁地出现加速、减速、转弯、掉头、停车、怠速等工况，因此等速运行工况下的燃油消耗量并不能真实地反映汽车的燃油经济性。因此，为了更好地确定汽车的燃油经济性，我国制定了市区和市郊循环行驶工况，通过专用的底盘测功机来模拟汽车的市区和市郊工况，最后用碳平衡法来对其燃油消耗量进行计算。

B　燃油经济性的计算

a　等速行驶状态下汽车的燃油消耗量计算

根据汽车的发动机万有特性曲线图，确定发动机在特定转速 n 下、特定功率 P_e 下的燃油消耗量 b。

根据汽车的行驶车速 U 和阻力功率，在发动机万有特性图上（利用线性插值法）确定其对应的燃油消耗率 b，便可以计算出汽车在等速运行工况下单位时间内的燃油消耗量（mL/s）为：

$$Q_t = \frac{P_e b}{367.1\rho g} \tag{3-24}$$

式中 b——燃油消耗率，g/(kW · h)；

ρ——燃油的密度，kg/L；

g——重力加速度，m/s²，汽油的 ρg 可取 6.96~7.15N/L，柴油可取为 7.94~8.13N/L。

转化为百公里燃油消耗量（L）为：

$$Q_s = \frac{P_e b}{1.02U\rho g} \tag{3-25}$$

b　等加速行驶状态下汽车燃油消耗量的计算

汽车在加速行驶时，由于需要克服加速阻力所消耗的功率，此时发动机需要提供的功率 P_e(kW）应为：

$$P_e = \frac{1}{\eta}\left(\frac{mgf\cos\alpha U}{3600} + \frac{AC_D U^3}{76140} + \frac{\delta mU}{3600}\frac{du}{dt}\right) \tag{3-26}$$

在进行汽车等加速过程的燃油量消耗计算时，可以对其加速过程进行区间划分。速度每增加 1km/h 为一个不同的区间。每个小区间的燃油消耗量可以通过其平均单位时间燃油消耗量与其行驶时间的乘积来确定。每个小区间的初速度或者末速度对应时刻的单位时间燃油消耗量 Q_t(mL/s)，可由此时发动机对应的输出功率与燃油消耗量来进行计算。

汽车车速每增加 1km/h 所需时间（s）为：

$$\Delta t = \frac{1}{3.6\dfrac{du}{dt}} \tag{3-27}$$

汽车由初速度 U_1 加速至 U_1+1(km/h）所需要的燃油量（mL）为：

$$Q_1 = \frac{1}{2}(Q_{t0} + Q_{t1})\Delta t \tag{3-28}$$

式中　Q_{t0}——汽车以初速度 U_1 行驶时，单位时间内燃油消耗量，mL/s；

Q_{t1}——汽车以车速 U_1+1(km/h) 行驶时，单位时间内的燃油消耗量，mL/s。

同理可得整个加速过程的燃油消耗量（mL）为：

$$Q_n = \sum_{i=1}^{n} Q_i = Q_1 + Q_2 + \cdots + Q_n \tag{3-29}$$

加速区段内汽车行驶的距离（m）为：

$$S_a = \frac{U_2^2 - U_1^2}{25.92\frac{du}{dt}} \tag{3-30}$$

汽车在加速状态下的工况属于瞬时工况，与匀速运动时的发动机工况具有很大的区别。在节气门频繁开闭的过程中，为了保障发动机能够正常的工作，同时保证发动机在满足排放要求的前提下尽可能地提供较大的功率，所以要提供更多的燃油喷射量。为了避免混合气过稀，这种情况下会不可避免地牺牲一些燃油经济性。

c　等减速行驶工况下燃油消耗量的计算

当汽车进行减速运动时，节气门会关闭以控制空气的进入。此时的发动机处于强制怠速的状态，汽车的燃油消耗量即为正常的怠速油耗。因此，等减速行驶工况的燃油消耗量可以用减速行驶时间与怠速油耗的乘积来确定。减速时间计算公式为：

$$t = \frac{U_2 - U_3}{3.6\frac{du}{dt}} \tag{3-31}$$

式中　U_2，U_3——汽车行驶初速度与减速末速度，km/h；

$\frac{du}{dt}$——减速度，m/s²。

减速过程的燃油消耗量（mL）为：

$$Q_d = \frac{U_2 - U_3}{3.6\frac{du}{dt}} Q_i \tag{3-32}$$

式中 Q_i——怠速燃油消耗率，mL/s。

减速过程中汽车行驶的路程（m）为：

$$S_d = \frac{U_2^2 - U_3^2}{25.92\frac{du}{dt}} \tag{3-33}$$

d 怠速停车时的燃油消耗量

假设怠速停车时间为 t_s(s)，那么在此时间段内的燃油消耗量 Q_{id}（mL）为：

$$Q_{id} = Q_i t_s \tag{3-34}$$

e 多工况循环百公里燃油消耗量

当汽车以循环多工况进行运动时，其百公里燃油消耗量 Q_s(L) 为：

$$Q_s = \frac{\sum Q}{S} \times 100 \tag{3-35}$$

式中 $\sum Q$——各个工况燃油消耗量之和，mL；

S——整个循环的行驶距离，m。

3.4.2.3 电动物流专用汽车的经济性

目前市面上越来越多的物流专用汽车采用纯电动或混合动力驱动的形式，因此电动物流专用汽车的重要性不容忽视。

A 电动汽车的经济性指标

电动汽车的经济性可以用特定行驶工况下汽车行驶所消耗的电能，或一定电量条件下汽车行驶的里程来衡量。对于电动汽车的能量消耗率，指的是电动汽车经过特定的试验循环后，消耗的电能与行驶里程的比值，单位为 W · h/km。电动汽车的续驶里程是指电动汽车在充满电的状态下，以一定的行驶工况能够连续行驶的最大距离，单位为 km。电动汽车的续驶里程可以分为等速工况续驶里程和循环工况续驶里程。

B 纯电动汽车的经济性

纯电动汽车的电驱动系统主要包括动力蓄电池系统和驱动电机系统两部分，动力蓄电池系统和驱动电机系统的效率对电动汽车的经济性有很大影响。

因此，在对纯电动汽车经济性进行计算与分析之前，先介绍动力电池系统和驱动电机系统的效率。

a　动力电池系统的效率

动力电池系统的效率是电池输出的总能量与电池完全充满电所需的能量之比。如果在恒定的充电和放电电流的情况下，电池的效率可表示为：

$$\eta_b = \frac{E - R_{int} i_b}{E + R_{int} i_b} \tag{3-36}$$

式中　E——电源电动势，V；

R_{int}——可变等效内阻，Ω；

i_b——电池电流，A。

如果电池在恒定功率下充电和放电，电池的效率可表示为：

$$\eta_b = \frac{E - R_{int} P/U_b}{E + R_{int} P/U_b} \tag{3-37}$$

式中　P——恒定充电和放电的功率，W；

U_b——电池端电压，V。

需要指出的是，在动力电池进行充、放电时，电池的电动势、内阻以及端电压会受到电池荷电状态 SOC（state of charge，表示电池剩余容量占额定容量的百分比）以及外界温度的影响。所以说，电池充放电功率、电池荷电状态和外界温度也会对电池的充、放电效率产生很大的影响。

b　驱动电机系统的效率

驱动电机系统的效率为电机输出功率与输入功率的比值，包括电机控制器效率和机械效率两部分。驱动系统的效率可表示为：

$$\eta_m = \eta_{mj} \eta_{mc} = \frac{T_m \omega_m}{i_b U_b} \tag{3-38}$$

式中　η_{mj}，η_{mc}——电机的机械效率和电机控制器的效率，它们的表达式如下：

$$\eta_{mj} = \frac{T_m \omega_m}{i_{mc} U_{mc}},\ \eta_{mc} = \frac{i_{mc} U_{mc}}{i_b U_b} \tag{3-39}$$

式中 i_{mc}——电机控制器输出电流，A；

U_{mc}——电机控制器输出电压，V；

ω_m——电机转子的角速度，rad/s；

T_m——电机输出转矩，N·m。

除此之外，当电动汽车减速时，可回收一部分制动能量。此时，电机处于发电状态给电池充电，电机系统的效率可表示为：

$$\eta_g = \frac{i_b U_b}{T_m \omega_m} \tag{3-40}$$

c 纯电动汽车经济性的计算

纯电动汽车经济性的计算需要在一定的循环工况下进行，下面介绍其在等速行驶工况和循环工况下能量消耗率和续驶里程的计算。

（1）汽车以等速行驶工况运行时，所需的电机功率为：

$$P_m = \frac{1}{\eta_T}\left(\frac{GfU_a}{3600} + \frac{C_D A U_a^3}{76140}\right) \tag{3-41}$$

式中 η_T——传动系统效率。

因此，电驱动系统在等速行驶时间 t_t(s) 内所消耗的电能（W·h）为：

$$Q_t = \frac{1}{3.6}\int_0^{t_t} \frac{P_m}{\eta_b \eta_m} dt \tag{3-42}$$

电动汽车以等速行驶工况运行时，其续驶里程（km）为：

$$S_t = \frac{U_a}{3600} t_t \tag{3-43}$$

因此，等速行驶工况下电动汽车的能量消耗率为（W·h/km）为：

$$C = \frac{Q_t}{S_t} \tag{3-44}$$

（2）等加速行驶工况下的能量消耗量和续驶里程的计算。电动汽车的加速度为 $\frac{du}{dt}$ (m/s²)，电机需要提供的功率 P_m(kW) 为：

$$P_e = \frac{1}{\eta_T}\left(\frac{GfU_a}{3600} + \frac{C_D A U_a^3}{76140} + \frac{\delta m U_a}{3600}\frac{du}{dt}\right) \tag{3-45}$$

加速时间 t_a(s) 为：

$$t_a = \frac{u_{a2} - u_{a1}}{3.6\frac{du}{dt}} \tag{3-46}$$

因此，电驱动系统在等加速行驶时间 t_a 内的能量消耗（W·h）为：

$$Q_a = \frac{1}{3.6}\int_0^{t_a} \frac{P_m}{\eta_b \eta_m} dt \tag{3-47}$$

在等加速行驶工况下，电动汽车的行驶距离（m）为：

$$S_a = \frac{u_{a2}^2 - u_{a1}^2}{25.92\frac{du}{dt}} \tag{3-48}$$

（3）等减速行驶工况能量消耗量和续航里程的计算。当汽车减速行驶时，一部分制动能量可通过发电机予以回收，并储存在动力电池中而得到重复利用，当减速度为 du/dt(m/s^2) 时，则电机制动回收功率（kW）为：

$$P_e = \frac{\phi}{\eta_T}\left(\frac{GfU_a}{3600} + \frac{C_D A U_a^3}{76140} + \frac{\delta_m U_a}{3600}\frac{du}{dt}\right) \tag{3-49}$$

式中　φ——制动能量回收比例系数，即电机回收的制动能量占总制动能量的比值。

减速时间为：

$$t_d = \frac{u_{a2} - u_{a3}}{3.6\frac{du}{dt}} \tag{3-50}$$

进而可得电驱动系统在等减速行驶时间 t_d 内所回收的电能（W·h）为：

$$Q_d = \frac{1}{3.6}\int_0^{t_d} P_m \eta_b \eta_m d_t \tag{3-51}$$

在等减速行驶工况下，电动汽车的行驶距离（m）为：

$$S_a = \frac{u_{a2}^2 - u_{a3}^2}{25.92 \frac{du}{dt}} \tag{3-52}$$

（4）循环工况下的能量消耗和续驶里程。停车时，驱动系统的能量消耗量 Q_s 为零。多工况循环的能量消耗，等速、等加速、等减速、怠速、停车等行驶工况组成的循环，其整个试验循环的能量消耗量（W·h）为：

$$Q_s = \sum Q_t + \sum Q_a - \sum Q_d + \sum Q_s \tag{3-53}$$

电动汽车在蓄电池充满电的条件下，以特定的工况连续行驶最大里程（km）为：

$$S_z = \frac{1}{1000} \sum S \tag{3-54}$$

式中 S_z——汽车连续行驶过程中，所有等速、等加速、等减速工况行驶距离（m）之和。

因此，循环工况下电动汽车的能量消耗率为：

$$C = \frac{Q_z}{S_0} S_z \tag{3-55}$$

式中 S_0——一个循环工况的行驶距离，km。

3.4.3 底盘选型

专用汽车底盘的性能决定着专用汽车性能。当前，通常选用二类或者三类汽车底盘来改装专用汽车，也有一些为特种汽车量身设计的专用底盘。在进行汽车底盘的设计和选择过程中，需要考虑很多的因素，例如，专用汽车的类型、装载质量、用途、工作条件、汽车的性能指标、特殊用途设备以及设备的外形尺寸、动力匹配等因素。当前我国对传统的厢式车、罐式车、自卸车等通常都是采用二类汽车底盘来进行改装设计[2]，如图 3-17 所示。

二类汽车底盘是当前在专用汽车设计中最常见的一种底盘形式。所谓二类汽车底盘：就是在基本整车的基础上，去掉车身的相关装置，例如货箱，但是

图 3-17　7. 5m 半载货车（二类底盘）

其他装置完备的底盘。在进行改装设计布置时，在二类底盘上加装专用车辆所需要的专用设备或者特种车身。在进行二类汽车底盘的改装设计时，其中一个很重要的任务就是整车的总体布置和工作装置的设计。倘若对汽车的总质量、轴荷分配、质心高度等参数进行了确定，那么就可以在很大程度上保持原车型的主要性能。但是，改装后的整车需要重新进行性能的计算和分析。

对于客车、客货两用车、厢式货车，一般是选用三类汽车底盘进行改装设计。三类汽车底盘：是指在基本型汽车的底盘上，不加装车身但是配备有发动机以及传动装置、前后桥、转向器、悬架装置、车轮及轮胎、制动系统等总成设备，无法行驶的底盘如图 3-18 所示。

图 3-18　江淮汽车研制的 6700 客车专用底盘

如今，我国的专用客车产业蓬勃发展，因而对客车的使用性能的要求也越来越高。采用传统的三类汽车底盘进行改装和设计的客车已经无法满足现实社会的需要，因此就开始开发各类专用客车底盘。其主要特点就是按照基本型总成，对不同性能要求的客车进行整车布置。重新设计悬架系统，这种底盘不仅其整车性能、质心位置，特别是其平顺性得到了很大的提高。同时传动系统、动力匹配以及制动系统等也配合得更加紧密。

当前，汽车专用车辆底盘通常是对普通汽车底盘进行改装设计，如果将柴油发动机换成汽油发动机时，则需进行底盘更换，通常可以把它看成三类底盘来处理。

不论是使用几类汽车底盘，目前的主要问题是在专用汽车的性能要求上难以实现。例如用普通汽车底盘改装厢式货车、消防车、客厢式专用车，都存在各种各样的问题，如质心过高、轴荷分配不合理、底盘车速达不到目标要求、平顺性差等问题。因此，要想使我国的专用汽车满足客户要求，要开发出多种特殊性能的汽车底盘，一般应该满足以下几点：

（1）适用性。对货运车来说，在满足货运要求和货运安全的情况下，应适当提高乘用车的安全性和舒适性，满足乘客的需求。对各种改装车来说，应以满足专业车辆的功能为目标进行选型设计，例如各种取力器的输出接口等。

（2）可靠性。各总成在工作时应稳定可靠，应极少出现故障，零部件的强度和寿命应超过车辆的设计年限，且同一车型各总成零部件的寿命应大致相同。

（3）先进性。所选用的底盘或总成，在专用性能上要满足国家和行业的规准。同时整车在动力性、经济性、制动性、操纵稳定性、行驶平顺性及通过性等基本性能指标和功能方面达到同类车型的先进水平。

（4）方便性。所选用的各总成在安装、检查、保养和维修时应该较为方便，结构保持紧凑与装配调试空间应当合理。

在专用汽车底盘选用时，除了上述因素外，还应当重点考虑：一是汽车底盘市场价格，它是专用汽车购买的大件，生产成本基本由它决定，所以应考虑专用车的购买对象是否能接受其价格，这也关系到专用汽车产品能否快速占据销售市场、企业能否增加盈利等问题；二是汽车底盘供货要有稳定来源，要同生产汽车底盘的工厂有明确的协议或合同，无论汽车底盘是紧销甚至滞销，都一定要按合同的要求继续底盘供货。

3.4.4 结构设计

3.4.4.1 总体结构设计

根据厢式汽车的不同用途，GB/T 17350—2009 规定了各种厢式汽车的名称和定义。

厢式汽车与普通汽车相比，由于它的车厢是封闭独立结构，优点主要有：对运输的货物起到保护作用、降低货物的包装成本、提升食品运输的卫生条件、有利于安全运输等。目前，厢式汽车在国内外应用广泛。然而厢式汽车在运输中也存在一些问题，如价格比一般汽车要高、额定载量比一般汽车低、厢体及专用装置的维修量较大、难以利用返回的空程等。总体来说，厢式汽车的优点仍是主要的，是汽车运输企业中不可缺少的一种专用汽车。厢式汽车的类型很多，其分类如图 3-19 所示。

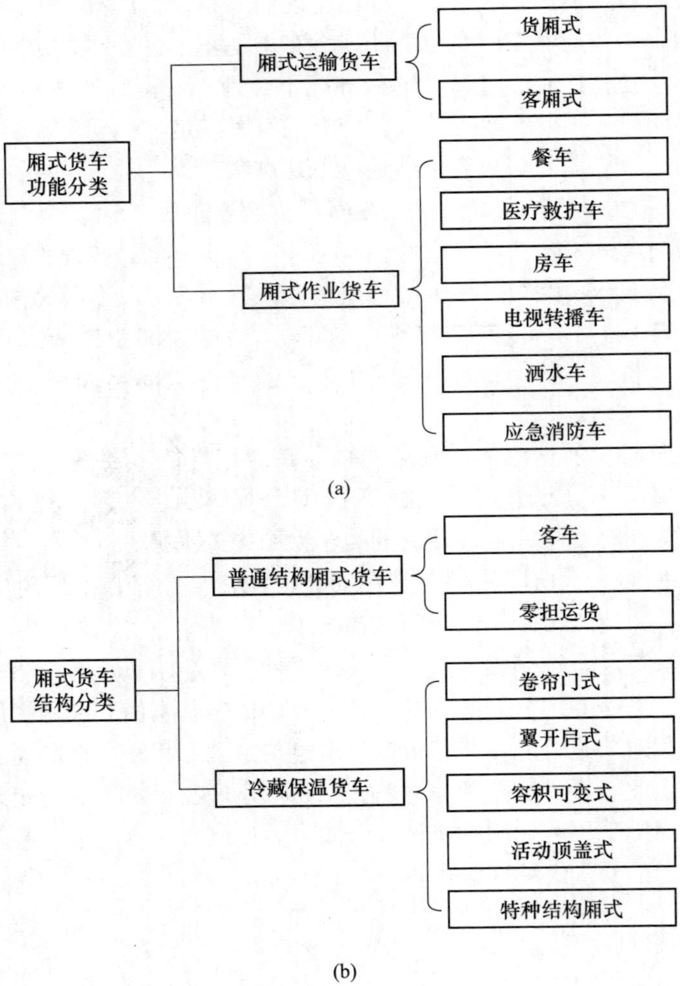

图 3-19　厢式汽车的分类

(a) 按功能分类；(b) 按结构分类

目前，厢式零担运输车大多数是在二类货车底盘的基础上，安装一个独立封闭的车厢而构成，还有的就是专门设计研制的厢式零担运输半挂车。厢式零担运输车主要是从事中长距离货运，运输产品通常为轻泡及零担货物，车厢通常为全封闭式结构。根据需求，车厢一般要设置有后门或者侧门，厢内装有通风、采光和信号联系等设备。车厢需具有良好的防雨、防晒、防尘、防盗等功能。按驾驶室的类型不同，厢式零担运输车可分为平头驾驶室式和长头驾驶室式两种。前者车厢面积利用率更低、空气阻力系数更大；后者车厢面积利用率较前者有明显提升，外形较协调。有导流罩的平头驾驶室厢式零担运输车的空气阻力系数更小，适用于在高速公路上行驶。厢体是由顶盖、底架、前围、后围、左右侧六大块组焊而成，如图 3-20 所示。

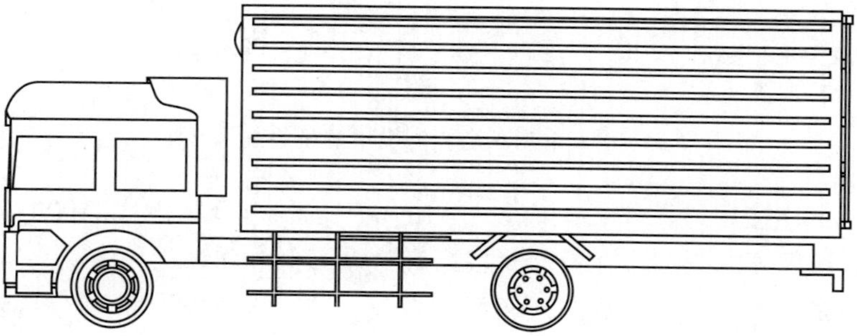

图 3-20 厢式零担运输车整体布置

厢体布置应遵循以下几点原则：

（1）质心高度要满足 GB 7258—2017 的规定，车辆在静态空载条件下，侧倾稳定角不小于 35°。

（2）改装后最大的总质量不应当超过原车型许可的最大总质量，轴载质量不要超过原车型最大轴载质量的 3%。

（3）为了方便装卸或运输集装容器，厢体内部要有足够的高度和宽度。在二类底盘的基础上，决定厢体长度的因素主要是前后轴载荷分配。为了不改变原底盘性能，厢体长度要尽可能地和原车厢长度相等；厢体宽度主要由底盘轮距、使用要求及规定限宽所决定。决定厢体高度的主要要素是改装后的质心高度和规定限高。在满足装载容积及装卸便利的情况下，应尽量减小厢体的高度，降低质心，加强汽车行驶的稳定性。目前为止，国内厢式车厢的外形大多为矩形。这种车厢外形的好处就是工艺简单、容易生产等，但是随汽车平均车速的不断提升，这种车厢外形已越来越不适应现在高速运输的要求。因此，车厢外形在满足工艺的要求、美观大方等条件下，还应该考虑车厢外廓的空气阻力系数。

车厢与底盘的连接实际上就是将车厢底架（副车架）纵梁紧围在底盘的纵梁上。一般同时采用角铁连接与传统的 U 形螺栓连接，以提高连接的可靠性。角铁连接如图 3-21 所示。为避免出现装配后连接面产生间隙，紧固前，上下角铁之间应有合适的间隙；紧固后，保证连接面能紧密贴合。

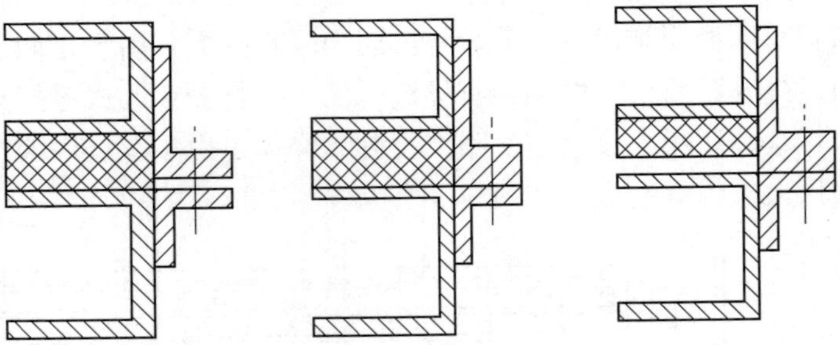

图 3-21　车厢底架与汽车纵梁链接角铁及装配

通常，连接用 U 形螺栓的直径 $D>16$ mm，螺栓安装间距以 1000～1500mm 为宜。U 形螺栓的长度应在设计时根据底盘纵梁、车厢纵梁和中间垫木三者高度之和确定。为了连接牢固与改善受力情况，一般应在连接部位的底盘纵梁和车厢纵梁槽钢开口内加撑衬木，在靠近消声器处因温度较高，为安全起见，应改为撑钢板。

3.4.4.2　车厢结构设计

A　通用栏板式货箱

通用栏板式货箱主要由纵梁及横梁组成的货箱底骨架、边框、底板和四块栏板组成，如图 3-22 所示。由于结构材料的不同，通用栏板式货箱分为木质结构、金属结构和钢木混合结构三种货箱。木质货箱的纵梁、横梁底板和栏板都采用木材制成，并含有钢制的钣金件螺栓及锁链等零件[2]。

底板可以通过横梁支撑在其下面的纵梁上，上货箱的纵梁则利用 U 形螺栓来进行紧固，也有少数货箱的底板没有纵梁，而是将货箱横梁直接安装在车架上，此种结构刚性较不稳定。木质货箱的底板和栏板一般采用薄钢条包边，并在货箱边板的外侧再加上钢条包边。金属结构货箱是由钢板冲压、焊接而成，货箱底板和栏板均需要冲压出凸筋来增强刚度，如图 3-23 所示。

钢木货箱是一种混合结构，它的底板原料大多是由木材制成。通常采用钢、木间隔，或者燕尾形结构，剩下部分是钢结构。

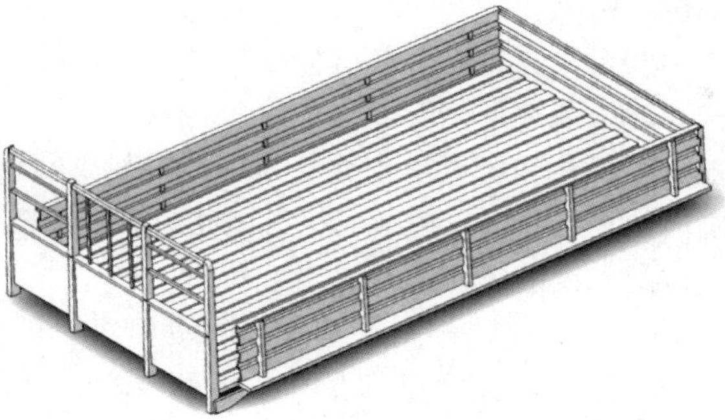

图 3-22 通用栏板式货箱

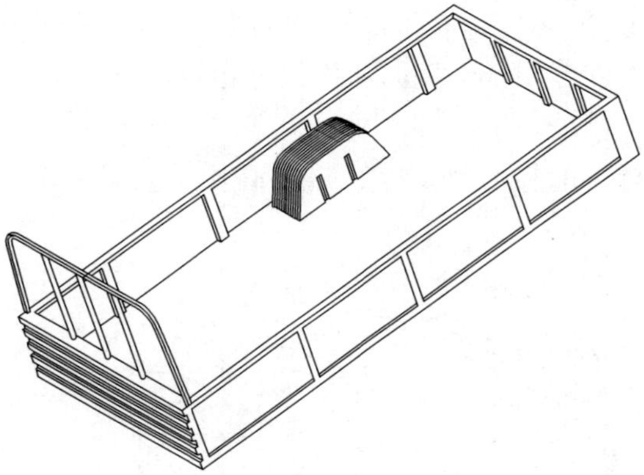

图 3-23 金属货箱

木质货箱的主要特点是容易制造和修理，但使用寿命会更短；金属结构货箱的优点是使用寿命长、可节约木材，但其缺点也相当明显，最为突出的是噪声较大。

B 低栏板货箱的结构

在一般货车上应用较多的是普通栏板式结构，而在普通栏板式结构中，低栏板货箱应用最为普遍。一般低栏板货箱由底板总成、左右边板总成、后板总成、前板总成以及保险架总成货箱铰链、货箱栓、货箱附件等构成。

（1）底架结构。底架结构由横梁和纵梁组成。

（2）边板和后板的结构。边板和后板有三种结构：一是全金属结构，由整体式滚压成瓦楞形并带上下框的本体与立柱焊接性制成；二是全金属结构，本体为瓦楞板，再加上立柱、上边框和下边框焊接组合而成；三是钢木混合结构，由木板外加钢包皮构成。

（3）前板结构。可分为无保险架和有保险架两种，保险架又可分为两种：用角钢焊接的结构和冲压结构。

（4）货箱铰链。常用的铰链页板主要分为用带料制成的卷耳型上下页板、使用锻件和铸件制成的页板和用异型断面材料制成的页板等三种形式。铰链是由页板和销轴组装成的，铰链应转动灵活。

（5）货箱栓结构。货箱栓的作用就是连接两块相邻的箱板，同时承受由箱板传来的货物张力，对它的性能要求是开关方便灵活，而且还应设置自锁装置。

（6）缓冲装置。为减小边板和后板加速损坏的概率，通常需要在边板和后板上安装弹性缓冲元件。另外，由于边板质量较大，一个人开关很费力，为此近年来在边板设计了助力器。边板助力器除了对关闭边板起助力作用外，在开启边板时也可以起到缓冲作用，从而提高边板的使用寿命。

C　高栏板货箱的结构

在运输密度较小的轻抛物资时，需要高栏板货箱。图 3-24 所示为高栏板式货箱。

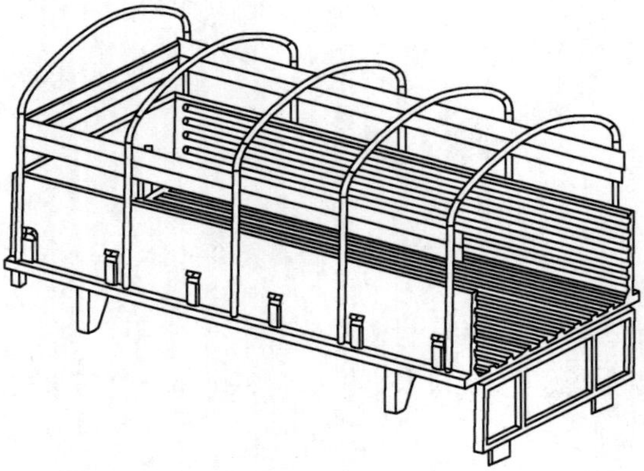

图 3-24　高栏板式货箱

边板及高栏板的结构形式一般可以分为三种：固定式边板栏板结构、可翻式边板栏板结构、铰链式栏板结构。

D　半封闭和封闭式货箱

为了货物的安全等一些特殊目的，采用半封闭和封闭式货箱，有普通货箱、冷藏或冷冻货箱等类型；多用钢板、铝板或 FRP（玻璃纤维增强树脂）等材料制造；冷藏、冷冻货箱要加上泡沫塑料或玻璃纤维的保温层。货箱质量大、质心高，为满足侧倾35°不翻车，要求减少汽车的装载质量。

半封闭、全封闭式货箱有帆布篷式、拉帘式和全开带屋项等形式。封闭式货箱应用较普遍，用于大货物运输的集装箱就属于此类，如图3-25所示。

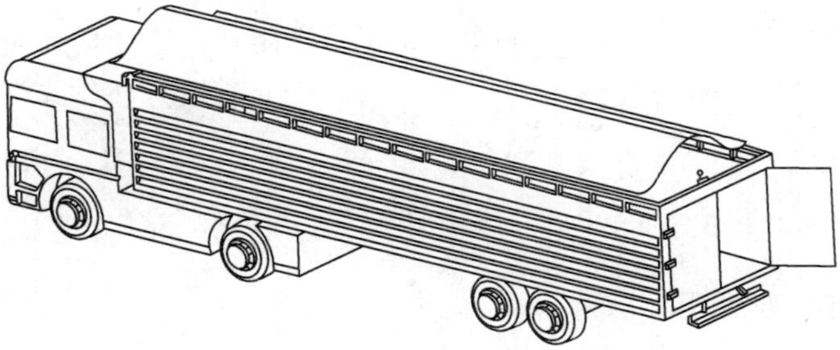

图3-25 封闭式货箱

3.4.5 车辆试验

3.4.5.1 基本概念

汽车试验，是指在专用试验场或者其他专用场地或实验室内，使用专用的仪器设备，依照国家或者有关部门、行业或者企业颁布的正规标准文件，根据试验大纲的有关标准对汽车或总成部件进行各种测试的过程，也可根据需要在常规道路上或者典型地域进行有关试验，如限定工况的实际行驶试验和地区适应性试验等[18]。简单地说，就是通过实际实践的方法来确定汽车或者汽车的有关某个参数，一般指力、温度、噪声和各类疲劳寿命试验的循环次数等客观的定性评价，也有如舒适度、操纵性、稳定性和越野性等需要试验员来通过自我感觉给出诸如“较好”“好”“一般”“较差”等主观的定性评价。

3.4.5.2 汽车试验的发展历程

汽车试验的发展历程包括下面几个阶段：

(1) 从第一辆汽车的研制开始至福特公司建成“汽车流水生产线”。汽车试验主要为研发性试验和道路试验，其方法主要是操作体验和主观评价。

(2) 从第一条“汽车流水生产线”建成至20世纪40年代。这时产品的可靠性、寿命和性能方面的问题较为突出，要求通过试验研究加以解决，从而形成了汽车试验研究体系。此期，汽车试验借助于其他行业较成熟的技术和方法，同时还制定了专业的汽车试验方法。在这个阶段道路试验被引起了很大的重视，实力强大的汽车公司也建立了自己的汽车试验场。

（3）1960~1970 年。这段时间汽车工业蓬勃发展，既实现大规模生产，又实现向多品种和高技术发展，汽车试验技术又迈向一个新阶段，国际上有影响的车企几乎都拥有自己的汽车试验场。

（4）1970 年以后。汽车工业不仅保持了大规模、多品种和高技术的发展，而且出现了很多更科学、更高效的生产组织管理制度，使汽车试验技术也得到了同步的提升和完善。在这一阶段，电子计算机的应用对汽车试验起到了很大的推动作用。

3.4.5.3 汽车试验的分类

A 按试验目的分类

按试验目的不同，汽车试验分为以下几种：

（1）发展和研究性试验。为了改进现有产品或研制新产品的技术进步所开展的各项试验。如汽车新产品、新结构、新技术、新材料、新工艺等的验证以及汽车试验新方法的探索性试验[18]。

（2）新产品定型试验。以考核新开发的汽车产品是否符合设计要求及考核是否满足汽车法规规定为目的的试验。

（3）质量检查性试验。通过对汽车产品质量的定期检查试验，对目前生产的车辆产品，定期鉴定汽车产品质量的稳定性，如果发现问题要及时处理分析。由于产品的技术性能和质量指标参数都已经确定完成，规范的试验已经成型，而且产品的质量检查强调时效性，所以质检试验往往比其他试验简单快捷，如汽车年检、产品抽查等。

B 按试验对象分类

按试验对象不同，汽车试验分为以下几种：

（1）整车性能试验。该试验常常是在不解体整车或者只拆卸少量车辆外露的零部件的条件下对汽车的一些主要性能进行测评，如动力性、燃油经济性、接近角、离去角、最小离地间隙、最小转弯半径等。汽车的整车试验，特别是道路试验，相比其他汽车试验更加接近汽车的真实使用情况，对与客观评价汽车的使用性能，发现、暴露在实际使用工况下的异常情况和可靠性的问题。

（2）零部件试验。该试验方法主要考察被试件的工艺、设计和选材的合理性，测试其精度、强度、抗磨损能力及其工艺，如汽车减速器差速器里面的齿轮疲劳寿命试验、传动轴上的花键磨损试验等。

（3）总成试验。该试验方法主要考核机构及总成的工作特性和耐久度，如发动机、变速器效率、悬架装置的特性及其结构强度、疲劳寿命、耐久性等。

C 按试验场所特征分类

按试验场所特征不同，汽车试验分为以下几种：

（1）室内台架试验。室内台架试验主要是指在汽车的实验室内搭建专用的试验台架，通过试验台来模拟实际的使用工况，不仅对汽车的整车总成适用，而且对零部件也适用。此实验有许多的优点：突出特点就是效率高，可以消除天气、道路状况和交通环境等室外不可控制的随机因素影响，有利于随时安排试验，缩短试验的周期；仪器和设备大多都是固定式的，比较容易布置和操控，一般不需要全程人员操作和监控；而且试验的精度高、重复性好、可比性好。但是，由于汽车试验时汽车的行驶阻力、整车或者车轮的转动惯量、车轮垂直载荷变动、悬架动变形和路面附着系数都是人工靠台架模拟的，与真实情况还是有一定差距的，而且室内台架试验的被测试件大都被固定在原地，容易产生大量的热量，从而需要长时间运作大负荷的散热设备。台架本身搭建和调试需要大量的时间，试验操作本身过程往往都比较短。发动机台架测试实例如图 3-26 所示。

图 3-26 发动机台架测试

（2）室外道路试验。室外道路试验是指在室外不同交通状况、不同气候的地区、不同道路条件的不同实际路面上测验车辆的各项性能，试验的场地条件和车辆实际运行的环境条件基本一致，通常不需要对汽车进行解体，驾驶操作技术真实，几乎可以进行所有的整车试验，而且测验结果可信度较高。但是通常室外条件不易控制，因此在试验过程中受其他因素的干扰，数据的重复性较差，并且室外道路试验耗费大量人力物力。近年来，随着科学技术的飞跃发展，各种各样的小型高性能传感器、电子化智能车载数据记录和处理设备、信号短距离无线传输遥测系统等应用日益增多，使汽车道路试验的能力和效率大大提高了，降低了试验的难度。

（3）试验场试验。试验场试验是指按照预先制定的试验项目、试验规范，在规定的行驶条件下进行的试验，可在不受道路交通等情况的影响下完成汽车性能试验。试验场试验也可以看作是室外道路试验的一种，只是试验场试验的路面是根据不同的试验项目和目的依照有关国家、部门、行业或者企业的标准严格按照规范修建的[18]，如图 3-27 所示，因此业内常常将两者统称为道路试验。同一个试验场，可以划分为不同的功能区，建有不同的分场地来供不同试验项目使用。大型的试验场还具有配套设施完备、服务周全和试验安全性高等优点。试验场进行车辆试验，试验组织和安排更有条理，测试过程和测试结果更加科学，可信度也更高，试验工况更具典型性，大大提高了试验的效率。但是由于试验场的占地面积较大，建设成本比较高，因此目前国内汽车试验场数量不多。

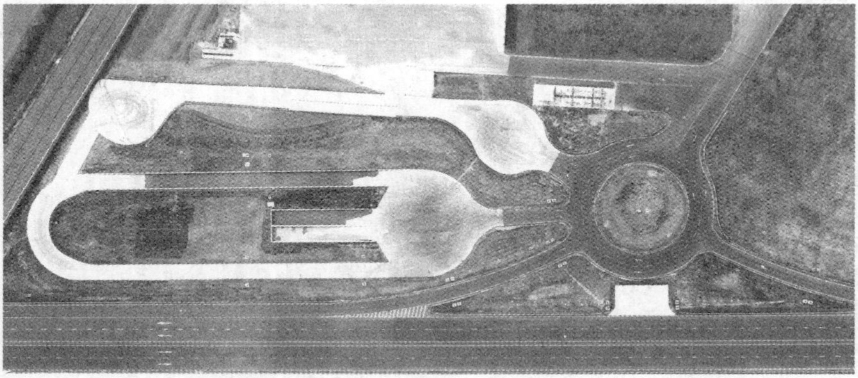

图 3-27　河南凯瑞车辆检测认证中心有限公司试验场

汽车界内高度重视汽车试验场试验，主要原因是车辆在试验场上进行试验时，可以设置不同的路面，如扭曲路面、比利时砌石路面、高速环道和汽车性能试验的专用跑道，尤其是汽车的可靠性、耐久性和环境适应性试验；并且在汽车试验场上试验能够进行高强度水平的各种试验，可以大大缩短试验的周期，节约时间。

3.4.5.4　汽车各类试验的联系

汽车产品最后是要用户使用的，要使汽车的各项功能指标都能满足客户的实际使用需求，就一定到实际的道路上进行试验。因此，任何一种新开发出来的汽车产品都必须要进行室内台架试验、汽车试验场试验和室外道路试验[19]。试验的顺序是：先进行室内的台架试验，如果台架试验达到了相关的标准再进行试验场试验，试验场试验的结果符合相关要求后，在汽车正式投放市场前，必须还要进行相应的道路适应性试验。而汽车总成及零部件在试验场上无法独立进行试验，必须装在整车上进行试验，其两者的室内台架试验均需利用专用的总成部件试验台架独立进行试验。

3.4.5.5 汽车的试验步骤

汽车试验是一门技术性很强的工作，事先必须要有严密的计划和组织安排，否则可能难以达到预期的效果或者目的。

不同的车辆试验项目、被试验的车辆、被测参数和试验工况各有差异，具体实施手段也相差很大，不同试验繁简详略各不相同，因此无法形成一个详细而统一的汽车试验模式和规范的章程。总的来说，汽车试验过程可以分为以下几个阶段：试验准备阶段、试验实施阶段、试验总结阶段。

(1) 试验准备阶段。该阶段包括试验大纲的制订、试验仪器和人员的准备。汽车试验具有相当强的技术性，试验结果也有许多的影响因素，在进行实际的试验前必须进行周密的计划、组织与准备。首要任务就是制订试验大纲，它是指导试验的纲领性文件，它的编制是否科学、合理，几乎可以决定整个试验的成败。

试验大纲的主要内容如下：试验的目的；试验必须完成的任务，以及要达到的目标；需要操作项目与测试的条件；所有仪器的选择和被测参数所对应的仪器设备；试验操作的具体步骤；人员的组织和进度计划；如果出现意外事件应有对应的预案等。以上都需全面了解被测试的对象，充分了解试验的要求，对试验条件和试验仪器有深入的研究分析。

接着就是准备试验的仪器和人员的组织参与准备，严格按照试验大纲的要求，准备好所需的全部仪器设备；而针对各仪器设备的使用和设备所对应的各项试验操作测试，也应安排好所对应的专门的试验人员，必要时配备表格记录。

(2) 试验实施阶段。该阶段是试验工作的中心环节，是根据试验大纲规定的试验项目和目的，使用仪器设备对被测试件进行测试，以获得试验数据和结果，一般经历四个过程：车辆设备的预热、工况的监测、读数采样和校核数据。

试验过程中，无论是车辆还是总成部件，除另有规定外，都应经过启动预热的过程，使试验设备和被测试车辆达到正常工作状态的温度，然后负荷由小到大，转速由低到高进行试验。实验过程中，必须随时监测车辆的运转工况；而且在具体试验实施过程中，需严格遵守各级标准和有关技术文件的要求，确保试验过程安全、有序，数据真实、准确、有效。

(3) 试验总结阶段。该阶段是试验的收尾工作，包括编写出试验报告、对试验过程中发现的问题和观察到的现象进行定性的分析研究，对测取的数据利用试验统计理论、误差分析方法进行处理，确定实测所测得的性能指标和各参数之间的关系[18]；还需论述对试验结果是否满意、试验目的是否达到、试验中出现的问题以及提出的对策等；最后有可能的话，对被测试的车辆进行分解、检查与测量，利用获取试验后的数据进行归纳与推演，将试验数据与资料提升到理论规律的高度，对现有理论知识体系进行改进和完善。

3.4.6 厢式结构物流专用车

厢式结构物流专用车是指具有独立、封闭结构的车厢或者与驾驶室一起构成整体式的封闭结构车厢，并装备有专用设施，用于运载货物、乘客或者承担专门作业的专用车辆。

3.4.6.1 概述

A 厢式汽车的特点和分类

和普通车辆相比，厢式汽车有很多优点，如：外形尺寸相对固定，有利于安全运输；封闭独立结构的车厢，改善了货物运输的卫生条件，也使货物的包装费用大幅降低。同时其具有机动灵活、操作方便，工作高效、运输量大，充分利用空间及安全、可靠等优点。厢式货车广泛适用于运输各类货物，各大工厂、超市、个人均适用。

常见的厢式货车车型有单排厢式微型车，软蓬厢式、侧开厢式中型车，集装箱式大型车等。

B 厢式汽车底盘与车厢的选择

a 底盘的选择

厢式汽车大多采用改装定型的汽车底盘，此底盘将会直接影响车厢的结构形式以及厢式汽车的总体布置，因此汽车底盘的选择在设计中特别重要。

因为厢式汽车不同的用途、车厢不同的结构形式，所以需要选用的底盘也不同。客厢式汽车一般选用客车专用底盘。因为这类车大多是用于载人，或提供服务或完成专门作业等，需要整体车厢结构，便于专用设施的安装和布置。货箱式汽车主要是用于装载货物，一般改装需选用载货汽车的二类底盘。选择货箱式汽车底盘除必须考虑经济性、动力性等指标以外，为了增加行驶的安全性，提升运输效率，通常选用低质心、长轴距的底盘。

b 车厢的选择

厢式汽车的车厢可分为货用式和客厢式两类。客厢式车厢是在客车车身的基础上改装而成的。目前，厢式车厢的外形大多采用矩形，它具有制造工艺简单、生产方便等优点，但也有相对应的缺点是空气动力性能较差。对于设计速度为高速的长途车厢式汽车，可以把四角改为圆角，将前围表面做成曲率较小的曲面。试验结果表明，与直角长方形车厢相比，改变后的车厢气动阻力明显降低。

为了进一步降低整备质量，同时提高运输效率和效益，有些厢式半挂车和厢式挂车的车厢为无骨架结构，车厢板为预制的轻质型材料，车厢门一般只在车厢的后部开设，使车厢形成一个箱式的通体，其强度得到大幅度提高。车架为无纵梁结构。

3.4.6.2 厢式汽车的车厢

A 厢式汽车的主要参数

厢式汽车的主要参数有以下几个：

（1）车厢容积。车厢容积是厢式汽车的重要参数，它关系到运输成本、运输效率及使用方便性等，设计时一般考虑车厢的用途、货物的密度、装载质量和包装方式等多方面因素。车厢容积是指车厢内有效长、宽、高的乘积。厢式汽车的最大装载质量正比于货物密度和车厢容积，且车厢容积必须大于最大装载质量所形成的体积。

（2）车厢地板高度。影响货物装卸的方便性及汽车质心高度主要是汽车的车厢地板高度，如果地板离地面太高，将会导致汽车的质心高度明显变高，从而会影响车辆的稳定性，导致装卸货物困难；地板离地面过低，轮胎容易与横梁及地板下平面发生干涉，严重影响轮胎的使用。影响地板高度的主要因素有地板下平面间的必要间隙和轮胎直径，同时还考虑到装载后板簧的形变，或者其他意外的冲击，如偏载、道路条件不佳等因素，还要适度的增大这一间隙。

（3）整备质量。除去人员及货物之外而保证汽车完成使用功能和正常行驶所需要的全部装备质量之和是厢式汽车的整车整备质量。当选定底盘后，影响整备质量的最主要因素是车厢的结构和专用设施。

底盘和专用设施的质量一般由主机厂提供或直接测取，车厢质量只能由所用的材料估算或者用类比法得出。降低车厢质量是提高汽车经济性、动力性最有效的途径之一。因此，设计时在满足车厢具有足够强度和刚度的前提下，尽可能地降低质量。整备质量是评价和比较不同车型设计、制造和材料利用水平的重要指标，也是车辆轻量化的发展方向。

（4）质心高度。厢式汽车的质心高度对汽车的行驶稳定性有很大的影响，特别是对汽车的横向稳定性起着决定性的影响，因此质心相对较低为好。但由于各种法规条件的制约，在设计时必须使厢式汽车的质心较高。首先应对底盘各总成及专用件的质量和质心位置进行测取或估算，然后利用力矩平衡方程计算出汽车的轴载质量和质心位置。在对车辆等部件进行初步布置后，应计算出质心位置和轴载质量分配，以满足设计要求。

B 车厢要求

车厢是厢式汽车的主要改装部件，它将直接影响汽车的生产成本和某些使用性能，因此车厢的参数设计是特别重要的。

（1）车厢设计要充分利用汽车的载货量和使用面积，车厢的空间和形式决定它的使用面积，空间容积的大小一般和货物的标准包装成倍数关系，形状以矩形为最佳。车厢的形状和门的形式及尺寸决定装卸货物的效率，这些都将会影响厢式汽车的使用功能。

（2）校核厢式汽车的车厢容积及最大装载质量。

（3）合理的外部形状，一方面要有利于改善其空气动力特性，降低空气阻力；另一方面要与驾驶室的外部形状相适应和协调，同时还要注意美观、大方。

（4）确保货物运输的安全性能，减少货物运输过程中的损失。

（5）为了充分发挥其使用功能提高装载质量，应当在满足汽车车厢有足够的强度和刚度的前提下，尽可能地减轻车厢质量。

（6）具有良好的工艺性能。

C 车厢布置

车厢在底盘上的布置是否合理，它将会直接影响轴载质量的分配。为保证轴载质量的分配合理，车厢的质心和货物的质心应在后轴前方一定距离，一般长头式后轮双胎厢式汽车取轴距的5%~10%，对平头式后轮双胎厢式汽车取轴距的10%~20%。为了防止车厢与驾驶室相碰撞，车厢与驾驶室之间距离应留50~100mm。

D 车厢结构

a 车厢骨架

汽车车厢的强度和刚度通常由骨架决定，同时骨架也影响其自重。车厢的自重除了与材料选择的因素有关外，同时与骨架的结构关系很大。骨架结构和截面形状设计应合理，其不仅可以简化制造工艺，减少生产成本，提升材料利用率，而且能降低车厢自重，获得足够的强度和刚度。车厢骨架设计如图 3-28 所示。

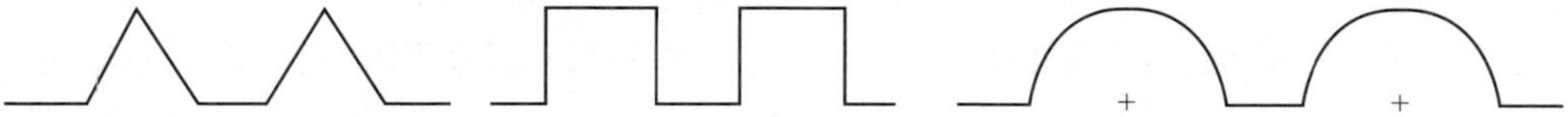

图 3-28 车厢骨架设计

在材料截面积相等且壁厚保持不变的前提下，管形截面的抗扭刚度最优，而矩形截面次之，最差的是开口薄壁截面。从抗弯的角度考虑，开口薄壁截面稍优于闭口薄壁截面。从提高整个车厢的刚度出发，应采用闭口截面。

一般骨架结构设计除了满足它自身的使用要求外，还应考虑蒙皮的工艺性和装配性，因为蒙皮要和车厢骨架相连接。实际上，支承和固定蒙皮是骨架的另一作用。车厢骨架通常设计成“井”字形的长方形框架结构，一般是先做成前后上下左右几个分总成，之后再装焊。通常选用 1.2~2.5mm 厚的钢板制成骨架构件。

底架是整个车厢承载的基础部件，受力情况也最为复杂，纵梁和横梁通常设计成槽形截面，并采用通式结构，二者焊接在两个平面上并且保持相互垂直，形成完整的方框式结构。

所选用的底架纵梁间距离尺寸要与底盘车架的宽度相同，横梁的位置应根据后轴的位置来确定。各后轴中心相邻的两根梁横梁中心线要满足轮胎运动与跳动的要求，因此间距要尽量大一些，通常取 1000mm 左右。其他各横梁间距为500~700mm。为减轻其自重，横梁两边截面可逐渐减少，与纵梁连接处局部增强，使之形成封闭式截面。

无骨架车厢目前已出现，采用高强度“钢塑夹层板”制作车厢的壁板，同时起到了骨架的作用，大大减轻了车厢的自重，简化了其制造工艺。钢塑夹层板是一种理想的车厢壁板材料。车厢底板骨架结构如图 3-29 所示。

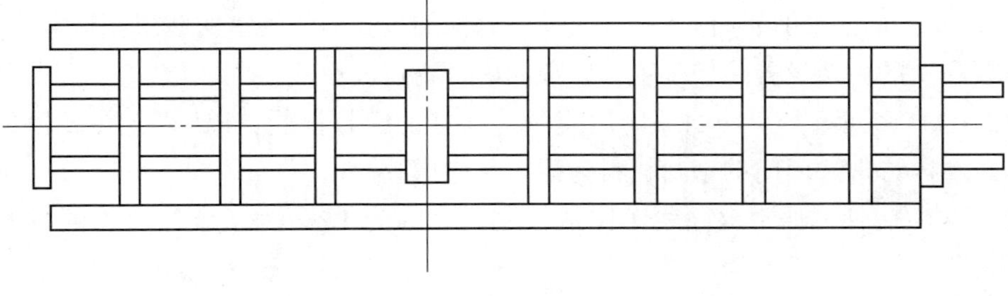

图 3-29 车厢底板骨架结构

b 车厢蒙皮

蒙皮是薄壁板件，它是由很多大小、形状不同的薄板通过一定的固接方式覆盖在厢体骨架上。每块蒙皮的形状和大小是根据骨架结构与板料尺寸规格确定的，由于结构上的需要和自动补偿蒙皮本身的尺寸和骨架间隔误差，蒙皮之间通常留有 15mm 左右的搭接余量。

蒙皮的材料一般是薄钢板、玻璃钢或铝板，厚度通常为 0. 8~1. 5mm。在平板上冲制加强肋以提升蒙皮刚度，肋的截面形状通常有弧形、矩形和三角形等。从提高刚度的角度考虑，弧形最佳，三角形和矩形次之，因此尖角处应采取圆弧连接。

车厢内饰一般用人造夹层板制成，人造夹层板只能采用对接，并采用装饰压条进行封口。因为压条宽度较大，因此对接缝的要求较低，小于等于 3mm 的间隙是允许的。

顶盖四周与壁板的交接间隙处，可采用装饰角压条处理。采用在外表面加盖钢板的方式对内饰进行防护，这种钢板压制形成一定的截面形状，以提高其强度和刚度，且从下至上进行间断布置，使货物直接与这种防护板接触，以此保护内饰件。

c 车厢附件

车厢附件包括以下几种：

(1) 车厢门。一般在车厢后部设置车厢门，车厢门对货物的装卸和行车安全有利。对较长车厢应在侧面增设侧门，对于一些不便于打开后门的地方，可以利用侧门进行装卸货物。车厢门的形状采用长方形结构，其设计尺寸原则上应当满足装卸货物方便的要求。通常采用全开式后门，由车厢宽度确定其宽度。侧门通常设在右侧，目的是为了保证行车安全。为了使侧门发挥更大的作用，通常侧门的中心距前端的距离大概为车厢长度的 1/3~1/2。

(2) 车厢窗。货箱式汽车的车厢通常不装开启或者固定式的玻璃窗。但是为了方便驾驶员能直观地看到车厢内货物的情况，有的时候要在车厢前围上增设一个固定式的玻璃窗。设计时要注意窗的位置与驾驶室的后窗相对应，同时要在窗的内层设置防护装置，以免厢内货物撞破玻璃。

(3) 密封条。车厢门关闭后应具有良好的密封性能，以防灰尘或雨水浸入车厢内。常选用门的密封材料为耐老化的橡胶。

(4) 门梯。通常地面距车厢地板距离大约为 1m。为了装卸货物的方便，通常要装门梯，门梯的位置一般在车厢门下部。门梯一般设计成两种形式：一种是将门梯固定在厢体门的下部，另一种是由普通钢管焊接形成，平时放在厢体下部的滑槽内，使用时拉出。

E 车厢与底盘的连接

车厢式汽车的车厢和底盘的连接方法一般采用角铁与 U 形螺栓并用的结构。上、下角铁之间在装配时要有 3～5mm 的间隙，用来保证螺栓将其紧固。由于上、下两角铁之间未留足够的间隙从而使车厢与车架紧固不牢，甚至导致车厢与车架之间有一定间隙[2]。

3.4.7 粮食运输车的结构与设计

3.4.7.1 现代粮食物流的发展现状

我国是农业大国，深化粮食流通体制改革一直是政府工作的核心。随着粮食行业国企改革的不断深入，粮食物流在体制和机制上不断取得突破，粮食经营不断实现产业化，在规模不断扩大的同时，要加快整合区域性粮食市场体系和物流体系的建设，完善粮食仓储运输功能，加强政府对粮食行业企业宏观调控力量[20]。

粮食物流实际就是粮食的流动，是指从粮食生产布局到收购、储存、运输、加工、销售整个过程中的商品实体流动，涵盖了粮食运输、仓储、装卸、包装、配送和信息技术应用的所有过程。

根据现代物流经济理念，粮食物流是一种具有巨大潜力的资源。在粮食物流技术方面，国外已经具备较为成熟的技术，包括粮食储藏技术、运输技术和粮食加工技术，粮食交通运输是粮食物流的一个重要环节，快速便利的交通运输环境大力地促进了粮食物流的发展。随着我国经济的发展，交通基础设施日益完善，交通条件日益优越，快速便利的交通运输环境为粮食物流提供了发展基础，特别是高速公路的发展和等级公路里程的快速增加，极大加速了粮食物流的发展[21]。但是，我国目前粮食运输的主要方式还是要通过麻袋、蛇皮袋等袋装，人力装卸，卸装费一直居高不下，效率低，采用麻袋包装，在运输中就会经历装了拆、拆了装，这样一个反反复复的过程，而且对环境污染和人员的健康都造成了一定的损害，因此粮食散装运输和储存配套设施的升级是一个亟待解决的问题。虽然要在短时间内全面实行粮食物流运输和储存仍然存在一些困难，但是随着生产力的发展和各种现代化自动化程度的不断提高，我国在粮食行业从生产、加工、运输、销售等一系列过程中推行和发展粮食散装运输，仍是势在必行。

汽车运输是粮食运输的重要方式，根据运输介质的不同，分为专用车、散装罐车和集装箱运输，这些正逐步发展成为粮食运输的主要发展方向。我国散装运输的水平到目前为止依然较低，虽然改革开放以来我国在散装运输车方面进行大力开发，尤其是对散装水泥车的研究取得了较大的成果，但是与国外的一些发达国家相比，我国整体的运输车的发展仍有一定差距。散装运输的优点：

（1）工序变少，实现机械化生产，劳动强度得到有效降低，劳动条件得到改善，生产效率大大提升。

（2）节省了包装材料，粮食散装，则可以大量节约麻棉等包装材料。

（3）节约费用，降低成本。在节省包装材料费用时，就能显著降低生产成本，而实行散装运输使得货物的装卸、运输、储存、加工等过程均可以实行全面机械化，从而大大节省了人力成本，从而又使运输成本大幅降低。

（4）减少了损失，包装质量好。因为粮食从生产到最终到达客户手中，一般需要经过装载、物流、卸载、加工、仓储等多处作业，据统计，包装的破损率一般为10%~20%。同时，袋装粮食在仓储时容易发生受潮变质等现象，特别是一些蔬菜类的食物，而散装粮食空气流通性比较好，有利于粮食的储存，从而也有利于减少损失和污染。

（5）运输的安全性较高。散装运输车基本上都是封闭式车厢或者是罐体，这就使得物流途中和装卸时发生事故的可能性减少，故安全性也就相对地提高了。

因此，开发应用和发展散装运输专用车辆从经济效益和社会效益上来讲，具有非常重大的意义。

随着粮食流通企业兼并重组步伐大大加快，真正市场意义上的“大粮商”即将出现，统一标准化的管理，联运才能使最优越的运输方式得以全方位的应用，从而推动粮食物流的发展。粮食散装运输将成为最终粮食运输的必然趋势，但是发展需要一个过程，只有市场机制的完善、企业管理理念、管理方法的不断改革，先进的物流设备和技术才能得以充分的利用。

从理论上来说，散装粮食运输有成本低、效率高、损耗小等诸多优点，但是在我国要使散装运输普及仍然存在许多困难。首先，表面上来看，我国粮食流通是“全国一盘棋”，统一管理和调度，但是要真正实现“仓库”联运还是存在一定的困难，因为实际上粮食是由上万个基层粮库分散管理，大规模、大吞吐量的企业并不普遍。粮食管理经营很难统一，以至于对散装粮食运输统一管理、推广就很难集中，况且实现散装粮食运输，就必须要生产、装载、运输、卸载、存储和使用等一系列主要环节的配套设施和工作协调。然而，大多数企业都不愿意打破原来传统的经营模式和用大量资金购买先进设备，这都是制约粮食散装运输等先进技术发展的关键因素。

3.4.7.2 散装粮食运输车的分类

散装粮食运输车按其车厢的形式可以分为敞开式车厢和封闭式车厢两种，敞开式车厢运输汽车的车厢一般为高栏板，两边的栏板和后栏板均可以开启而且装有专用的防雨装置，可以实现自卸[22]。封闭式车厢顶部开有装料口，装料口盖可以轻松方便地进行操纵和控制，也能实现自卸。

此外，除了敞开式和封闭式的自卸式车厢散装粮食运输以外，国外还有集装箱式的散装粮食运输车，此车的运输效率更高，但是对装卸自动化机械的要求程度也更高。

3.4.7.3 散装粮食运输车的设计

A 敞开式车厢运输车

敞开式车厢的粮食运输车一般由普通货车或者二类底盘改装成其车厢部分而成，车厢的顶盖有翼开式、棚架式、滑动雨棚式等。敞开式车厢栏板开启的方式可分为：栏板三面开启三面倾斜式、栏板三面开启后卸式和后栏板开启后卸式等。敞开式车厢的结构与普通自卸式车厢相比有如下特点：

(1) 车厢的栏板比较高，车厢的容积大，装载的质量增加，从而使效率提高。

(2) 车厢的栏板比普通自卸式运输车的栏板薄，导致自重降低，载货量提高。

(3) 为保证在运输过程中不会发生泄漏问题，负责开启的栏板沿边应安装有密封装置保持封闭性。

B 封闭式车厢运输车

a 车厢的结构与分类

封闭式车厢包括罐装式和集装箱式两种形式。罐装式车厢为罐形结构，集装箱式车厢为厢体结构。而罐装式车厢可根据罐体的中心线与汽车车架保持平行或者垂直关系，又可分为卧罐和立罐两种形式。

b 罐装式车厢结构

(1) 卧罐式车厢结构。单仓卧式罐体通常是由进料口、筒体、封口和出料口组成的，卧罐式运输车如图 3-30 所示。进料口包括进料直筒和进料加强筋，进料口既是进料的通道，又是粮食进入筒体的入口和进料装置的支承。进料口直筒又分圆形环和椭圆形环两种，罐装粮食运输车用罐通常是圆形筒进料口。进料加强筋的作用是加强开孔边缘的筒体强度，当筒体和封头壁厚小于 10mm、孔径大于 75mm 时，这时就应该采用局部加强筋。局部加强筋又分为单面加固和双面加固。粮食罐装筒体一般只需单面加固，即在沿开口四周外壁焊接加强筋。

图 3-30　卧罐式散装粮食运输车

封头是封闭筒体两端的零件。封头一般有球形、椭圆形和蝶形三种形式。球形封头采用半球形，具有高强度、厚度薄等特点。在筒体容积相等的情况下，球形封头质量小、有效容积大。根据加工方法可分为整体式封头和拼块式封头两种，一般大多采用拼块式封头。椭圆形封头一般由一段直边和一段椭圆组成。蝶形封头为带折边的球形封头，它以过渡圆弧和直边组成。

筒体也有各种不同的类型，但大多数复杂的筒体都可以看成是由几种最基本的简单筒体根据需要组合而成的。

罐体通常采用椭圆形和蝶形封头，因为球形封头制造和加工困难等原因而很少使用。

出料口是出料管穿出罐外的孔口。根据出料位置不同，出料口分为上出料口和下出料口两种，由于上出料罐口一般都是倾斜穿向罐外，因此，上出料口为椭圆形孔口，而下出料口一般为圆形孔口。

多仓式罐体由进料口、出料口、筒体、封头和多仓隔板等组成。多仓罐体主要有两种形式：第一种是仓与仓相通的贯通式多仓罐体，它采用上出料方式，各仓之间隔板为圆弧形平板，隔板的高度一般为罐体内径的 1/3～1/2；第二种是仓与仓不通的封闭式多仓罐体，它采用的出料方式为下出料，隔板采用去掉直边的封头，因为这样可以提高隔板的承压能力。多仓式罐体的其他结构与单仓式罐体完全相同。

（2）立罐式车厢结构。立罐车厢可分为单仓式和多仓式两种。单仓式立罐车厢结构简单，制造方便，适合用于装载质量较小的汽车和半挂式车；多仓式立罐车厢结构比较复杂，适合用于装载质量较大的汽车或者半挂式汽车。但是无论是采用单仓式还是多仓式立罐车厢结构，都会使汽车整车的质心高度增加，会影响汽车行驶的稳定性，若采用双封头单仓立罐车厢可以明显降低汽车的质心高。立罐式散装粮食运输车如图 3-31 所示。

图 3-31 立罐式散装粮食运输车

c 厢式料仓车的结构

厢式运输车辆是指与驾驶室连接的单个封闭式结构的汽车或者整体是封闭式结构的汽车，装有专用的设施，用于运载人员、货物或承担专用作业的专用汽车。

厢式料仓车是仓栅式全封闭的结构，一般都是在基本车型的底盘上改装或者单独制造的厢式挂车，车厢底部的框架一般由槽形纵梁、槽形横梁、纵梁加强板筋及两侧支撑架焊接而成。车厢一般由左右两侧板、前后板、车顶板、侧门、后门、顶门等骨架组成，各部分骨架均采用空心矩形钢管焊接而成，从而保证有较好的刚度和强度，如图 3-32 所示。

图 3-32 厢式料仓车的外形

厢式粮食运输汽车具有许多优点，比如运装的粮食一般不易变质和损坏，可以降低粮食的包装成本，改善食品运输的卫生条件，有利于运输的安全等。但是，厢式运输汽车也有一些缺点，比如厢式汽车一般比普通汽车价格高，质量利用系数低，粮食运输车车厢总体面积较大，以至于工作装置维修工作量大、维修护理费用较高。

C 自卸机构

自卸机构由自卸杆系机构、液压系统、倾卸取力装置和自卸辅助装置等部分组成，其结构及设计与普通自卸汽车的自卸机构基本相同。在进行散装粮食运输车自卸机构设计时，车厢最大的自卸倾角大小与普通的自卸汽车还是有一定的区别，它应该由装载粮食的堆积角所确定。表 3-7 展示了几种常见粮食的堆积角。

表 3-7 几种粮食堆积角

粮食种类	豆类	蚕豆	玉米	谷子	高粱	麦子	花生	稻谷
下滑角/(°)	24~26	30~32			32~34	34~36		35~37

由表 3-7 可以得出，大多数粮食的下滑角均在 37°以下，流动性较好。因此，散装粮食运输车的自卸倾角应该大于 40°，通常选择 45°左右。

D 立罐式车厢的结构设计

a 罐体的结构

仓罐是存储粮食的容器，必须紧固在汽车的车架上。其外形大多数为圆柱形或圆锥形立仓罐，截面呈扇形漏斗状。分仓隔板将仓罐分成若干个舱室，各个舱室顶部开有孔口，作为加料或者检修罐体之用。下部设有活动门，以便仓室内的粮食卸落到仓罐底部的螺旋输送槽内。

b 罐体的设计

(1) 根据汽车的额定装载质量确定罐体的理论容积：

$$V_e = \frac{m_e}{\gamma} \tag{3-56}$$

式中 V_e——罐体的理论容积，m^3；

m_e——汽车的额定装载质量，kg；

γ——粮食堆积密度，kg/m^3。

(2) 根据罐体的横截面形状和尺寸，计算出罐体的实际容积 V。其中罐体的体积应该满足：

$$V \leqslant V_e \tag{3-57}$$

具体罐体的尺寸还应该根据汽车的总布置图来确定。粮食从罐体底部的排料孔排出，其底部侧壁的倾斜角度应该满足以下要求：

$$\beta = \phi_\omega + (5° \sim 10°) \tag{3-58}$$

式中 β——罐体侧壁板倾斜部分的水平倾角，(°)；

ϕ_ω——粮食对罐壁的静摩擦角，(°)。

（3）当粮食从罐体底部的排料孔靠自重流出时，可能出现粮食在排料孔上起拱的问题，从而破坏卸料的连续性和可靠性。起拱的原因可能是由于大块物料在排料的过程中偶然联结而使排料孔上形成坚固的拱；或者是由于粮食小颗粒之间的黏结力所造成的。为了避免起拱，排料孔的尺寸（以水力半径为特征参数）还应满足以下条件：

$$R > \frac{\tau_0(1 + \sin\phi)}{\gamma} \tag{3-59}$$

式中 R——排料孔水力半径，cm；

τ_0——粮食的初抗剪强度，N/cm^3；

γ——粮食的堆积重度，N/cm^3；

ϕ——粮食的内摩擦角，(°)。

其中，排料孔的水力半径 R 由以下公式计算：

$$R = \frac{F}{L} \tag{3-60}$$

式中 F——考虑了粮食颗粒尺寸影响的排料孔面积，cm^2；

L——对应上述排料孔面积的周长，cm。

对于圆形的排料孔口，其水力半径计算公式为：

$$R = \frac{D - a'}{2} \tag{3-61}$$

式中 D——排料孔口本身的直径，cm；

a'——粮食的经典颗粒尺寸，cm。

（4）如果忽略罐壁和粮食颗粒之间的摩擦，由散体力学基本理论知识可以粗略地计算出这种作用力。在罐体侧壁的垂直部分的地方，粮食对罐壁的压力就是 p_x， 而粮食对罐体底部水平部分的压力就是 p_y 。但是在罐体侧壁的倾斜部分，粮食对罐壁的压力按下式计算：

$$p_{\mathrm{n}} = y\gamma(\lambda \sin^2\beta + \cos^2\beta) \tag{3-62}$$

在计算得知粮食对罐壁的作用压力后，就可以参考有关压力容器设计的理论知识和方法，对罐体进行强度和刚度校核。

E　螺旋输送卸料机构

螺旋输送卸料机构一般由螺旋机构、转弯传动装置、起伏装置和移动活门机构组成。

a　螺旋机构

机械式螺旋输送卸料机构主要由三套螺旋机构组成，如图 3-33 所示。根据螺旋机构的安装位置不同，可以将螺旋机构分为：底部螺旋机构、垂直螺旋机构和卸料螺旋机构。螺旋机构的作用是将仓罐中的粮食通过螺旋机构的旋转，从而对粮食起到推进作用，然后将其输送到一定距离和高度，完成输送卸料的工作。

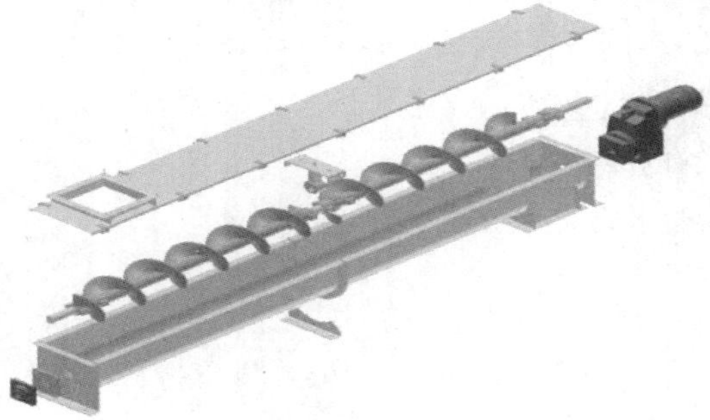

图 3-33　螺旋输送卸料机构螺旋图

螺旋机构的螺旋面，即一条母线绕着传动轴的轴线做螺旋运动形成的曲面，此曲面有实体面型和带式面型两种类型，如图 3-33 所示。其中，实体面型是生活中最常见的一种，它适合用于输送干燥、低黏度的小颗粒的粮食；带式面型螺旋机构则适用于输送大块的物料，颗粒较大或者容易粘连的粮食。

底部螺旋机构就是装在仓罐底部的螺旋机构，它不工作时，两者以一个移动活门机构相隔开。螺旋机构的前端装有正反转装置，用来控制卸货的开始或者停止。

螺旋输送机构送料槽的材料一般是薄钢板，主要通过弯曲成型，其厚度是由螺旋的直径和被输送的物料磨磋性所决定，通常约等于螺旋叶片的厚度。对于输送一些磨磋性较小的粮食，料槽的钢板厚度 δ 可取 2~3mm。为了保证粮食输送的可靠性，要求料槽圆柱外形部分的轮廓内径要稍大于螺旋的直径，一般两者之间的间隙取值为 7~10mm。

螺旋直径主要取决于散装粮食运输车的卸料能力。按以下公式初定螺旋直径：

$$D \geqslant K_z\left(\frac{Q}{K_d K_\beta \rho}\right)^{\frac{2}{5}} \tag{3-63}$$

式中 D——螺旋直径，m；

Q——卸料能力，t/h；

K_z——物料综合特性系数，可由《机械设计手册》查出；

K_d——充填系数，可由《机械设计手册》查出；

K_β——倾斜系数，可由《机械设计手册》查出。

在初算得出直径 D 后，应该将其圆整到标准直径 150mm、200mm、250mm、300mm、400mm。

在各种普通螺旋运输机构中，螺距节距 t 可以根据螺旋形式和螺旋直径来选择。实体面型的螺旋，通常取 $t=0.8D$(m)。带式面型的螺旋，通常取 $t=D$(m)。通过前人的试验可知，当螺旋机构转速小于某一极限转速时，不会影响物料颗粒在料槽中的运动，但是当螺旋输送机构的转速超过该极限转速时，物料就会由于受到过大的切向力可能使输送的物料被抛起，这样会导致输送的效率降低，甚至会造成料槽中的物料撒出，因此在螺旋输送机构工作时，转速不能超过该极限转速 n_j(r/min)。

$$n \leqslant n_j = \frac{K_1}{\sqrt{D}} \tag{3-64}$$

式中 D——螺旋直径，m；

K_1——物料的特性参数，可由《机械设计手册》查出。

在按照式（3-64）计算得出转速后，还应该圆整为以下标准：20r/min、30r/min、35r/min、45r/min、60r/min、75r/min、90r/min、120r/min、150r/min、190r/min 等。然后，还要按照下式对填充系数 K_d 进行验算：

$$K_{\mathrm{d}} = \frac{Q}{47K_{\beta}D^{2}n\rho t} \tag{3-65}$$

在按照上式验算结果中，如果 K_d 在推荐值的范围内，则圆整后 D、n 是适当的；如果 K_d 大于推荐值，则应该适当加大螺旋直径 D；如果 K_d 小于推荐值，则应该使螺旋转速 n 降低。

b　转弯传动装置

转弯传动装置顾名思义就是改变粮食输送的方向和螺旋机构的动力传递，在螺旋输送卸料机构中设有的装置。转弯传动装置安装在底部螺旋机构和垂直螺旋机构之间，其作用是动力的连接和转向，使卸料螺旋臂旋转。

c　起伏装置

为了使套在卸料螺旋轴外的悬臂能在垂直面内上下起伏，改变卸料的高度，于是设有起伏装置。当需要悬臂起伏运动时，操纵手压泵使液压油进入液压缸，液压缸推动连杆将悬臂升起；当液压缸的油压下降时，悬臂下落。该装置一般可以上升 60°~70°，下降 25°。

F　螺旋输送机构的功率和卸料的能力

a　功率的计算

螺旋机构安装的位置不同，所需的功率也不同。

（1）对于水平螺旋机构，所需的功率为：

$$P_1 = \frac{Q\omega_1 L_1}{367} \tag{3-66}$$

式中　P_1——水平螺旋机构的功率，kW；

Q——卸料的能力，t/h；

L_1——螺旋机构的水平长度，m；

ω_1——物料在料槽中运动的阻力系数，对于水分较少、磨磋性比较小的物料，其阻力系数较小，一般取 $\omega_1 = 1.2$。

（2）对于垂直螺旋机构，所需的功率由以下公式计算得出：

$$P_2 = \frac{Q\omega_2 H_2}{367} \tag{3-67}$$

式中　P_2——垂直螺旋机构的功率，kW；

Q——卸料的能力，t/h；

H_2——垂直螺旋的高度，m；

ω_2——阻力系数，对谷物类的粮食，一般取 $\omega_2 = 5.5 \sim 7.5$。

（3）对于卸料螺旋机构来说，因为卸料的起伏装置的最大水平倾角可达70°，为了选取足够大的功率，此螺旋机构可按照垂直螺旋机构的功率来进行计算：

$$P_3 = \frac{Q\omega_2 L_3}{367} \tag{3-68}$$

式中 P_3——卸料螺旋机构的功率，kW；

L_3——卸料螺旋的长度，m。

（4）为保证散装粮食运输车能够连续卸料，取力器的输出功率 P 应该满足：

$$P \geqslant P_1 + P_2 + P_3 \tag{3-69}$$

b 卸料能力的选配

罐式散装粮食运输车卸料时，粮食的输送经过四个环节，即通过排料孔、水平螺旋机构、垂直螺旋机构和卸料螺旋机构。每一个环节的出口处都必须具备一定的卸料能力，每个环节的卸料能力均有计算公式。

（1）排料孔的卸料能力计算公式如下：

$$Q_1 = 3600NF\rho\eta\sqrt{3.2Rg} \tag{3-70}$$

式中 N——排料孔的数目；

F——排料孔的截面积，m^2；

R——排料孔的水力半径，m；

ρ——粮食的堆积密度，t/m^3；

η——排料系数，干燥易流动的粒状粮食 $\eta = 0.6$，对于粉末状及比较湿润的粮食 $\eta = 0.2$；

Q_1——排料孔卸料的能力，t/h。

（2）水平螺旋装置的卸料能力计算公式如下：

$$Q_2 = 47K_d K_\beta \rho n_2 D_2^2 t_2 \tag{3-71}$$

式中 Q_2——水平螺旋卸料能力，t/h；

n_2——水平螺旋转速，r/min；

D_2——水平螺旋直径，m；

t_2——水平螺旋的螺距，m。

（3）垂直螺旋卸料能力的设计计算公式如下：

$$Q_3 = K_d v_3 F_3 \rho \tag{3-72}$$

式中　Q_3——垂直螺旋卸料能力，t/h；

v_3——物料的平均提升速度，m/s；

F_3——垂直螺旋的截面积，m^2。

（4）卸料螺旋卸料能力的计算公式如下：

$$Q_4 = 9.42 D_4^3 n_4 \rho \tag{3-73}$$

式中　Q_4——卸料螺旋的卸料能力，t/h；

D_4——卸料螺旋的直径，m；

n_4——卸料螺旋的转速，r/min。

（5）为了使散装粮食运输车能够连续的卸料，卸料能力的选配应该满足下列条件：

$$Q_1 \leqslant Q_2 \leqslant Q_3 \leqslant Q_4 \tag{3-74}$$

3.4.7.4　散装粮食运输车的发展前景

A　散装粮食运输车所面临的发展形势

由于现代物流发展形势和提高物流效率的需要，我国对物流设施技术改造也越来越大，粮食的装卸、储运、周转环节需要密切衔接配套，有效结合铁路、水运、公路等多种粮食运输方式。为满足消费者“多种类、多批次、短周期、小批量”的需求，必然需要运输粮食的物流设备不断优化创新和运输物流技术的提高。

现在，全国的散装粮食运输大概仍然有80%以上采用传统的包粮运输方式，粮食的收购环节也基本利用麻袋、塑料编织袋包装收购，在储存环节拆包散储，然后到中转和运输环节又转为包装形态。整个过程都需要靠人工操作，由于整个流通环节需要经过多次灌包、拆包、包装等，抛洒损失多，掺混杂质情况严重。据调查发现，我国粮食从产区到销区这一环节的物流成本约占粮食销售价格的20%~30%，比其他发达国家的粮食运输成本要高出1倍左右。如果我国东北三省地区的粮食要运往南方进行销售，运输时间需要20~30天，相比其他发达国家同等运输距离所需时间也要高2倍以上。此外，由于运输装卸方式相对落后，我国每年在运输过程中损失的粮食约800万吨。

目前，一些发达国家的粮食运输物流已经基本实现了“四散化”，即散装、散运、散卸、散存。“四散化”的作业方式，具有如下优点：(1) 机械自动化程度较高，提高了作业效率和物流效率；(2) 节省人力和物力，可以大量节约包装费用、人工费用和装卸费用；(3) 可以减少粮食的损失和防止粮食运输过程的损失；(4) 可以实现公路、铁路、水路联运，减少物流环节；(5) 可以实现粮食物流信息化管理。

运输粮食的主要方式是铁路运输、公路运输和水路运输。由于公路运输可以实现“门到门”的服务，具有直接、方便的特点，许多国家粮食的公路运输量一直比较大。散装运输和集装箱运输已经是汽车物流运输发展的主要方向。欧美一些国家在 20 世纪 50 年代就开始对散装运输进行研究并逐渐开始应用，目前其散装物资运输约占总物流运输的 80%以上，关于散装物流的运输车技术也有了很大发展。

如上所述，国内、国外出现了两个相同的数字：80%以上，但其意义完全不同。因此，在我国推广先进的散装粮食运输方式和装备已经是迫在眉睫。

B 对粮食物流专用车辆的展望

粮食物流专用车作为当前一种较为新型运输粮食的承载工具，从诞生到应用仅仅用了十几年的时间，在受到市场变化的冲击下，至今尚未能形成一套完整的抵御风险冲击的管理制度。外界市场冲击、内部的铁路运行编排乃至异常天气因素的影响，都是影响企业粮食专用车运转效率的重要因素。

粮食专用车的运输研究是一个复杂的过程，需要结合运输的货物量、运输距离、运输方式等一些具体情况，通过计算得出一个高效的最佳配比组合。对港口散粮码头粮食专用车来说，如何开展粮食专用车调度优化研究，需要结合运输的货物量、运输距离等具体情况进行优化，也得到一个高效的配比组合，提高企业粮食专用车的运行效率，实现粮食运输各环节的完好配合，优化企业粮食专用车的运输体系。

在“四散化”粮食物流运输中，散运、散装和散卸都对散粮专用车提出了更高要求。由包装流通改为四散流通，由于装卸方式发生了变化，因此车辆结构和功能必须有所改变。如普通传统栏板式载货车必须要具有相应的卸货系统以方便散粮卸货；为了适应长途运输的需求，确保运输的粮食质量，需要用带有自卸系统的散装粮食运输车运输，而面粉等粉状粮食的运输需要利用专门的罐式车。

一些转运粮库相继使用了散装粮食专用运输车以及多轴半挂车组成的半挂列车，采用顶部装粮，车厢顶部为可伸缩雨篷，卸车为底部自溜式，也有少数车辆采用液压后翻和侧翻两种卸车形式。

纵观我国目前专用车行业的技术水平，有能力根据散粮物流的特点开发各种散粮专用车满足“四散化”的需要。随着我国粮食物流的不断发展，我国散粮专用车的生产产量和种类都有较大增长，研究专用车的技术水平也将会有所提高。同时，随着汽车智能化技术的发展，面向粮食运输的汽车智能化技术也会逐渐在粮食物流专用车辆上开始推广应用。

4 物流装备信息技术

4.1 物流信息定义

物流信息（logistics information）是指反映各种物流活动内容的知识、数据、文件、资料、图像的总称。物流信息的分类有许多种，所以物流信息的分类方法也很多。

（1）按功能分类。按不同功能信息产生和作用所涉及的领域分类，物流信息包括仓储信息、加工信息、包装信息、运输信息、装卸信息等。对于某个具体功能领域还可进一步细化，如仓储信息可分为库存信息、出入库信息、搬运信息等。

（2）按环节分类。根据信息产生及作用环节，物流信息则可分为输入物流活动的信息和物流活动产生的信息。

（3）按作用层次分类。根据信息作用的层次不同，物流信息分为基础信息、协调控制信息、作业信息、决策支持信息等。

（4）按加工程度的不同分类。按不同加工程度，物流信息可分为原始信息、加工信息。原始信息指未加工的信息，它是信息工作的基础，同时是其他信息的凭证性信息。加工信息是对原始信息进行处理后的信息，它是原始信息的提炼、简化、综合，也就是利用各种分析方法在大量数据中发现潜在有用的信息、知识。

4.1.1 物流信息定义的演变发展

生产、流通、消费是社会经济活动的三大组成部分，而流通是联系生产与消费的必要环节。没有流通，商品的价值和使用价值都无法实现。简言之，物质从原材料、生产制造、运输转移、储存、分配及销售等环节，直至到达消费者手中的所有流转统称为物流。

“物流”一词最早起源于第二次世界大战时期，盟军决定在诺曼底实施登陆反攻，物资的快速集结成为当时紧迫而又重要的问题。因此，盟军指挥部请来很多数学家、策划专家进行调配谋划，以保证盟军可用较快的速度、较有效的方法、较隐蔽的方式快速集结充足的军用物资。通过精心准备，盟军实现了在较短时间内运来大量的武器、弹药和物资，因而保障了诺曼底登陆的成功。该战争结束后，美国首先从这次登陆物资集结的过程中受到启发，并将这一策划理念运用到经济生活领域，逐渐发展形成一套完整的体系，这也就是物流的雏形。

美国对于物流的定义自 1927 年起其内涵就不断发展，从销售延伸到生产、采购供应、信息管理、增值服务等。在 1985 年美国物流学会提出了物流定义，物流是为满足消费者需要而进行从起点到终点间的原材料、中间过程库存、最后产品和相关信息有效流动和储存的计划、实施和控制管理过程。在此之后 1992 年发布的物流定义又凸显了服务产品内容。1998 年又新定义物流是供应链流程的一部分，它是为了满足客户需求而对商品、服务和相关信息从原产地至消费地的高效率、高效益正/逆向流动和储存进行的计划、实施及控制过程。

1997 年我国将“物流”写入国家标准，其定义为“以最小的总费用，按用户要求，将物质资料从供应地向需要地转移的过程，主要包括运输、储存、包装、装卸、配送、流通加工、资讯（信息）处理等活动。”无论是在我国的国家标准中，还是在美国的“物流”定义中，均可看到“物流”与传统的道路运输不同，它不仅包含传统运输中的配货、运输，还包含仓储管理、信息处理等内容，可以科学地控制物资的合理流动。

现代物流不仅考虑从生产者到消费者的“配送”问题，还要考虑从供应商到生产者的原材料采购问题，同时关注生产者本身在产品制造过程中的运转、保存、管理及信息等怎样全面地提高经济与效率的问题。现代物流已成为一种先进的组织方式与管理技术，被认为是企业降低物资消耗、提高劳动生产率的重要方面，同时在国民经济与社会发展中发挥着至关重要作用。现代物流业发展的主要目的是实现在准确的时间、准确的地点，将具有高质量的准确商品送至需要该商品的消费者手中。现代物流强调以服务消费者需求、实现系统的整体效益与利益为基本目标，将物流功能系统化。一个国家现代物流业的发展水平已经成为其综合国力的重要体现。现代物流业的基本组织形式是第三方物流，它是在物流渠道中以中间商提供的服务，合作以订立合同的形式，在一定期限内给予提供企业其所需的全部或部分物流服务。第三方物流提供者可以是一个为外部客户管理、控制及提供物流服务作业的公司，它不在供应链中，仅仅是第三方，它是通过提供一整套物流活动来服务于供应链。

4.1.2　基于信息技术的现代物流

物流信息技术（logistics information technology）是指在物流实施的各个物

流环节运用的信息技术。它是物流技术中迅速发展的领域，同时是物流现代化的标志。伴随着信息全球化的到来，信息技术正深刻地改变我们的生活、生产、经营方式，作为活跃的物流技术因素，已在社会各行业中广泛的应用。信息技术作为最为积极的生产力，促进着物流行业的发展。现代物流以满足消费者快速准确的需求为目标，结合运输、制造、销售市场情况综合考虑的一种战略措施，物流解决的基本问题是其机械化、自动化与合理化，以此来实现物流系统的时间与空间效益。可以准确地讲，正是由于网络信息技术的快速发展，物流才得以向现代化方向大步迈进，实现传统物流无法完成的事情，包括使客户企业实现原材料、物资服务等的实时无缝接转。图 4-1 所示为同日集团仓储物流自动化智能系统技术架构。

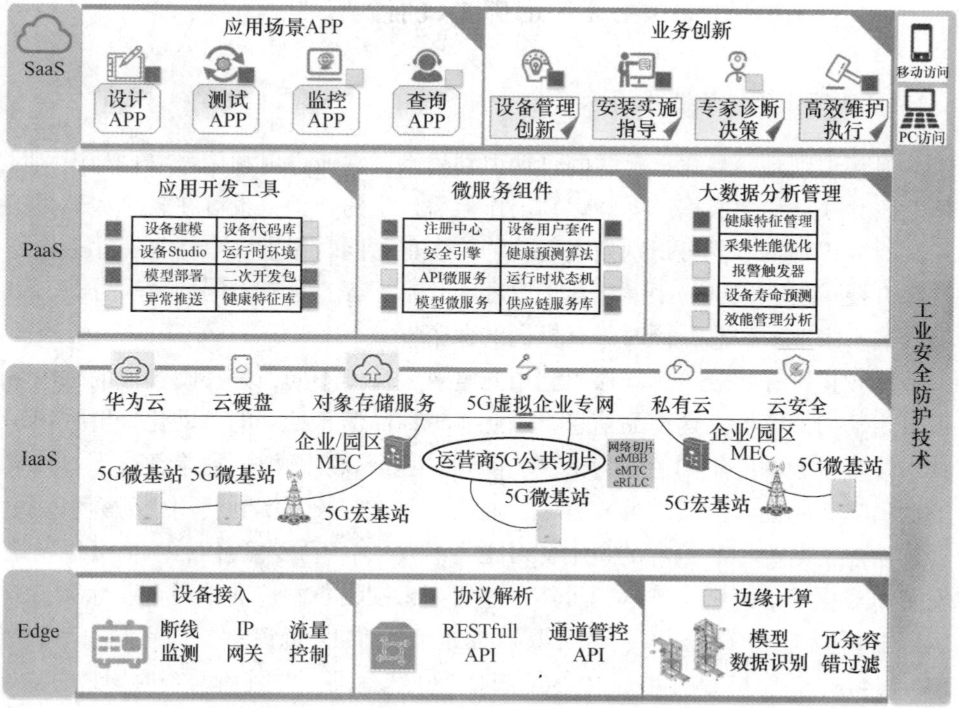

图 4-1 同日集团仓储物流自动化智能系统技术架构

现代物流体系的核心是信息技术的应用，信息技术也是现代物流技术的核心[23]。信息技术将各个独立的物流环节整合在一起，来体现现代物流体系的特征。信息技术在物流中的应用不断地提高物流转运速度与能力，同时又降低了成本，因此信息技术被视为提高生产率与竞争能力的来源。现代企业在识别其新的核心竞争能力时，基于信息技术的现代物流毫无疑问成为其核心竞争力的重要支撑，也是企业整个物流体系运作的基础。其主要表现在以下方面：第一，物流技术的有序发展增进了物流信息共享程度，去除了原先物流过程中的时滞与不增值的环节。第二，利用现代信息技术，统一原来无法整合的物流环节，产生了专门从事整合性业务的社会组织——第三方物流，它是从事物流业务的社会组织通过自己所拥有的信息技术来实现物流的充分需求与供给信息，开展物流运作。第三，信息技术促使物流和商流分离，使商流与物流按其各自规律、渠道独立运行。第四，信息技术的发展提升了物流服务质量，利用信息技术将各个物流环节联成整体，按照标准的供货计划准时地实现物资的流动，压缩物流过程中的原材料与成品的运输、储存时间，提高经济效率。

4.2　射频识别技术

4.2.1　射频识别技术基本概念

射频识别是一种非接触式的自动识别技术，它通过射频信号来自动识别目标对象并获取相关数据，射频识别工作无需人工的干预，也可在较恶劣环境工作。射频识别技术既可识别高速运动物体，也可同时识别多个标签，业务操作快捷方便。射频识别的距离从几十厘米到几米不等，具有不同的读写方式，可输入数千字节的信息，同时具有极高的保密性[24,25]。

射频识别标签较传统条形码利用光电效应操作不同，它在阅读器的感应下可以主动向阅读器发送商品信息，以此实现商品信息处理的自动化。射频识别技术按应用频率的不同，分为低频、高频、超高频、微波，通常情况下，读取器输出功率越高，天线的尺寸越大，通信距离就越长。实际使用中射频识别主要的功能一般为标签信息的识别，对距离的要求为近距离通信，从而可以精确安全地对标签信息进行确认。虽然一些射频识别设备制造商采用企业标准，但国际上目前还没有统一的射频识别标准。可供射频识别卡使用的标准有 ISO 14443、ISO 15693、ISO 10536、ISO 18000 标准，并且前两个应用最多。

4.2.2　射频识别系统组成原理

射频识别 RFID 系统基本由电子标签、阅读器、天线三部分组成。在射频识别 RFID 的实际应用中，电子标签附于被标识物体表面或者内部，当带有电子标识的物品进入阅读器的可识别范围时，阅读器自动以无接触式将电子标签中的识别信息读取出来，以此实现自动识别及自动收集物品标志信息功能。

(1) 电子标签，也就是射频卡，它由耦合单元及芯片组成，标签内含有天线，用于射频天线的通信。电子标签中一般存有一定格式的电子数据，在实际应用中，电子标签附于待标识物体的表面。

（2）阅读器，是读写电子标签信息的终端设备。阅读器的频率确定了射频识别系统的工作频率，其功率将影响射频识别的距离。依据应用系统的功能需求以及不同设备制造商的生产模式，阅读器的外观结构形状差别较大。

（3）天线，用于在电子标签与阅读器之间传递射频信号。射频识别 RFID 系统阅读器必须经天线发射能量来形成电磁场，再通过电磁场对电子标签进行识别，天线所构成的电磁场范围即是射频系统的可读区域。

射频识别 RFID 系统工作流程如图 4-2 所示，电子标签阅读器利用发射天线发出一定频率的射频信号，每当射频卡达到发射天线覆盖的区域时就会产生感应电流，射频卡获得能量被激活起来。射频卡将自身的编码信息利用卡内置发送天线发出，接收天线则接收从射频卡发送出来的载波信号，再经天线调节器传送至阅读器。阅读器再对接收的信号进行解调、解码，最后传送至后台主系统进行相关处理。主系统则根据逻辑运算判断该卡的合法性，再对不同的设定做处理与控制，发出指令信号控制执行机构动作等。

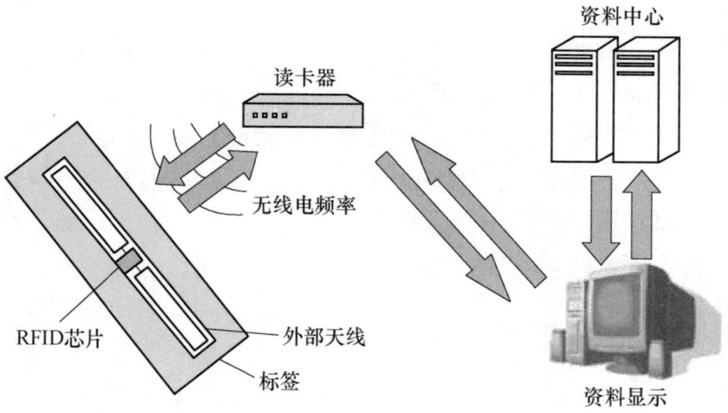

图 4-2 RFID 系统工作流程

4.2.3 射频识别技术的优点

射频识别技术拥有众多优点，如防水、防磁、使用寿命长、耐高温、读取距离远、标签上数据可加密、存储信息可更改、存储数据容量大等。

（1）射频识别 RFID 相比于传统条形码技术扫描速度快，同时射频识别 RFID 辨识器支持同时辨别读取多个 RFID 电子标签。

（2）射频识别 RFID 在读取上一般不受尺寸大小和形状的限制，无需为了保证读取精度而调整纸张的固定尺寸与印刷品质。当前，射频识别 RFID 标签正逐渐向小型化、多形态发展来适应不同的应用环境。

(3) 射频识别 RFID 标签具有较强水、油、化学药品抵抗性。相比于纸质条形码附于产品外包装上易受到污损，射频识别是被 RFID 将卷标数据存储于芯片内免受污损。

(4) 射频识别 RFID 标签具备反复新增、修改、删除等读写操作能力，数据存储在 RFID 卷标内方便信息的更新。

(5) 射频识别 RFID 电子标签在被物品覆盖的条件下，也能够穿透纸张、木板、塑料等非透明的非金属材质，具备穿透性通信能力。

(6) 射频识别 RFID 的数据记忆功能较强，伴随记忆载体的发展，数据容量不断增大，现代物品携带的资料量越来越大，对卷标的扩容需求也相应增加。

(7) 射频识别 RFID 电子形式承载信息，它的数据内容由密码保护，故不易被伪造及修改。

近几年，射频识别 RFID 因其高储存容量、远距离读取能力而广受关注，这种能力不但可以帮助企业提升货物、信息管理的效率，还可让销售型企业与制造型企业联动，进而较准确地接收反馈信息、控制需求信息，整合优化整个供应链。射频识别技术最大的优点就在于非接触完成识别工作，适用于自动识别应用场景，且不易损坏，可以识别高速运动物品，具有同时识别多个电子标签功能，业务操作方便简捷。RFID 电子标签不怕油污、灰尘污染严重的恶劣环境，因此可以在类似的环境中替代条形码，例如用于在工厂流水线上跟踪物体、停车场自动识别收费、高速公路识别车辆身份等。

4.2.4 射频识别技术的应用

在经济全球化的大背景下，对物流供应链的反应速度与效率提出了更高的要求，使得物流行业亟需进一步探索有助于提升服务质量、服务效率的新技术。在全球商品流通体系中，射频识别技术在现代物流自动识别方面发挥着关键作用，可对所有实体对象，例如，货运包装、集装箱、物流单元、零售商品等的唯一有效射频标识进行识别，进而对整个物流体系中所涉及的数据输入、数据输出、业务过程控制、业务跟踪等问题进行有效解决与优化，并将出错率降到最低。现阶段，射频识别技术在物流体系中的仓库管理、生产管理、运输管理、物料跟踪、货架识别、运载工具等环节中优势非常突出。同时，在销售管理、供应链管理、物流管理、物流工程等领域中也得到全面的推广以及应用。

目前，在我国现代物流信息化建设与完善过程中，基于射频识别的自动识别技术应用广泛，射频识别 RFID 在数据采集上能够实现可靠、精准、高效的目标，并有效突破了数据采集、数据录入等方面的瓶颈问题，不但提升了现代物流的效率，而且降低了物流运营成本。

4.2.4.1 基于 RFID 技术的自动识别特点

基于 RFID 技术的自动识别技术本质是利用射频识别装置对被识别物品进行识别，进而自动获取被识别物品信息；同时，将所识别到的信息及时传输到对应的计算机处理系统，并实施后续处理。射频识别技术的特点体现在精准性、高效性、兼容性。

(1) 精准性。基于 RFID 技术的自动识别能够对相关信息数据进行自动采集，能够有效规避人为因素造成的错误。

(2) 高效性。基于 RFID 技术的自动识别可以在信息交换过程中实时开展，并及时将所识别的技术传输到指定系统进行处理。

(3) 兼容性。基于 RFID 技术的自动识别是以计算机技术为基础发展而来，因此可以与各类现代信息管理系统实现结合。

4.2.4.2 基于 RFID 技术的自动识别优势

在现代物流中应用基于 RFID 技术的自动识别已经是必然趋势，基于 RFID 技术的自动识别优势是促进现代物流朝着信息化、标准化发展的关键，将能够有效提升物流的现代化、信息化程度，作为物流过程中非常重要的技术之一，将推动传统物流朝着现代物流方向发展。基于 RFID 技术的自动识别优势表现在以下方面：

(1) 促进企业物流运管信息化。在现代物流企业管理过程中对自动识别进行充分应用，将有利于促进物流管理朝着信息化发展，从而提升物流运转的效率与质量。传统物流管理模式是以人工管理为主，通过人工操作录入的方式来记录和管理物资信息，这就会对信息传送速度、传送质量产生一定的影响。自动识别的应用将对人工操作模式进行改善，借助自动识别以及计算机信息系统快速识别并记录、储存已处理物资信息，若发现问题可立即进行处理，使得整个物流管理向信息化、智能、自动化方向发展。

(2) 促进物流管理现代化。在经济全球化大趋势下，物流市场的竞争日益激烈，而传统的物流模式已经无法满足物流企业客户的高质量需求。基于 RFID 技术的自动识别以其精准性、高效性、兼容性特点可以充分满足各项需求，不仅能够对物流管理的资源进行全面整合，而且能够对相关流程进行优化，促使物流管理朝着现代化方向不断迈进，让整个物流体系更加规范化以及科学化。物流过程涵盖包装、运输、存储、加工以及配送等环节，传统的物流模式从功能上来讲比较单一化，尤其是服务范围比较小。在自动识别支持下的现代化物流，其服务内容更加综合化，将能够面对更多的消费群体，首先，用户的范围增加了，传统物流主要面向的是数据较多的客户，而现代物流依托基于 RFID 技术的自动识别，其效率、准确率更高，一方面能够对物资较多的配送服务进行有效管理；另一方面还可以充分满足消费者多样化以及小批量的需求。

(3) 自动识别广泛应用于社会多个领域，现代物流企业可在自动识别的支持下对运输方法进行整合优化，可将海运、陆运、空运进行合理组合，从而打造出一条既安全又快速的物流运输途径。

4.2.4.3　RFID 技术应用场景

引入自动识别技术，以条码识别为主，能够对库存信息进行及时查询与跟踪，将有利于提升企业物流管理的信息化以及自动化程度，从而提升企业的核心竞争力。

A　在铁路集装箱物流配送体系中的 RFID 应用

我国铁路运输非常发达，很多城市与地区都设置了铁路集装箱中心，同时，周边还建立了集装箱物流园区，负责国内外物流业务。以中铁联合国际集装箱有限公司为例，目前已经在铁路集装箱物流配送体系中应用了 RFID，即远距离微波射频技术，具体是对集装箱以及进出的车辆进行自动识别，例如，在无人值守的进出门通过该技术实现自动门检；同时，依托远距离微波射频技术能够自动采集集装箱的质量以及集装箱的箱号。通过 RFID 对出入工厂的物流相关人员、设备、材料等对应的有效标签信息进行自动识别，并将其发送到后台数据资料库进行对比，这样就可以及时精准掌握人员、设备、材料等实际情况，并统一对其进行相关操作，例如是否允许车辆、人员放行等。

B　图书仓储以及物流配送中“条码+RFID”的应用

现阶段，物流领域使用最为普遍的是条码识别技术，产品制造商可以对产品的产地、生产日期等信息进行编写；而物流企业可对装卸台码、货位码等进行编写，在整个配送过程中条码技术的应用会在各个环节进行扫描，能够对物品配送信息进行有效监控。同时，RFID 也具有强大的优势，结合实际需求采取“条码+RFID”方式，将有助于提高现代物流企业的整体水平。我国很多省市地区的物流中心都承接了图书等出版物以及文化产品的配送服务，以四川新华文轩公司物流中心为例，该物流中心设计每日最高的收货处理能力能够达到

1 万个品次，而每日的拣配能力基本保持在 2.5 万~3.5 万个品次，每日的最低加工能力基本保持在 3 万~3.5 万个包件，平均每天能够为 300~500 个客户进行有效配送。该物流中心在图书仓储以及物流配送中应用的是“条码+RFID”，以此为基础进一步完善了仓储管理信息系统，从而集成智能电子标签拣货系统、RF 系统、AS/RS 系统、自动分合流控制输送系统等到操作管理平台，这样就实现了智能化操作，可对物流中心的日常运作进行有效处理。同时，仓储管理信息系统能够对物流中心的各项工作进行实时监控，各项工作开展过程中会产生各种物流信息，集成系统需要对各种信息进行及时采集、分析、处理、查询和反馈，以图书仓储物流为例，需要对出库、盘点、配送服务等各个方面进行操作、跟踪。此外，物流中心还会为第三方物流的仓储配送提供高效率、高质量的服务。

C　射频技术支撑的智能物流

在条码识别、射频识别、传感器等技术的支撑下，自动识别技术对于物联网和智能物流起到重要的技术支撑作用，它可将实体物品、虚拟物、虚拟环境等自动链接，形成以万物相互连接为特点的物联网，为智慧物流的发展奠定基础。基于物联网的智能物流应该立足智能射频识别技术。射频识别技术作为一种无需接触的数据采集、自动无线识别技术，可以对正在运动的物体进行识别；同时，还可以对多个标签进行识别，在物联网中，射频识别技术有着很大的发展前景。除 RFID 外，还有光学字符识别技术（ORC）、IC 卡识别技术、磁卡识别技术、图像识别技术以及生物识别技术等，虽然这些技术目前还未在现代物流中进行全面应用，但却是未来射频识别技术主要研究的方向。

随着国民经济的快速发展，网购已经成为当下购物的流行形式，极大地提升了物流业的发展速度。现代物流涉及的物品种类繁多，促使物流供应链的结构复杂程度越来越高，物流地域跨度也较大，因此就对信息的准确性、及时性、安全性提出了更高的要求。由于物流信息众多，人工经常会出现物流信息丢失、错乱的现象，对物流信息安全提出了极大的挑战。如何有效地保障物流信息安全成为如今学者们研究的热点问题。现有的物流信息安全保障系统由于技术落后、设备老化等原因，存在着物流信息丢失率高的问题。基于 RFID 的物流信息安全保障系统是利用电子标签标识物品的一种非接触式的自动识别技术，RFID 在生产、销售、物流、交通运输等行业具有广阔的应用前景，同时是提高物流信息安全保障的必要工具和手段。通过 RFID 技术的使用，可以降低物流信息丢失率，提升物流信息安全保障系统的整体性能，为物流行业的快速、可持续发展提供有效的软件系统支撑。

物流信息安全保障系统硬件包括 RFID 设备、无线采集器、路由器以及处理器，RFID 设备的功能是识别物流信息。RFID 设备主要组成为阅读器和应答器。阅读器工作原理是发射特定频率的无线电波，以此驱动电路传输内部数据，阅读器依次接收解读数据，并将其传输给应用程序来处理物流信息。其中，阅读器功能是读出物流信息，并将其写入标签。阅读器主要由频率产生器、微处理器、锁相环、收发天线、调制电路、解调电路、存储器和外设接口构成，RFID 阅读器实物如图 4-3 所示。

图 4-3 RFID 阅读器实物

应答器由解调电路、存储器、调制电路、收发天线、AC/DC 电路、逻辑控制电路构成，应答器实物如图 4-4 所示。

图 4-4 应答器实物

解调电路功能用来去除接收信号中的载波，解调出原信号。存储器功能是存放系统运行以及识别信息。调制电路功能主要是将物流信息调制后，再加载到天线传输给阅读器。收发天线功能主要是接收阅读器信号，同时将数据反馈给阅读器。AC/DC 电路功能是提供稳定电源支持。逻辑控制电路功能则是译码阅读器信号，并依据阅读器要求返回信号。

无线采集器功能是采集识别物流信息，RFID 无线采集器具有大吞吐量、高采集速度等众多优点，可以实现物流信息的高速采集，实物如图 4-5 所示。

为了保障物流信息的安全传输，RFID 系统通过路由器连接多个网络，路由器在网络之间起网关作用，读取各个数据包中的地址，确定如何传送至专用网络设备。因此，路由器也被称为网关设备，它由电源接口、复位键、调制解调器、交换机、路由器连接口等部件构成，可以实现网络的互联、数据处理、选择传输目的地、制定网关协议、实现网络管理等功能。处理器是基于物联网的智能物流系统的关键组成部分，其功能是处理物流信息以及作为程序运行的

图 4-5 RFID 无线采集器实物

最终执行单元，具备强大的信息处理能力，能够较大地提升系统效率。处理器还具有选择控制、插入控制与时间控制的功能，其核心部件为集成芯片，该芯片主要由寄存器堆、时序控制电路、运算器、数据与地址总线构成。

4.3 定位技术

4.3.1 定位技术的基本概念

定位是指利用声、光、无线电等方式对目标当前位置信息的获取。常见的定位技术有超声波定位技术、激光定位技术、GNSS（Global Navigation Satellite System）定位技术、Wifi 定位技术、蓝牙定位技术、超宽带定位技术、RFID 定位技术等[26,27]。

常规的手机定位技术是运用 GPS 定位技术或基站定位技术来对手机进行定位的一种定位技术。基于 GPS 的定位方式是运用手机上的定位模块，将手机的位置信息发送到定位后台来实现手机位置确定。基于基站定位方式则是运用基站对手机距离的测算，以此来确定手机位置。基于基站定位方式无需手机具备 GPS 定位能力，但定位精度主要依赖于基站的密度。基于 GPS 的定位方式定位精度较高。此外，还有运用 Wifi 进行小范围内定位的方式。移动通信系统是目前用户最多、覆盖范围最广的公众通信系统，因此可考虑使用手机这一普及率很高的终端设备提供定位信息。1996 年美国联邦通信委员会要求公众通信网应提供定位服务。在传统移动通信网络中，早期采用基于基站代码来定位的技术，它通过网络侧获取用户当前基站位置信息来确定用户位置，定位精度则取决于移动基站的分布和覆盖范围。为提高定位精度，发展了基于蜂窝电话网络的三角运算定位技术，根据手机接收到不同基站发出的信号到达该手机的时间差来计算该用户所在位置，但在基站几何条件或覆盖条件差的地区，定位效果并不理想。手机定位系统按其提供服务的方式主要分两种，自有手机定位系统和公用定位服务，其中公用手机定位服务一般是由移动运营商提供的。有的定位系统是为某个企业和政府部门自己使用的定位系统，它运用于对人员、案件、事件、物品、车辆等的定位。自有手机定位系统具有更加灵活、更易于控制的优势。定位系统往往和政府、企业内部网络相连，提供与自身业务密切相关的基于位置的服务，如人员考勤、货物及事件定位等，并能够利用系统智能分析工具对其进行基于地理位置的分析、统计，这些都是公用定位服务无法实现的。

4.3.2　定位技术的基本原理

国内主要的常规定位技术有 Wifi 定位、RFID 定位、ZigBee 定位等方式。

4.3.2.1　Wifi 定位原理

ZigBee、Wifi 定位都采用测算节点（读写器或者 AP、电子标签）之间链接信号强度（RSSI）的方法，通过无线信号空间传输衰减模型来估算出节点间传输的距离。空间自由传输模型的 RSSI 衰减 L 估算公式为：$L=32.44+10k\lg d+10k\lg f$，其中，$d$ 为节点距离，km；f 为频率，mHz；k 为路径衰减因子，多径、绕射、障碍物等因素，在 d 不变的情况下，k 的值越大意味着 RSSI 值衰减越严重。

Wifi 定位标准解决方案的整个定位系统都采用基于 802.11a/b/g/n 等标准硬件，因此能够最好地利用已有的基础网络，在已有 Wifi 覆盖网络中安装部署方便、费用低廉。Wifi 定位扩展功能较强，因为整个 Wifi 定位系统均可以与其他客户共享网络，有效地降低了再另外安装无线网络的必要性，所以用户可以先小范围部署，然后再随着接入点增多扩展更多的定位运用。Wifi 定位的不足之处是功耗大，采用 3032 式 550mA 纽扣锂电池，按照标签每秒钟发送一次信号，工作寿命不超过 2 个月。大规模的部署将会给售后服务带来很大的麻烦。此外，雨雪、障碍物等都会影响 Wifi 定位路径衰减因子，导致标签信号到达每个 AP 的 RSSI 值不同而增大定位误差。Wifi 定位采集数据的工作量稍大，并且为达到较高的精度来固定点 AP 的位置测算设置较复杂。

4.3.2.2　半有源 RFID 定位原理

半有源 RFID 定位系统由低频激活器、电子标签、阅读器、定位软件组成。低频激活器利用125K低频触发技术及低频信号界线明显的优势实现位置跟踪，电子标签具有全球唯一的ID号码并按照事先预定时间向外发送电子载波（包含标签ID、激活器ID、RSSI场强值、电量状态等），读写器实时接收电子标签发出来的载波信号，同时将载波信号传输至后台管理系统。RFID定位技术基本原理如图4-6所示。

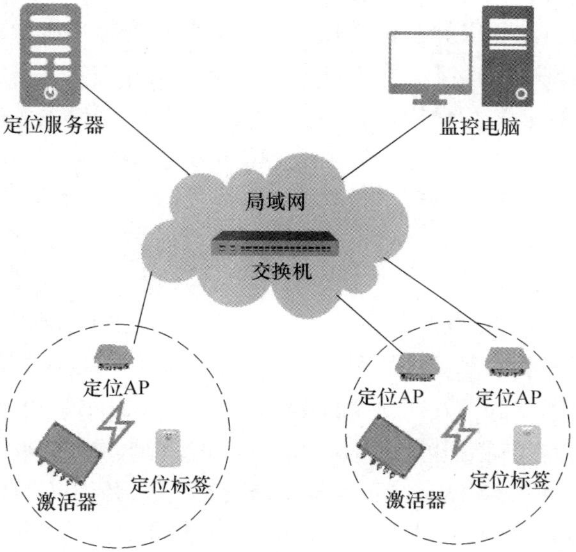

图4-6 RFID定位技术基本原理

A 室内半有源RFID定位基本原理

激活器通过自主发射含该激活器编号的连续载波数据，配套的低频激活标签持续开启低频接收功能，当收到某激活器的激活信号时，该标签的低频芯片将实时解析出该激活器编号，同时检测出该低频信号的RSSI场强值，然后唤醒并传入MCU单片机，接着打开板载的2.4G无线射频芯片进行一次强信号发射（无线发射的数据包中含标签ID和激活器编号以及低频场强RSSI值）。有效识别范围内读写器将收到该标签以2.4G频段发射的数据包，并解析出该数据包中的标签ID号、激活器编号、RSSI值后立即上传到上位机电脑。上位机根据事先设置在各个地方的激活器、读写器位置做出位置判定并实时在定位软件中显示出来。

B 室外半有源RFID定位基本原理

室外半有源RFID定位基本原理和Wifi、ZigBee定位技术原理一样，均采用测算读写器AP、电子标签之间链接信号强度方法，运用无线信号空间传输衰减模型估算得出节点间传输距离。

半有源 RFID 定位功耗低，可实现待机功耗 6~7μA，工作功耗 12μA。标签采用 3032 式 550mA 纽扣锂电池，按照每秒钟发送 2 次信号，可稳定工作1~2 年。半有源 RFID 定位精度高，室内定位精度借助激活器可达 3~4m，室外采用类似 Wifi、ZigBee 定位原理，定位精度可达 6~8m。半有源 RFID 扩充性能好，一卡通用集远距离车辆门禁进出、人员门禁进出、人员消费、贵重物品防盗、求助告警、泊车引导、位置跟踪、温湿度检测等功能为一体，且可在卡片印刷广告，实现创收。半有源 RFID 定位成本较低，随着 RFID 半有源技术的大规模运用，核心芯片价格也在逐步下降，在整个定位领域中，总体成本较低。RFID 定位劣势是室外精度与 Wifi、ZigBee 技术相当，比 UWB 技术较差，精度容易受到身体、雨水等环境影响。

4.3.2.3 ZigBee 定位

ZigBee 定位采用测算节点之间链接信号强度的方法，利用无线信号空间传输衰减模型计算出节点间传输的距离。ZigBee 定位具有功耗较低优势，同时因 ZigBee 的传输速率较低，发射功率仅为 1mW，所以 ZigBee 设备相比于 Wifi 省电。ZigBee 定位方式网络容量较大，如 1 个星型结构的 ZigBee 网络最多能够容纳 1 个主设备和 254 个从设备，组网方式较灵活。ZigBee 定位方式缺点是通信速度低，在 2.4GHz 频段的链路上速率仅有 250kb/s，扣除信道竞争应答与重传等消耗，真实能被应用到的速率不足 100kb/s，同时余下的速率可能会被邻近多个节点及同一个节点的多个应用所瓜分。另外，因为 ZigBee 采用随机接入 MAC 层方式，所以不支持时分复用的信号接入方式，并不能较好地支持一些实时的业务。ZigBee 定位与半有源 RFID 定位技术相比较，成本较高，室外精度与 Wifi、半有源 RFID 技术相当，比 UWB 技术较差，精度易受到身体、雨水等环境影响。

4.3.3 定位技术的发展现状

国内目前较为常见的定位技术应用有 GPS 定位、北斗卫星定位、基站定位、Wifi 定位和蓝牙定位。

(1) GPS 定位是较常见的定位技术，在人们生活中随处可见，如智能手机中的百度地图、高德地图、汽车导航地图等均采用了 GPS 定位技术。

(2) 北斗卫星定位是由我国自主研发的卫星定位导航系统，它是利用地球同步卫星来为终端用户提供全天候、区域性的卫星定位系统。北斗卫星定位能够快速准确定位目标及用户所处地理位置，并向用户与主管部门提供导航信息。现阶段北斗卫星能够应用于民事的服务较少，在市面上也仅能够看到北斗手机、北斗汽车导航。

（3）基于基站定位一般用于手机用户，手机基站定位服务也叫作移动位置服务。它是通过如 GSM 网的电信移动运营商的网络，来获取移动终端用户的经纬度坐标位置信息，并在电子地图平台的支持下，从而为用户提供相应位置增值业务。由于 GPS 定位耗电量较高，因此基站定位是 GPS 设备常见功能。但是基站定位精度较低，误差一般为 500~2000m。

（4）Wifi 可以定位如手机的电子终端设备，电子终端设备都包含全球唯一的 MAC 地址。只要能够搜索到 Wifi 信号，就能获得该设备的 MAC 地址，并把它当成唯一标识。服务器端都有一个 AP 的坐标数据，Wifi 定位是通过一个或者多个 AP 设备的坐标计算得出来的。由于 GPS 定位在室内定位不了，而基站定位的误差又太大，因此基站定位一般都是用于室内定位。

（5）蓝牙定位，蓝牙 Beacon 是指能够支持蓝牙 4.0 的低功耗设备，它通过广播蓝牙信号定位，蓝牙 Beacon 可以用于地理围栏与室内定位。Beacon 硬件因其成本低、功耗小、工作时间长、易于部署，被广泛应用于室内定位，具有较好的应用前景。用户终端通过扫描定位 Beacon 的信号，再通过定位引擎处理，就可以计算出用户当前的位置。蓝牙定位算法具有定位精度高、设备成本低、定位延迟低等优点。

4.3.4 定位技术应用分类

4.3.4.1 室内定位技术

基于位置服务（location-based services，LBS）的不断普及和发展，对室内定位的需求不断提高。以基于位置服务为目标的室内定位技术经过多年的发展已成为人类生产生活中的一项关键技术。从需求上看，无论是消费级市场还是企业级市场，都迫切地需要定位精度更高、维护更容易、使用更便捷、系统成本更低廉的室内定位技术；从技术的角度看，目前的室内定位技术可选方案较多，在某些特定场景或某一指标上已经可以满足室内定位的部分需求。

从室内定位性能需求的层面看，室内定位的需求是具有较强的应用相关性的。例如对于消费级的定位，米级定位就可以满足需求，因此 3GPP 的 Rel. 15 版 TR38.885 对于定位的描述为：一般用户，80%的情况下水平定位精度不低于 50m，垂直精度 5m，端到端延迟低于 30s；商业用户，室内水平定位精度不低于 3m，室外水平定位精度不低于 10m，垂直精度不低于 3m，端到端延迟低于 1s。而工业 4.0 则需要提供厘米级甚至毫米级的测量结果。从技术与原理的角度看，室内定位技术为许多应用提供基于位置的服务，其中很重要的一个方面，室内定位技术是室内导航技术的基础，如果没有室内定位技术作为支撑，室内地图只是传统地图的电子化，远不能发挥数字化的优势，室内导航无从谈起。而由于室内环境中信道条件复杂、遮挡情况、高频变化、多径效应、阴影效应等因素，现有的全球卫星导航系统（GNSS）无法在室内使用，这使得室内定位在理论方法和应用实践中都极具挑战。

A　室内定位主要技术及原理

室内定位技术主要有：

（1）多边测量法。在众多定位算法中，基于距离测量的定位算法是一类比较经典的定位方法，其定位原理也较为简单。在距离可测量的前提下，可以使用多边测量法进行定位求解，其定位模型如图 4-7 所示，各基站坐标已知，记为 $A_i(x_i, y_i)$ $(i = 1, 2, \cdots, n)$，移动台坐标待求，设为 $X(x, y)$。如果移动台 $X(x, y)$ 与基站之间的距离可测，设为 $\tilde{d}_i$，移动台的估计坐标为 $(\tilde{x}, \tilde{y})$，记移动台 $X(x, y)$ 与基站 i 之间的真实距离为 d_i，则 $(x - x_i)^2 + (y - y_i)^2 = d_i^2$，多边测量法的定位问题可转化为函数 $F = \Sigma_i(\tilde{d}_i - d_i)^2$ 的极小优化问题。多边测量法是基于距离模型的求解方法，因此需要以距离测量技术或距离估算技术作为前提，一般能够进行距离测量的技术理论上均可应用多边测量法来定位求解，如利用信号到达时间来进行距离测量，根据信号衰减模型进行距离计算，利用视觉测量获得目标距离，利用声音进行距离测量等。

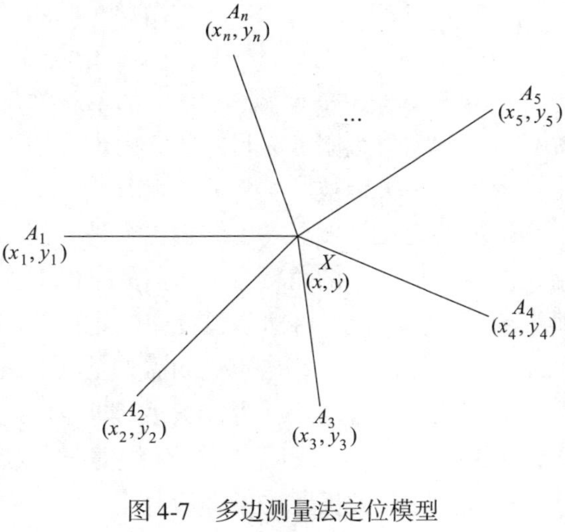

图 4-7　多边测量法定位模型

（2）到达时间（time of arrival，ToA）算法。ToA 算法通过测量各基站发出信号到达移动台的时间来进行距离测量。ToA 算法采用如图 4-7 的多边测量法定位模型，基站坐标已知，分别为 $A_1(x_1, y_1)$、$A_2(x_2, y_2)$、$A_3(x_3, y_3)$，移动台坐标待求，设为 $X(x, y)$。通过测量移动台和基站之间的传输时间 Δt_1、Δt_2、Δt_3，即可通过多边测量法得到待测移动台坐标。其中，传播速度为光速。ToA 要求各基站保持时钟同步。在理论上，该模型中多个圆应交于一点，但该模型在实际运用中由于存在测量误差，因此实际计算中往往需要采用最小二乘法进行最优解求解。同时，在室内距离测量受到非视距（non line of sight，NLoS）的影响，因此许多改进工作都基于此展开。

（3）信号到达时间差测量技术。由于无线信号以光速传播，时间精度是影响 ToA 测量精度的主要原因，采用超声波辅助无线测距计算两种信号到达差的测量技术是一种提高到达时间精度的有效方案。如图 4-8 所示，发送端在 t_1 时刻发送无线信号，经过一段时间后在 t_2 时刻发送超声波信号，接收端在 t_3 时刻接收到了无线信号，在 t_4 时刻又接收到超声波信号。若忽略无线电波传播延时，发送端和接收端的时间差按此估算 $t_4 - t_2 - (t_3 - t_1)$。伯克利大学已经研发了基于超声波时间差测距 Cricket 节点，并且定位精度达到了毫米级；但由于超声波的发射与接收需要有比较明确的方向指向性，因此基站的设计需要有多路的超声波发送与接收模块，而且要求调整基站部署时的摆放姿态，以保证信号可接收并测量距离。

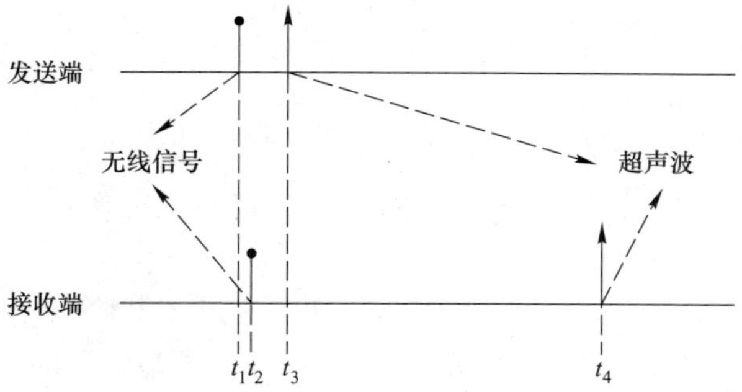

图 4-8 无线信号和超声波信号到达时间差示意图

（4）超宽带（UWB）定位技术。超宽带（UWB）定位技术是一种没有载波的短距离通信技术，它利用纳秒级的窄脉冲来传输数据。根据 FCC 的规定 UWB 信号是指带宽大于或等于 500MHz，其相对带宽大于 20%的信号。UWB 超宽带定位技术为三角定位技术，它利用三角测量法精确算出使用者的位置，应用 UWB 技术定位误差在 2cm 之内，其定位精度高于全球卫星定位技术，UWB 超宽带定位技术实例有 3G/GSM/WCDMA 网络三角测量定位技术。UWB 定位系统在探测过程中发射的不是脉冲时间间隔固定不变的窄脉冲串，而是按照特定规则进行伪随机跳变，从而使其功率分配到极广的频带范围内。UWB

技术在 LoS 环境下定位精度较高，但是在 NLoS 环境下精度会出现一定下降。目前，Decawave 公司的 UWB 芯片可达厘米级的测量精度，Time Domain 公司使用 UWB 技术可以达到毫米级的定位精度。

（5）基于到达时间差（TDoA）算法。TDoA 通过选取特定基站作为参考基站后，移动台根据接收到的时间戳来计算时间差，利用该时间差计算获得移动台的位置。TDoA 的定位模型如图 4-9 所示，基站坐标位置已知，分别为 $A_1(x_1, y_1)$，$A_2(x_2, y_2)$，…，$A_n(x_n, y_n)$，移动台坐标待求，设为 $X(x, y)$。

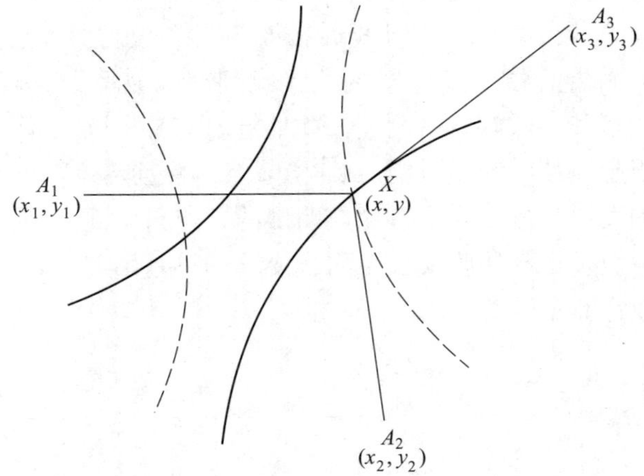

图 4-9　TDoA 定位模型

该算法可以通过声源定位实现，也可以通过 UWB 实现。与 ToA 相比，TDoA 不要求基站与移动台之间的时间同步，但需要基站间的时间同步，移动台仅接收基站发送的信号即可，类比 GNSS，这一特性使得该定位模型在理论上的系统容量没有上限。TDoA 模型的求解本质上是求双曲线的交点，需要求解非线性方程组，同时也受到非视距问题的影响，因此许多科研工作都是围绕求解与优化展开，如经典的 TDoA 求解算法 Taylor 级数法、Chan 算法、NLoS 的识别与修正等。

（6）基于到达角度（AoA）的算法。如果移动台具有信号到达角度测量功能，则可以通过使用天线阵列来测量从各基站发出的信号到达移动台之后的角度，利用该角度信息来确定位置，这就是基于到达角度的 AoA 定位。AoA 算法的定位模型如图 4-10 所示，以 3 基站情形为例，基站坐标已知，分别为 $A(x_1, y_1)$、$B(x_2, y_2)$、$C(x_3, y_3)$，移动台坐标待求，设为 $X(x, y)$。

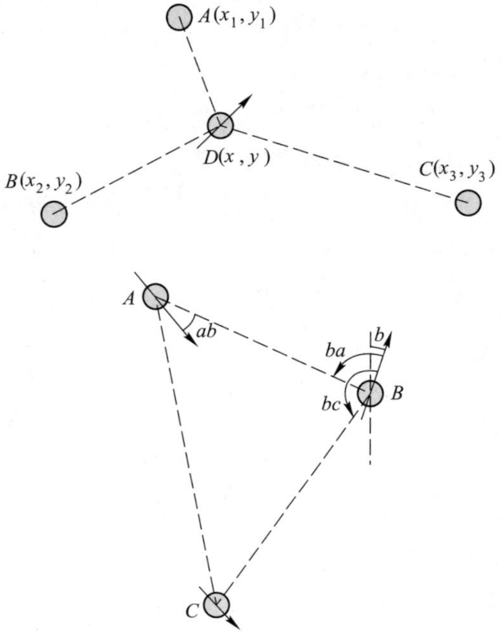

图 4-10 AoA 定位模型

AoA 定位相较于 ToA 与 TDoA 而言无需进行时间同步，但是它的硬件实现起来相对复杂，定位精度会受到信号带宽、距离等因素的影响，距离越远测量精度会越低，定位精度也相应降低。因此产生许多改进的 AoA 算法，如加权的 AoA 方法、基于 MUSIC 算法来进行估计 AoA、通过更改阵列天线的参数来增强估计效果的方法等。随着 5G 的发展，5G 定位逐渐开始得到关注，而 5G 的高载波频率、高带宽、天线数量多、网络密度大等特点也更适合于室内定位。理论上，5G 采用毫米波通信，而毫米波通信具有较好的方向性，可以实现更高精度的测距和测角，同时采用大规模天线技术，具有更高分辨率的波束，也可以实现更高精度的测距和测角特性。因此，5G 更适合采用 AoA 的定位方式以获得更好的精度。目前，华为采用 5G 天线来获取信号的 AoA，可以获得高精度的方位角，据此可以计算得到目标的相对位置与绝对位置。

（7）接收信号强度（received signal strength，RSS）定位技术。接收信号强度定位技术主要基于无线信号的传播模型，无线信号传播的功率衰减是信号传播距离的函数：$P_r=f(P_t, d)$，其中 P_r 是可测的接收信号强度，P_t 是信号发射强度，d 是信号传播距离，f 是信号强度与衰减距离的经验模型。理论上，如果发射功率已知，信号传播经验模型已知，在测得了移动台接收到的 P_r 信号强度值后，即可求得基站与移动台之间无线信号传播距离。

典型的信号传播模型有自由空间传播模型，地面反射模型等，如图 4-11 所示，在获得移动台与多个基站间的距离后即可使用多边测量法进行位置求解。但是由于室内信道环境较复杂多变，不容易准确评估信道模型，并存在 RSS 的稳定性问题、区分度问题、可靠性问题，这些因素都使得使用 RSS 进行距离测量进而求解移动台位置的方式，其定位精度较低，以致有研究认为：如果没有更复杂的环境模型或者额外的定位基础设施，RSS 测距性能将无法取得突破。

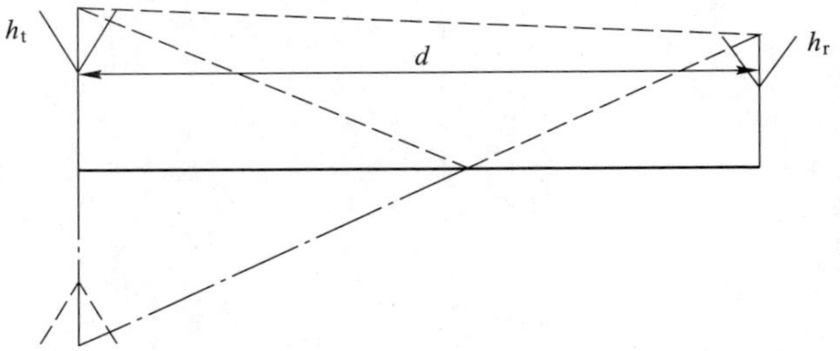

图 4-11　地面反射模型

通过对室内某点进行 RSS 采集，可以接收到各基站的 RSS 值，这一组 RSS 值构成了该位置的指纹，室内中不同点的位置都有自己的指纹信息。通过提前在待测场景离线测量指纹来建立 RSS 的指纹数据库，从而在实际定位的过程中通过当前测得的指纹和数据库中的指纹对比而得到当前的位置。此方法由于近年来室内 Wifi 的普及，无需建立室内定位基础设施，因此受到了广大科研工作者的青睐，进行了大量的研究工作，同时，蓝牙信号强度、LoRa 信号强度等都属于此类研究。然而，此方法虽然避免了信号传播模型难以准确估计的问题，但仍然受到室内环境复杂、场景高频变化等因素的影响，同时离线指纹采集需要提前对所有位置建立数据库，因此系统维护成本较高。

（8）Wifi 定位技术。Airespace 公司 2004 年研发出了一种运用常规 Wifi 无线网络进行个人定位系统，它采用的是一种无线电波定位的技术，它的系统定位精度可以达到十米以内，即 Wifi 定位技术。Wifi 定位主要是基于 RSS 的指纹定位方法，其离线采样阶段的主要任务是构建包含样本点 RSSI 值的样本指纹数据库。经典操作方式是在位置区域中设置固定数量的采样点和无线接入点 AP。通过测量与收集采样点的 RSSI 值，以此建立采样点的位置指纹数据库。在线定位阶段则是基于某种搜索匹配方法，将测试节点的 RSSI 值和位置指纹数据库中的数据进行匹配。常用的匹配算法有：K 邻近算法（KNN）、K 加权邻近算法（WKNN）、K 均值聚类算法、主成分分析法（PCA）、神经网络算法、支持向量机算法等。Wifi 定位因已经存在分布广泛的无线路由器而不需要再额外布置基础设施，而且该室内定位方案使用智能手机即可实现定位。但是由于 Wifi 定位使用的是指纹定位技术，也存在着指纹定位的缺陷，离线采集指纹数据库的维护成本、室内环境多变都是其实际应用所面临的挑战。因此，基于 Wifi 指纹定位系统做出了大量的改进，如通过预测方法来减少离线指纹建库的工作量，为避免 K 加权邻近算法和朴素贝叶斯分类器存在的因 AP 选择不当而导致定位性能大幅下降的问题，使用基于域聚类的 Wifi 室内位置估计策略，从二维空间定位扩展到三维空间定位等。目前 Wifi 定位在 IPIN 国际竞赛中可以达到 1.2m 的精度。但在实际应用层面，如何降低离线采集工作量与指纹数据库的维护成本，将是制约该技术实际应用的一个重要因素。

（9）iBeacon 定位技术。iBeacon 技术是苹果公司在 2013 年推出的基于低功耗蓝牙技术（bluetooth low energy，BLE）的一种室内定位技术，iBeacon 定位分为基站与移动台两部分，基站间隔一段时间广播包括 UUID、Major、Minor、RSSI、Proximity、Accuracy 等信息的数据包。其中，RSSI 反映了接收信号的强度，Proximity 反映了基站到移动台的距离且分为四个等级，分别为 Unknow、Immediate、Near、Far。因此 iBeacon 定位也是基于 RSS 信号强度进行的。移动台收到广播信息后可以基于信号强度的原理，通过指纹的方法进行定位，或者使用 RSS 估算基站距离，运用多边测量法进行定位，也可利用基于 Proximity 的定位方法，进行粗略的定位估算，大致判断移动台当下位置。

（10）惯性导航（inertial navigation）。航位推算是全球导航定位系统兴起前非常经典的导航手段，如今随着传感器技术的飞速发展，可以很容易地使用陀螺仪与加速度测量仪来测量节点移动台的瞬时运动信息。使用该技术的系统目前又称为惯性导航系统（inertial navigation system，INS），它利用加速度计测得物体的加速度，然后积分得到速度与位移；再通过方向传感器和陀螺仪获取物体的运动方向。两者相结合再根据初始位置即可得到实时的位置信息，其定位示意图如图 4-12 所示。惯性导航技术无需预先在定位场景安装任何基础设施，也不受无线环境的干扰，因此有着广泛的应用前景。随着微机电系统的不断发展，惯性传感器不断地小型化，从而开始在室内定位领域使用。惯性导航技术无需借助任何外部设备，仅通过自身装备的陀螺仪、加速度计等设备即可实现定位，因此它的定位精度一方面受制于惯性传感器的精度与成本，另一方面随着时间的推进受到累计误差的影响，导致长期的导航定位结果不可靠。

（11）即时定位和地图构建（SLAM）技术。SLAM 技术主要用于机器人

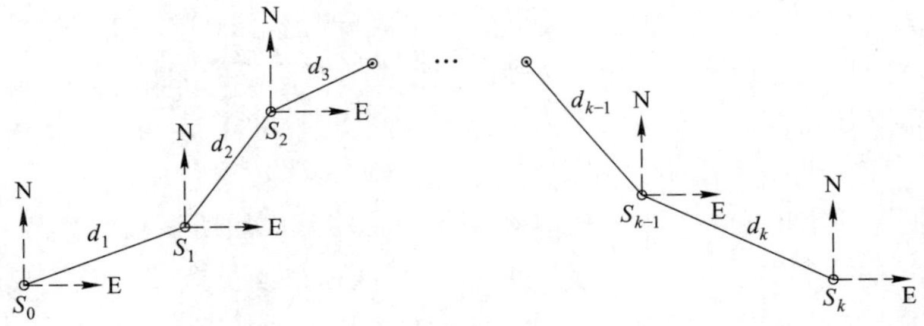

图 4-12　惯性导航定位模型

进入一个未知环境时通过各种传感器获取环境的参数来增量式地构建环境地图，同时确定自身所处的位置与姿态，进而实现机器人的定位与导航。SLAM 问题包含四个方面，即对环境进行描述从而建立地图、获取环境信息、获取的环境信息并据此更新地图、可靠的 SLAM 算法，其基本原理如图 4-13 所示。SLAM 对于地图的描述，主要有栅格地图、几何地图、拓扑地图。

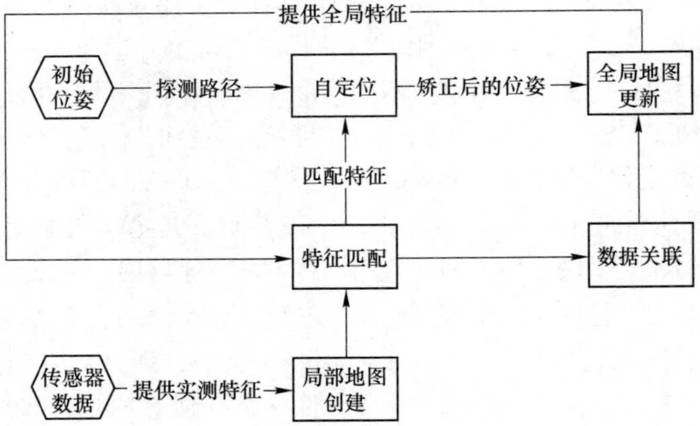

图 4-13　SLAM 系统基本原理框图

（12）基于贝叶斯滤波的融合定位技术。贝叶斯滤波常用于融合多种定位方式，特别是惯性定位与其他定位方法的融合。惯性定位通过加速计、陀螺仪和磁力计推断定位目标在不同时刻的相对位移，并最终得到定位目标位置。惯性定位在短时间内可以实现较高的相对定位精度，但是长时间的误差积累会最终导致较大的绝对定位误差。因此惯性定位需要通过其他定位方法进行校正，例如无线定位。无线定位通过无线测量值（例如，ToA 时间测距、信号强度测距、信号指纹等）获得当前时刻的定位位置，不同时刻定位结果之间相互独立。因此由于测量噪声的影响，连续时刻之间的定位位置会有较大跳动。无线定位结果通常也需要惯性定位进行平滑，从而降低定位误差。基于贝叶斯滤波的融合算法，通常利用惯性定位估算两个时刻之间的相对位移，并以此设计贝叶斯滤波中的系统模型$xk=f$（$xk-1$，vk）。基于系统模型获得状态的预测值 xk 之后，贝叶斯滤波将通过无线定位作为观测模型 $yk=h(xk$，$uk)$ 进一步更新定位位置。

（13）基于粒子滤波技术（PF）的地图匹配融合定位技术。PF 一般应用于融合室内地图信息，以此提高室内定位精度。传统的室外地图匹配通过构图的方式将室外路网建模为点和边的形式，从而将定位目标的位置移动局限在图中不同点之间的转换。相对于室外地图匹配，室内地图匹配更加复杂，并且定位精度要求更高，因此简单的路网匹配难以满足室内定位的需求。PF 基于蒙特卡洛方法利用大量粒子群来模拟概率分布。PF 利用惯性定位设计系统模型来更新粒子，在众多粒子中，可能会出现部分粒子穿墙的情况，而这种情况是物理不可实现的。因此可以将这些粒子的权重设为零，从而滤除这些物理不可实现的粒子。通过上述过程，室内地图可以有效地限制粒子移动，从而提高定位精度。

（14）基于机器学习的融合定位技术。近年来随着人工智能的快速发展，机器学习算法也更多地应用在室内定位领域，特别是指纹定位。对于指纹定位方式，离线采集的指纹数据可用于训练各种机器学习模型，如支持向量机、随机森林、深度学习等。当接收到一组新的观测信号后，可以通过已训练的机器学习模型进行分类或者回归，从而实现指纹定位。在此种指纹定位中，观测到的不同信号可看作是机器学习中的不同特征，从而实现多种信息融合，提高定位精度。

B 室内定位技术对比分析

虽然近年来室内定位技术取得了快速发展，已有各类可选的定位技术，但其功能、性能上具有较大差异。除了定位精度上的差异，定位系统部署与维护的方式、使用方式、定位所能提供的系统容量、是否需要定位基础设施等都存在差异，各个定位技术目前都存在各自的问题，因此还未出现一款较成熟的普适的室内定位解决方案。表 4-1 将各种定位技术从定位精度、是否需要定位基础设施、部署与维护的难度、是否受到 NLoS 影响及各自的缺陷的角度进行了对比分析。

表 4-1　各种定位技术对比

分类		定位精度	定位基础设施	部署与维护	NLoS 影响	缺陷
ToA	UWB	毫米至厘米	需要；时间同步	1 次基站部署	是	受限于硬件、成本高、普适性差
	超声波	毫米	需要；时间同步	1 次基站部署；姿态调整	是	具有较强的方向指向性
	电磁波	受限于时间精度	需要；时间同步	1 次基站部署	是	
TDoA		毫米至厘米	需要；基站间时间同步	1 次系统部署	是	受限于硬件、成本高、普适性差
AoA		分米级	需要；不需时间同步	1 次基站部署	是	需要天线支持到达角度测量
RSS	传播模型	受环境影响严重	需要	1 次基站部署	是	精度、稳定性、区分度、可靠性差
	指纹模型	米	需要借助现有基础设施	需要离线采集指纹数据	是	维护成本高
惯性导航		受惯性导航传感器精度及累计误差影响	不需要	需要融合定位消除累计误差	否	需要一个初始位置与方向
SLAM	视觉	厘米	不需要	需要局部地图构建	否	受场景高频变化影响、受光线干扰
	激光	厘米	不需要	需要局部地图构建	否	受场景高频变化影响、成本较高

从定位精度的角度看，定位精度到达厘米级已经可以满足大多数的应用需求，但从室内定位系统应用推广的角度看，定位精度不是唯一影响推广的因素，系统部署与维护的便捷性、使用方式的易用性、定位系统成本等都是制约其实际应用的重要问题。从消费级室内定位来看，影响定位技术实际应用效果的主要因素是硬件或基础设施可限制问题。比如 UWB 技术，虽然 UWB 定位精度足以满足消费级需求，但硬件普及度不高，缺乏室内定位基础设施成为目前 UWB 在消费级领域难以逾越的门槛。指纹定位虽无此类缺陷，但离线采集不仅要考虑采样点的密度，还要考虑智能手机型号、姿态等，室内场景的高频变化也会严重影响其定位性能，使得系统维护成本高昂。惯性导航定位由于需要融合其他定位手段来消除累计误差，因此间接受到其他定位技术的约束。从室内企业级定位的角度看，硬件与定位基础设施将不是定位技术实际应用的主要问题，因此可以优先考虑精度需求，再结合使用方式，部署维护需求等从多个角度进行定位方案的选择。对比各种定位技术的优缺点与定位系统需求，选择适合的定位技术，比如可以从 UWB 与 SLAM 中进行选择，同时还可以融合惯性导航定位，根据定位系统需求，定制适合的解决方案。

C　基于位置服务的定位问题

从定位系统设计的角度看，目前科研人员对定位问题的研究已取得了丰硕的研究成果，内容涵盖了 ToA 测量、时间差测量、RSS 测量、角度测量、光学测量、惯性传感器测量等测量技术，多边定位算法、TDoA 定位算法、AoA 定位算法、惯性导航定位算法、SLAM 定位算法等定位算法，以及融合定位、定位优化等组合优化方法，构成了室内定位可选技术库。从整个定位技术谱系的角度看，目前可以将定位分为测量技术、定位算法、组合优化方案三个层次，如图 4-14 所示。其中，测量技术是定位技术的基础，测量技术的特性很大程度上决定了定位方案的选择，而由于目前室内定位还不存在一种能够类比全球导航定位系统的普适性方法，因此对多种定位方法进行组合优化可以有效减少单独由某一种定位技术带来的缺陷。另外，从基于位置服务的角度看，除了以某种频率提供某一精度位置服务，还需要考虑几个其他的属性，包括定位与识别的绑定与分辨能力、定位系统容量及快速的定位系统部署能力。

D　定位中的识别与分辨能力

基于位置的服务一个隐含的需求是目标的识别与分辨。定位中的识别与分辨能力十分重要，因为只有识别才能将目标与位置准确直接绑定。这也是定位与检测技术的主要区别，如果某种技术不能提供多目标的分辨能力，那么它只是一种检测技术。某些室内应用以检测为基础，如智能家居的灯光调节、自主导航中的避障等，而基于位置的服务则需要以准确识别为基础，如室内导航、

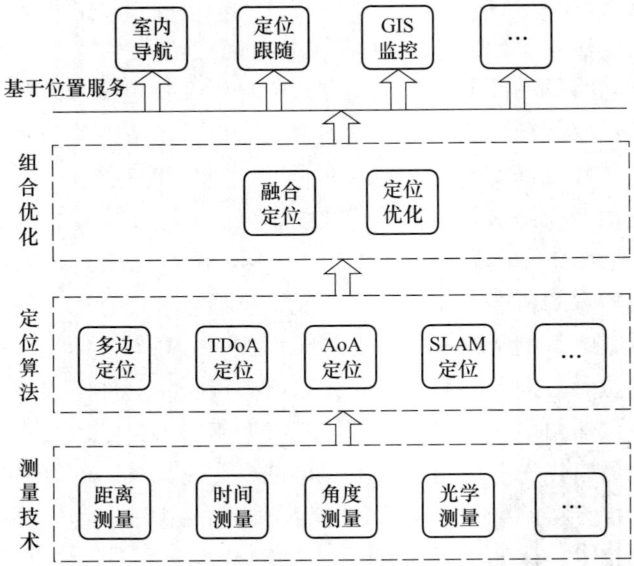

图 4-14　基于位置服务的定位技术与原理层次图谱

精确跟踪等。实现定位与识别的绑定，一种方式是识别与定位一体化，就是定位目标本身有 ID 标识，有感知能力与信息处理能力，无论定位解算在定位目标中进行还是在系统后台进行，都可以很容易地实现定位与目标的绑定。

主动定位是指人员借助移动终端主动获取自己的位置信息，在室内进行主动定位导航，如主动 SLAM 定位、基于 Wifi 信道状态的主动定位。被动定位是指在移动终端上安装定位标签，再利用定位系统对标签进行实时定位，例如信道状态信息的无源被动定位。另一种极端的情形是定位目标无感知能力或不提供感知信息的情况，比如伤员识别定位、车辆识别定位、可见光阴影定位的情况。此种情形，只要能通过光学测量等测量技术获得目标的深度信息，即可使用经典的几何关系求解目标位置，定位并不是其关键技术，而识别技术才是该问题的核心。识别技术的分辨能力是影响定位系统容量的主要影响因素，如使用视觉技术，车辆可以通过车牌识别，人员可以通过人脸识别，同时绑定位置信息；但识别技术也受到场景的影响，比如如果无法获取人脸或者车牌图像，位置与定位点绑定的挑战将跃升一个等级。

E　定位系统容量

基于位置服务的定位解算位置的不同、定位使用方式的不同，对定位系统容量会造成一定的影响。如果定位结果由定位目标解算，那么可以易于实现导航需求，但监控需求则需要将定位结果通过无线信道传至后台，系统所能定位目标的数目，即定位系统容量将受限于信道容量。如果定位结果由后台解算，可以很容易地实现监控需求，但测量信息的获取将受限于系统中定位目标数量的多少。同时，测量技术本身也会影响系统容量，UWB 技术如果采用双边测量法，需要移动台与基站间的双向通信，需要避免大容量定位时无线信号的冲突与碰撞，则无论定位解算位置在目标节点还是后台，定位系统的容量都受限于信道容量，而如果使用 SLAM 技术实现导航需求，理论上定位系统容量是没有上限的。使用基于 TDoA 的方式进行定位，由于移动台单向接收基站信息，理论上定位系统容量可以类比全球导航定位系统，上限是无穷大的，因此具有更广阔的前景。

F 快速的定位系统部署能力

从室内定位系统部署需求的角度看，基于位置的定位服务需求分两种，一种是突发性的室内定位需求（如消防安全领域的室内定位需求），另一种是一次部署长期使用的定位需求。对于突发性的室内定位需求，快速的室内定位系统部署十分重要。对于突发性的室内定位需求，目前业界的解决方案除惯性导航定位技术外，大都难以实现快速的室内定位系统部署。惯性导航系统能够在突发情况下实现此功能，但可用性上的提高还需室内地图的辅助，累计误差的消除也需要其他技术的支持。

G 室内定位技术应用面临的挑战

尽管目前室内定位技术飞速发展，可选定位方案越来越多，但现有技术在定位精度、部署与维护难度、定位系统容量等方面都存在各自的问题，还未出现一款较成熟的普适性的室内定位系统解决方案，特别是消费级场景，定位精度已经不是制约定位技术应用的主要方面，各种定位技术在实际应用中仍面临着诸多的挑战。具体而言，室内定位的应用仍存在以下几个方面的主要挑战：

（1）建立基于准确测量的室内定位基础设施。基于室内基础设施的定位（如 UWB 技术、AoA 技术）相比于 SLAM 技术及惯性导航技术有其独特的优势，它不受光线、累计误差的影响，定位基础设施一经部署即可长期使用，可以为惯性导航定位提供累计误差校正，为融合定位提供支持。室内基础设施建设可以通过部署回避非视距问题，如在走廊中与房间中分别部署基础设施，即可在定位时通过非视距识别技术选择视距测量进行定位。那么，如何将多个室内分散的定位基础设施低耦合地整合为一整套室内定位系统，是室内基础设施建设顶层设计所面临的挑战之一。另外，使用基础设施进行定位，准确的测量往往需要移动台依赖特定的硬件才能完成（如 UWB 定位），硬件受限是制约其应用的一个主要原因。但从长远来看，某种硬件技术如果能提供类比全球导航定位系统一样的性能，硬件的受限将不是问题，其前景可由硬件集成到 Wifi

中或智能手机中得以实现。

（2）室内定位系统的部署和维护成本。需要部署类的定位系统，其基于位置的服务需要经历部署与定位两个阶段，如指纹定位需要离线采集指纹数据及 SLAM 局部地图构建等。而室内环境、格局的频繁变化使得此类系统需要定期维护，维护工作量较大。基于定位基础设施的定位虽然维护成本较低，但基础设施部署时需要为每个基站配置定位坐标。为了同 GNSS 进行无缝连接，还需要获知基站部署位置经纬度坐标的精确值，大规模地部署带来了较大的部署成本。因此，在定位精度可达厘米级的情况下，如何快速部署基站坐标、节省部署成本、在室内环境变化时进行增量式的部署与系统维护，这些都成为制约室内定位应用的主要因素，也是室内定位所面临的挑战之一。

（3）室内定位系统的适应性。室内场景的复杂性表现在室内环境是高频变化的：一方面，室内存在大量的墙壁、门、其他桌椅等设施的遮挡；另一方面，人员流动、门窗的开关等都会造成严重的室内多径效应，使得指纹定位方式数据的离线采集受到影响。同时，场景的高频变化，包括光线的变化也会使得视觉 SLAM 的离线地图构建都受到影响。因此，室内定位算法不仅要考虑定位精度、部署难易等问题，还需要独立于环境变化，具有较强的环境适应性。如何从测量技术、定位方法及融合定位的角度，进一步地减少环境对定位性能的影响，将环境因素影响降到最低，也是室内定位应用所面临的挑战之一。其中，一方面，可以通过对环境变化的识别或技术突破来缓解多径效应带来的问题；另一方面，可以选用独立于环境变化的定位技术（如惯性导航定位）来提供较好的环境适应性，使用融合定位减少多径效应影响。就环境适应性而言，惯性导航技术具有天然的技术优势，同时惯性导航定位的累计误差又可以通过其他定位来校正，因此融合定位也是解决环境适应性这一挑战的主要趋势。

（4）室内定位系统的实时评估。目前室内定位技术性能评估方面的研究，一方面可以通过仿真或实际测量同真实位置进行对比，说明算法的有效性；另一方面，可以通过算法的横向对比，比较各个算法与技术的性能。这些文献中实验的性能分析是离线的、非实时的，可以粗粒度给出定位方案选择的指导性意见，并不能从实际系统的运行期给出稳定的性能分析，为位置服务的使用人员提供更详细的信息。然而，同一种算法，在不同的环境中也会表现出性能上的差异：SLAM 在有光线干扰的情况下，定位性能会受到影响；指纹定位方法在环境变化引起指纹变化时，定位误差会增大；同样的定位基础设施，由于室内格局的变化视距测量可能会变成了非视距测量；不同的基础设施，基站的拓扑也会影响定位性能；更复杂的多目标网络定位，其定位性能受到拓扑的影响；移动台在室内某处的定位精度比其他位置要高。因此，如何对定位性能进行实时性的运行期评估，如给出某一定位精度的置信度，提升定位可用性，将成为室内定位的重要挑战。实时性评估不但可用来自适应地改变融合定位的策略，也可为改善定位的环境适应性提供依据，还可以通过评估为重新部署定位系统提供建议。

（5）建立基于融合定位的普适性的室内定位体系。架构室内场景在地理上具有分散性和相对独立的特点，因此可以从面向应用的角度，针对不同的应用需求设计不同的定位系统。与此同时，从室内定位未来发展趋势来看，基于位置的服务存在服务迁移、无缝接入新场景、新技术更新等需求。因此需要将各种定位系统统一的基于位置服务的需求抽象出来，从融合定位的角度建立一个普适性的室内定位体系架构，该架构应具有以下几个基本特征：第一，考虑使用方式与系统容量，避免容量受限，为基于位置的服务提供统一的服务接口；第二，具有独立于技术的可扩展性，具有新技术的接入能力；第三，具有基于位置服务的迁移与无缝接入能力。通过普适性室内定位体系架构的建立，为室内定位的长远发展奠定基础，可以将多个独立的定位系统统一为一个可以类比 GNSS 的基于位置服务的室内定位体系，推动室内定位技术的发展与整合。

4.3.4.2 卫星定位技术

位置信息对于目标的确定很重要，没有位置的信息即便获得了也不能够确定信息的来源。为此，出现了各种定位技术。若知道了目标的位置信息，则可建立目标位置与目标状态信息的对应关系，如应用于确立火灾、安防现场的实时情况。运动目标的位置信息监测也有很多应用，例如汽车定位、汽车管理与调度、物流运输、仓储物流位置监测。在机器人应用中，可以探测机器人运动位置、矿井下机车和人员的运动位置等。发射的导弹可以跟踪并摧毁运动目标，可以通过位置信息掌握卫星运动的轨迹，根据位置信息雷达可以监测飞行器的运动方位和距离。卫星定位是以卫星作为参考点，定位点利用卫星接收器获取卫星信息，采取定位算法来得到方位信息。如美国的 GPS 定位、中国的北斗卫星导航系统、俄罗斯的“格洛纳斯”（GLONASS）卫星导航系统、欧洲的伽利略卫星。GPS 定位的基本工作原理是根据高速运动的卫星瞬间位置作为已知的起算数据，采用在距离后方交会的方法，准确得出待测点的位置。如图 4-15 所示，假设 t 时刻在地面待测点上安装 GPS 接收机，另有 Δt_i（$i=1$，2，3，4）分别为不同时刻卫星的各个信号到达接收机所经历的时间。

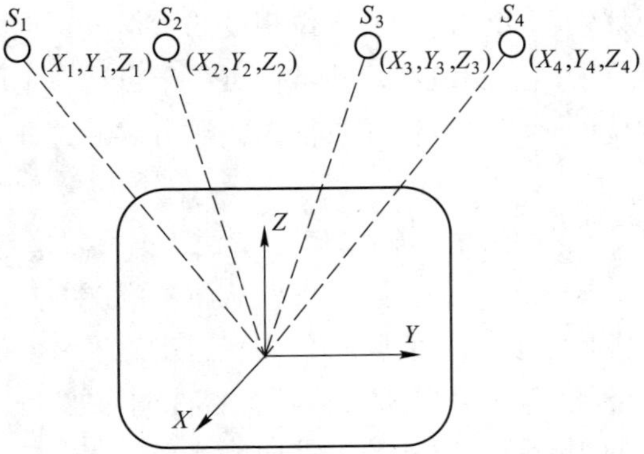

图 4-15　GPS 示意图

A　GPS 系统

a　GPS 系统的含义

美国从 20 世纪 70 年代开始研制全球定位系统（Global Positioning System，GPS)，在经历 20 年及耗资 200 亿美元后于 1994 年全面建成。GPS 具备海、陆、空全方位定位功能，可以实时三维导航和定位，GPS 是新一代卫星定位、导航系统。

GPS 因其全天候、高精度、高效益、自动化的特点，获得广大测绘工作者信赖，成功应用于资源勘查、大地测量、地球动力学等众多学科，它给测绘行业领域带来一场全新的技术变革。GPS 系统能够为用户提供连续实时的三维位置、三维速度、精密时间等，并且不受天气的影响。GPS 定位精度相对高，单机定位精度优于 10m 以上，通过采用差分定位方式，精密度甚至可以达到厘米级和毫米级。GPS 功能多、应用广，在尺度测量、测速度、测时、导航等方面都取得了广泛的应用。

b　GPS 系统构成

GPS 系统主要是由空间 GPS 卫星星座、地面控制部分监控系统、终端用户设备组成。GPS 卫星星座由工作卫星及其星座构成，一般由 21 颗工作卫星与 3 颗在轨备用卫星构成 GPS 卫星星座，也可记作（21+3）GPS 星座。24 颗卫星均分于 6 个轨道平面内，轨道倾角为 55°，各轨道平面之间夹角 60°，每个轨道上有 4 颗卫星。GPS 星座图如图 4-16 所示。

而位于地平线以上的卫星颗数则随着时间、地点变化，至少可见到四颗，最多则可以见到 11 颗。卫星的这种分布使得其在全球任何地方、任何时刻均可观测到 4 颗以上的卫星，并且能够保持较好定位解算精度的几何图像，因此

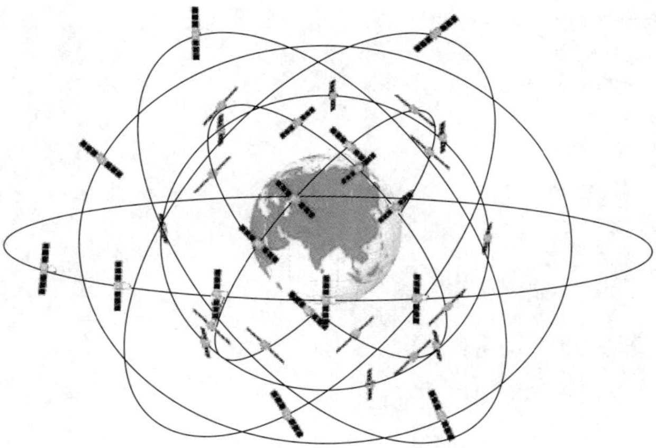

图 4-16 GPS 星座图

具备了在时间上连续的全球导航能力。地面监控系统一般由 4 个监控站、1 个主控站、1 个上行注入站构成。监控站上设有 GPS 用户接收机、传感器、原子钟和用于数据初始处理的计算机，监控站的主要任务是获取卫星观测数据并将其传送至主控站。美国 GPS 系统主控站设置在范登堡空军基地，以此实现对地面监控站进行全面控制。主控站的任务是通过收集到的各个监控站对 GPS 卫星的观测数据，计算每颗 GPS 卫星的轨道和卫星钟改正值。美国 GPS 系统上行注入站同样设在范登堡空军基地，它的任务则是在每颗卫星运行至上空时把导航数据和主控站的指令注入卫星。用户终端设备部分主要包括 GPS 接收机硬件、数据处理软件、微机处理机和其终端设备等。GPS 信号接收机是终端设备的核心，主要由主机、电源、天线三部分构成，它的主要功能是接收跟踪 GPS 卫星发射的信号并进行卫星信号的变换、放大处理，从而测量得出 GPS 信号从卫星到接收天线的传播时间，并解译导航电文，实时准确计算出测站的三维位置、三维速度、时间。GPS 接收机常规电源是蓄电池，采用机内、外两种直流电源。机内电源的作用是在机外电池不间断连续监测时，机内电池自动充电及关机后为 RAM 存储器提供电能来防止数据的缺失。

c GPS 定位方式

GPS 定位方式是采用空间被动式测量原理，即在测量站上安有 GPS 用户接收系统，并以各种可能的方式接收 GPS 卫星系统发送的信号，再由计算机求解站星关系与测站的三维坐标。图 4-17 为空中卫星图片。

近年来，全球卫星定位系统已广泛应用于军事、民用领域。GPS 定位的方法类型较多，根据不同的分类标准可以有不同的分类。因此，可以根据不同的用户用途而采用不同的分类方法。

图 4-17　GPS 空中卫星

（1）绝对定位与相对定位。根据定位模式的不同，分为绝对定位和相对定位。绝对定位也称为单点定位，它是一种通过一台接收机进行定位的模式，它确定的是接收机天线的绝对坐标；其优势在于只需一台接收机便可独立确定待求点的绝对坐标，并且观测方便、速度快，数据处理简单。它的缺点是精度较低，只能达到米级的定位精度。相对定位也称为差分定位，此种定位运用两台以上接收机对同一组卫星进行观测，以此来确定接收机天线间的相互位置关系。相对定位是目前 GPS 测量中精度较高的方法，已广泛应用于高精度测量工作中。

（2）静态定位与动态定位。根据待定点的位置可以分为静态定位与动态定位，静态定位是指待定点的位置在观测中保持定不变，静态定位是 GPS 在大地测量中的典型应用。在静态定位中 GPS 接收机捕获与跟踪 GPS 卫星的过程中保持固定不变，接收机可以较高精度的测量 GPS 信号的传播时间，并通过 GPS 卫星在轨的已知位置，计算得出接收天线位置的三维坐标，静态相对定位的精度可达几毫米到几厘米的范围。动态定位则是指待定点在运动载体上，其位置在观测过程中是变化的，例如 GPS 在船舶导航中的应用。动态定位是通过 GPS 接收机测定一个运动物体的运行轨迹。承载 GPS 信号接收机的运动物体叫作载体。载体上的 GPS 接收机天线在跟踪 GPS 卫星的过程中相对地球运动，接收机通过 GPS 信号实时测量运动载体的状态参数，动态相对定位精度可达几厘米至几米。

（3）实时处理和后处理。根据信号的处理时间分为实时处理及后处理，实时处理即一边接收卫星信号，一边进行计算，获得目前当前的位置、速度、时间等信息。后处理是先把卫星信号记录在存储介质上，再进行数据处理。一般来说，静态定位用户较多采用后处理方式，动态定位用户主要采用实时处理方式。

d GPS 定位在物流中的应用

飞机、轮船、车辆、步行者均可以通过 GPS 导航器进行导航，GPS 导航系统和电子地图、无线网络、计算机车辆管理信息系统等集成应用，可实现车辆跟踪与交通疏导管理等功能。GPS 众多功能在物流领域显得尤为重要，由于货物配送是物品空间位置的转移过程，在货物的配送过程中，牵涉到货物的运输、仓储、装卸、送递等环节，对于如运输路线的选择、货物库存位置的定位、仓储的管理、装卸的策略、运输车辆的调度、投递路线规划等物流环节涉及的问题，均能够运用 GPS 导航实现路况信息的实时反馈、车辆位置的跟踪、物流追踪、信息查询等功能有效管理与决策分析。GPS 在物流活动中的应用有利于配送企业高效的资源利用，降本增效。

（1）车辆跟踪。通过 GPS 与电子地图能够实时显示出车辆位置，并能够任意放大、缩小、还原、换图，可以随目标移动，使目标一直保持在屏幕上，也可以实现多窗口、多屏幕同时跟踪。通过该功能可对重要车辆与货物进行跟踪运输。

（2）出行路径规划和导航。一般车辆导航系统中均可提供行驶路径规划与导航等辅助驾驶功能，其中包括自动线路规划与人工线路设计。自动线路规划是指驾驶者自主确定起点与目的地，再由计算机软件按需求自动设计最佳行驶路线。人工线路设计是指驾驶员根据想要到达的目的地设计起点、终点、途经点等，并自动建立路线库。线路规划完毕后，显示器会在电子地图上显示设计路线，并显示汽车运行路径与运行方法。

（3）信息查询。车辆用 GPS 能够为用户提供主要目标信息查询，例如加油站、旅游景点、宾馆、医院等。用户可在电子地图上根据需要进行查询，查询方式可以为文字、语言、图像的形式，并能够在电子地图上显示其位置。同时，监测中心可通过监测控制台对区域内的任意目标所在位置进行查询，车辆信息将会以数字形式在控制中心的电子地图上显示出来。

（4）话务指挥。指挥中心能够监测区域内的车辆运行状况，并对被监控车辆合理调度，指挥中心能够随时和被追踪目标通话，并实行管理。

（5）紧急救援。运用 GPS 定位与监控管理系统能够对遇有险情或发生事故的车辆进行紧急救助。监控台的电子地图显示求助信息与报警目标，规划出较优救援方案，同时以报警声光信号提醒值班人员进行应急处理。

B 中国北斗卫星导航系统

中国北斗卫星导航系统（Beidou Navigation Satellite System，BDS）是由我

国自行研制的全球卫星定位系统，与 GPS、GLONNASS、伽利略齐名，均为成熟的卫星导航系统。它能够在全球范围内全天候、实时为各个类别用户提供高精度、高可靠定位、导航、授时服务，同时具有短报文字通信能力。

a　北斗系统组成

北斗系统由空间段、地面段、用户段三部分构成，其中空间段由 35 颗卫星构成，这里包括 5 颗静止轨道卫星、27 颗中地球轨道卫星、3 颗倾斜同步轨道卫星。5 颗静止轨道卫星定点位置分别为东经 58.75°、80°、110.5°、140°、160°，中地球轨道卫星运行在 3 个轨道面上，轨道面间隔 120°。北斗卫星系统地面段则包含主控站、时间同步、注入站、监测站等地面站。用户段主要由北斗系统兼容的卫星导航系统芯片、模块、天线等基础产品及终端产品、应用系统、应用服务等构成。

b　定位原理

北斗系统空间段 35 颗卫星位于距离地面 2 万多米的太空，它们以固定的周期绕地球飞行，因此在任意时刻，在地面上的某一点均可同时观测到四颗以上卫星。因卫星的位置精确已知，通过接收机在对卫星观测中可测出两者之间的距离，通过三维坐标中的距离公式，即三颗卫星位置就可以组成三个方程式，并解出观测点的位置（X，Y，Z）。计算中考虑到卫星时钟和接收机时钟之间的误差，实际上有 X、Y、Z、钟差四个未知数，所以需引入第四颗卫星，从而形成四个方程求解。在实际应用中，接收机一般可锁住四颗以上的卫星，接收机能够按卫星的星座分布分成若干个四颗星构成的小组，再通过计算挑选出误差最小的一组用作定位，这样可以提高定位精度。因卫星轨道、时钟存在误差，以及大气对流层、电离层对信号的影响，所以民用卫星的定位精度在数十米量级。为了更好地提高定位精度，目前普遍采用差分定位技术，即建立地面基准站来进行卫星观测，通过已知的基准站精确坐标和观测坐标对比，来获得修正参数。接收机收到修正参数后，和自己的观测值对比，从而消去大部分误差，获得一个相对准确的位置，使得定位精度可达米级。

c　定位特点

北斗卫星导航系统的定位精度基本参数为水平 10m、高 10m、测速精度 0.2m/s、授时精度 10ns，北斗卫星导航系统整体性能和 GPS 相当。北斗系统运用三频信号，三频信号能够较好地消除高阶电离层延迟影响，从而提高定位可靠性。同时，若一个频率信号出现问题，能够利用其余两个频率进行定位，增强了定位的可靠性与安全性，它也是全球首个提供三个频率信号服务的卫星导航系统。北斗一代实行接收机自己发射信息和卫星通信的有源定位方式，仅两颗卫星就可以完成定位，并需要信息中心数字高程模型 DEM 数据库支持和参与解算。北斗二代和 GPS 一样使用无源定位，不需要信息中心参与解算，有源定位则作为补充功能在北斗二代上保留下来，但不作为主要定位方式。短报文通信服务是北斗系统独有的功能，在汶川地震时，震区唯一的通信方式就是北斗一代短报文通信，非常实用。由于受到容量限制，短报文通信可作为紧急情况通信，不适于日常通信。

北斗系统地面监控由监控站、主控站、注入站三个部分构成，中国在设计北斗系统时就曾考虑到地面监控部分仅在中国境内建设才能保证整个系统的正常运行。在境外建站只能起到提高精度的作用，绝不能作为控制功能。北斗系统境内监控具有安全优势，不受制于其他国家。

d 北斗系统在物流方面的应用

在道路交通管理方面，北斗卫星系统有助于减缓交通堵塞，提高道路交通管理水平。利用在车辆上安装卫星导航接收机与数据发射机，车辆位置信息能够在几秒钟内自动转发到中心站。这些车辆位置信息能够用于道路交通管理。

在铁路智慧交通方面，卫星导航会促进传统运输方式实现升级和转型。例如在铁路运输领域，通过在车辆上安装卫星导航终端设备，可较大缩短列车行驶间隔时间，降低运营成本，提高运输效率。北斗卫星系统将来会提供高可靠、高精度的定位、授时、测速服务，促进铁路交通的数字化、信息化。

海运与水运方面，它是卫星系统较早的应用领域，在世界各大洋与江河湖泊行驶的各种船舶大部分安装了卫星导航终端设备，促使海运与水运更为高效安全。北斗卫星导航系统可以在任何天气条件下为水上航行的船舶提供导航定位与安全保障。同时，北斗卫星导航系统具备的短报文通信功能支持各种新型服务的开发。

在航空运输方面，卫星系统最基本的作用是确保飞机间的安全距离。通过卫星导航精确定位和测试的优势，可以实时确定飞机的瞬时位置，从而减小飞机间的安全距离，甚至在能见度较低的大雾天，可以辅助实现自动盲降，从而提高飞行安全与机场运营效率。利用北斗卫星导航系统和其他系统的有效结合，将会为航空运输提供更多的安全保障。

在车辆应急救援方面，北斗卫星导航系统不仅能定位，还可以提供短报文通信功能。通过卫星导航终端设备可及时报告所处位置，有利于对遇险、故障车辆实施救援。

4.3.4.3 RFID 定位技术

射频识别 RFID 是一种非接触式的自动识别技术，它利用射频信号自动识别目标对象并取得相关数据，识别工作不需要人为干预，并可在较恶劣环境工作。如图 4-18 所示，基本的 RFID 系统由标签、定位器、天线构成，在 RFID 应用中，电子标签附在待识别物体的表面。定位器利用天线发送出固定频率的射频信号，当标签进入磁场时产生感应电流并获得能量，发送出自身所编码的信息被读卡器读取。一般定位器和电脑相连，所读取的标签信息会被传送至电脑上进行后续处理。在固定范围内放置若干个读写器，每次携带标签的产品经过此放置有读写器的地方时，读写器均会向主机报告此物品在经过某某位置，进而达到物品定位的功能。

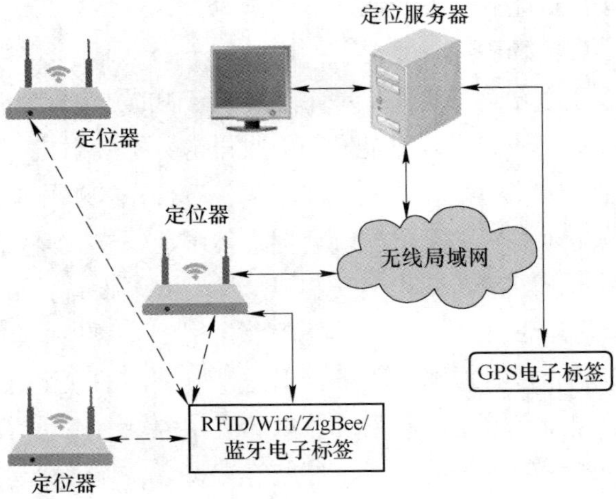

图 4-18　RFID 定位示意图

RFID 技术可识别高速运动物体，并可以同时识别多个标签，操作简便迅速，一般应用在企业流水线物料追踪。长距离的 RFID 射频产品多应用于交通上，例如自动收费、识别车辆身份等，识别距离能够达到几十米。

4.3.4.4　ZigBee 定位技术

2002 年下半年，美国摩托罗拉公司、英国 Invensys 公司、日本三菱电气公司、荷兰飞利浦半导体公司四大公司共同提出“ZigBee”为下一代无线通信标准。Zigbee 底层使用 802.15.4 的物理层和 MAC 层。ZigBee 联盟形成了涵盖网络、安全、应用内容的上层协议。目前市场上主要 ZigBee 芯片提供商有 TI/CHIPCON、EMBER（ST）、JENNIC（捷力）、FREESCALE、MICROCHIP 等。CC2431 是 TI 公司设计的带硬件定位引擎的片上系统（SoC）解决方案，可以满足低功耗 ZigBee/IEEE 802.15.4 无线传感器网络的应用需要。CC2430 由

2.4GHz 直接序列扩频（DSSS）射频收发器核心和增强型工业标准的 8 位 8051 微控制器组成，是带有闪存的 8051 内核 ZigBee 无线单片机，CC2431 具有 CC2430 硬件功能并带有定位跟踪引擎。CC2431 的定位引擎则是基于 RSSI 技术，根据接收信号强度和已知参考节点位置准确计算出有关节点位置，再将位置信息发送给接收端。CC2431 的硬件定位引擎和软件定位方法相比的优势是速度快、精度高，并且不占用处理器时间。

图 4-19 所示为采用 CC2430 和 CC2431 的定位示意图，该定位系统的主要特点为：定位估计算法需 3~8 个参考节点，计算节点位置耗时少于 40μs，定位范围为 64m，定位较低于 3in(7.6cm)，定位引擎采取分布式计算方法，该方法利用已知参考节点的 RSSI 信息定位。节点上分布式定位计算可以免除集中计算方法带来的大量网络传输和通信延迟问题。

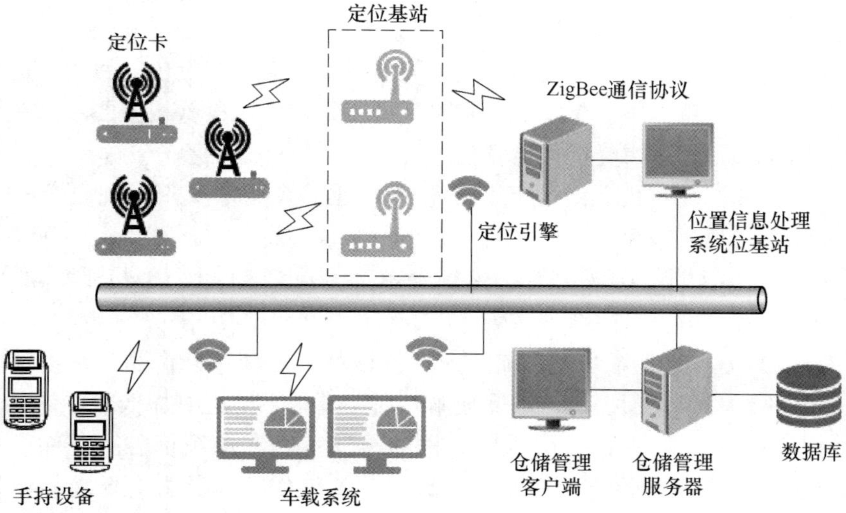

图 4-19 ZigBee 定位示意图

4.3.4.5 其他定位技术

AT&T Cambridge 研究室开发的基于红外技术的有源标签可应用于室内物体的定位，但它需要物体必须与红外线阅读器成一条直线，目标定位距离较近，所以限制了它的发展。基于无线局域网 IEEE 802.11 的定位系统，在一定的区域内安置适量的无线基站，并根据这些基站取得的待定位物体发送的时间、强度信息，结合基站所构成的拓扑结构综合分析，进而确定物体的具体位置。此类系统通过现有的无线局域网设备，只需增加相应的信息分析服务器就可完成定位信息的分析。超声波技术、Cricket Location Support System 和 Active Bat location system 是目前成功使用的两个系统，它们都利用了类似蝙蝠定位的原理，可以实现最高精度到 9in(22.86cm) 的定位。但是这类系统的成本较高，不适合大面积推广。

4.3.5　室内外定位系统

空间信息和数字技术发展至今，已催生了大批优秀的定位系统。在日常和商业应用中，即使室内定位、室外定位均已经相当成熟，但室内定位技术仍有很大的发展空间。室内环境中实现位置定位主要通过无线通信、基站定位、惯性导航定位等多种技术集合成一套室内位置定位体系，进而实现人员、物体等在室内空间中的位置监控。而这一技术发展至今，也衍生了多种人员和物品定位管理系统，其中主流的有如下几种：

(1) RFID 被动定位系统，也称无线射频识别。无线射频识别技术主要通过射频方式进行非接触式双向通信交换数据来达到识别与定位的目的。这种技术一般应用于区间定位，无法进行实时定位，定位精确度低，主要应用在针对区间定位要求的普通物资及人员管理。

(2) Wifi 被动定位系统优势是能够在广泛的应用领域内实现复杂的较大范围定位、监测、追踪任务，比较符合当前多数的用户习惯；缺点是在部署实施时 AP 需要布线，实施复杂，网络成本高，主要应用于手机低精度位置统计。

(3) iBeacon 定位系统是目前室内定位领域中的变革性产品，它不仅定位精度高，而且覆盖范围极广，部署成本相对于其他系统也更加低廉，是目前医院、养老院、工厂、展馆、综合性大楼的首选室内定位系统。从硬件设备来看，iBeacon 是实现瞄准定位系统的基础，它的工作方式是配有低功耗蓝牙通信功能的设备运用 BLE 技术向周围发送自己特有的 ID，接收到该 ID 的应用软件会根据该 ID 采取某些行动。例如，在商场中设置 iBeacon 通信模块，即可由服务器通过 APP 或微信公众号向客户发送相关折扣优惠信息。此外，还可以面向终端业务用户提供相应的业务整合方案。综合来说，iBeacon 设备不仅定位精度高、部署实施方便，云里物里的 iBeacon 硬件设备不仅精度高，而且质量好，可提供完整的室内定位解决方案。

4.3.6　定位技术应用现状

4.3.6.1　基于智能定位技术的无人物流车辆

借助电子商务业快速发展，物流发展问题逐渐成为人类所关注的热点问题。人类生活离不开物品的供给，物流业的良好发展影响着人们的衣食住行等，同时也逐渐成为国家振兴计划中较为关键的发展产业。近几年以来，随着物流业的发展，物流车辆在运输过程中产生的各种问题也不断浮现出来，由于我国的物流业仍处于发展阶段，对于物流车辆的监控等方面的管理仍需不断得到改善，缺少必要的应用经验以及管理技巧，无法对物流车辆进行远距离实时追踪，并缺少准确位置查找功能，对于物品的流动监控效果较差。在此种情形之下，如何对物流车辆进行准确定位以及实时监控，成为物流业发展过程中急需解决的问题之一。传统的监控系统中将系统硬件部分划分为定位车载终端、实时监控中心以及系统控制三大模块，将全球定位系统与地区道路相联系，同时构成物流监控网，通过网络及通信数据向用户提供物品运输物流信息，软件部分利用互联网信息技术，具备通信程度较高的特点；同时经由 GIS 软件，将物流信息系统进行连接，进而完成定位系统的数据传输操作，并利用单片操作机向定位系统发送主控制系统下达的命令，定位系统接收到传输信息后及时进行信息反馈，有效对物流状况做出分析，以实现对物流车辆的整体监控操作。

基于智能定位技术的无人物流车辆智能监控系统包括下面四个模块。

(1) 传感器模块。基于智能定位技术的无人物流车辆智能监控系统的传感器依据所接收到的物流车辆信息进行感应并将感应数据传输至感应器中心系统，根据传感器转轴一端的永久性磁铁的平行磁场强度测出所需传感器转轴的绝对角位置，用户需求可将传感器角度范围设置在 0°~60°之间。输出的信号可分为电压输出、电流输出等多种形式，同时对系统进行反向保护处理，电源供电范围控制在 8~28V 之间。

(2) 无人物流车辆定位模块。无人物流车辆智能监控系统可采用基于 NXPJN5168 无线微控制器开发的 ZigBee 模块，ZigBee 模块低耗能、高性能，能够提供一个相对完整的基于 IEEE802.15.4 标准 ISM 频段的集成系统方案；在用户需求的前提下，应用对应的智能定位技术，将传感器获取的物流信息的通信协议经过集成处理传输至内置的 MCU 中，同时将较为复杂的系统协议简化，并能够较好地为中心系统服务。此模块由具备 ZigBee 快速组网协议、多形态协议等应用状态较为广泛的全路由组网协议组成，同时支持 Mesh 网络并应用于物流车辆信息智能监测中，其定位模块图如图 4-20 所示。

(3) 无人物流车辆定位监控模块。无人物流车辆定位监控平台可采用无线远程监测终端 RTU，内部配置实时监控系统，将远程 I/O 控制与数据传输及系统自动报警功能相结合。同时具备 4 路开关量信号输入、4 路开关量信号输出、4 路 AI 采样接口以及 2 个远程数据通信 RS485/RS232 接口，接入信号异常报警功能可由用户自主设定，其监控模块图如图 4-21 所示。它可以进行

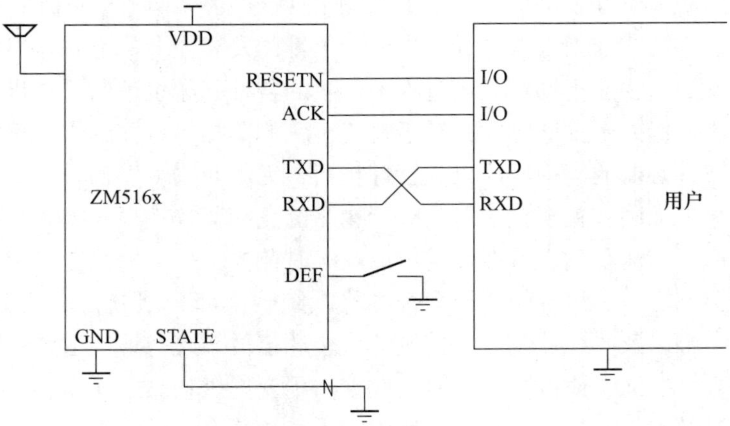

图 4-20　定位模块电路图

监视测量，并控制安装于远程现场的传感器和相关车辆物流设备。基于智能定位技术可与 Google 地图连接使用。

图 4-21　监控模块图

(4) 基于智能定位技术的无人物流车辆智能监控系统工作流程。基于智能定位技术的无人物流车辆智能监控系统程序可自主设计，从而更好地协调系统监控性能，同时将传感器网络终端监控设计的性能提升。利用传感器的节点收集以及传输信息获取的能力，将采集信息传输至系统中心协调器，辅助系统完成信息传输与远距离收集。由于协调器在调节控制的同时会产生数据节点，为此，需将此节点由 FFD 节点转化至 RFD 节点。同时将转化后的节点进行系统监控感应操作，在无线传感网络中此节点组成的系统组将构造一个单独的监控平台，进一步自行组成监控网，并与 RFD 节点相连接构成无线系统通信线路。将无线传感系统节点作为中心数据通过 RFD 节点进行整体系统数据收集与调控，并根据所处监控环境进行自主调节，其程序流程图如图 4-22 所示。

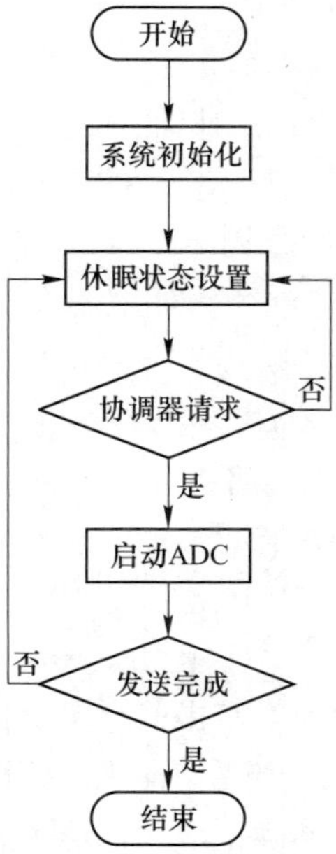

图 4-22 程序流程图

基于智能定位技术的无人物流车辆智能监控系统程序整体流程实施后，如果系统工作运行状态正常或者无新数据收集，则将数据节点调整至休眠状态待命。进一步利用协调器节点进行监控命令的下达，实时处理监控中心的命令信息，并根据所下达的命令经由智能定位技术无线通信系统将所监控的目标信息以及数据采集信息进行传输。在系统接收电量后，解锁相应参数调控设备，并启用实时报警系统对异常现象进行紧急预警。

4.3.6.2 基于机器视觉定位技术的工业机器人搬运

机器视觉主要是通过摄像设备代替人眼进行观察，获取相应的信息，并利用计算机模拟人脑对于各种视觉信息的处理功能，从获取到的图像中提取所需的信息，方便机器人更好地感知物体的状态与形状，完成相应的工作。机器视觉主要有二维视觉技术、三维视觉技术，其中二维视觉技术主要用于表面检测、安防等多种需获取物体平面信息的相关领域中；三维视觉技术主要通过分析一幅或是多幅图像的信息，获取所需处理物体的三维信息，主要用于搬运、装配、导航等多个需要明确环境空间的领域。比如“好奇号”火星车利用机器视觉技术，实现火星车定位、避障、导航、目标识别、自我修复、采样等功能，而无人机则通过机器视觉技术实现目标跟踪、导航避障、测绘地图等功能。

A 工业机器人视觉搬运目标的定位

想要充分发挥工业领域机器人的机器视觉、搬运等功能，则必须合理设计视觉搬运系统，并且需要考虑合理且科学的手眼配置形式。现今比较典型的手眼配置形式主要有“眼在手”“眼固定”两种方式。相较于“眼在手”方式，“眼固定”方式虽然可获取固定的工作环境图像信息，可辅助工业领域进行集成控制，但无法获取工作环境中更为细节的信息，并且容易受机器人影响，视线容易被遮挡，观察灵活性比较差，因此眼在手方式更具有应用价值。将相机安装在机器人的末端，令光轴、端手爪的开合平面维持垂直状态，可在远离观察目标时获取更为宽广视野，在有效节省安装空间的同时，不会妨碍机器人灵活动作，可有效预防双目相机因基线长度对机器人灵活度、精密度造成的影响。

在正式使用手眼视觉系统前，需提前标定摄像机中的参数、畸变系数、摄像机本身对末端执行器的位置。想要保证机器人顺利完成搬运工件的识别、定位工作，则必须保证系统标定准确，从而保证手眼视觉系统的精度。只有做到以上几点，才能预防机器人后续工作出现的误差现象，避免机器人的应用价值下降，保证机器人可靠、稳定地进行。应用计算机视觉技术定位所需搬运工件，主要借助摄像机获取所需工作领域中的搬运工件信息领域以及系统标定参数，并通过计算机获取空间物体的相关三维信息。而摄像机标定则是二维信息和三维信息之间的纽带，也是空间中坐标和图像上投影点的映射关系，这种映射关系主要通过摄像机成像模型决定。成像模型主要阐述空间点和映射点的关系，通过数字表示形式获取相应的投影矩阵，在矩阵分解后，可获取摄像机内外特性参数。内参数则意味着光学特征参数与内部稽核参数，也就是主点、焦距、畸变系数等；外参数则是指平面空间位姿。因此，摄像机的实际标定过程其实就是计算投影矩阵，确定摄像机内外参数的过程。

若要满足工业领域的实际需求，摄像机标定法仍需满足以下特性：首先是精确性，只有保证较高精度，才能实现准确标定，从而进行下一步精度计算；其次是自治性，只有在定标过程中实现半自动化或是自动化，才能减少人工参与，提供工业作业安全性。最后是通用性，能够在多个不同场合、不同领域应用，能够在不同摄像设备中应用，才能满足不同精度标准，从而进一步提高其应用价值。

B 工业机器人搬运目标识别定位技术

为保证工业机器人能够顺利完成搬运工作，需要为机器人安装匹配的目标识别方法。从机器人的实际应用情况能够看出，整体特征匹配识别法拥有理想的应用价值。轮廓是一种十分典型的特征，通过轮廓体征，可让机器人获取相对具体的信息，可方便机器人展开后续的搬运工作。从实际应用情况可以看出，有关轮廓特征的目标识别方法非常多，譬如小波变换轮廓匹配法和傅里叶变换匹配法，这两种匹配法均是通过将空间领域的轮廓转变入频域，进而实现匹配。这一类匹配法主要借助轮廓能量匹配达到目的。但是，这两种匹配法对噪声非常敏感，很容易被噪声影响。多尺度金字塔空间轮廓匹配法主要是通过在多尺度金字塔空间中的计算轮廓的实际匹配程度，轮廓粗匹配相似性与轮廓细匹配相似性，从而提升匹配的精度与速度。基于曲率特征的轮廓匹配法主要是利用计算组成轮廓曲率集合，从而获取曲率集相似度，达到完成匹配工作的目的。但对于圆弧或圆形特征，则需要更大的计算量。但随着机器人发展速度的加快，现今工业领域中使用的工业机器人主要通过将子轮廓、轮廓矩特征、轮廓局部特征三种方法结合来达到搬运工件目标识别的目的。

C 基于目标识别定位技术的工业机器人搬运流程

首先，识别所需搬运的工件，确认工件信息后，将出库的工件送入相应的准备位置，而后机械手将需要搬运的工件一一放入输送台传送带上，输送台上每放置一个，放置位置的传感器就会接收到一个信号，步进电机就可向前运动一段明确固定的距离，直到所需搬运的工件全部一一放置在输送台上，全部放置后，机械手停止动作，等待命令。而上位机则会根据计算机发布的组合指令，将传送带上的搬运工件按照提前设置好的参数送入相应的渠道，传送带的搬运工件会被一一取走。工件每取走一个，提取部位的传感器则会接收信号一次，步进电机则会向前运动一段明确固定的距离，直到输送台上所有搬运工件全部离开输送台。不同的工业领域其搬运流程不同，例如在搬运七巧板玩具时，首先需要拆分七巧板的七个工件，并将工件一一放在相应传输带，机械手获取信息完毕后，一一搬运工件，并依据设定好的图形将七巧板按照相应图形摆放，直到所搬运工件被一一搬运走，机械手才会停止操作，等待指令。

4.3.6.3 在室内定位工程中的应用

目前人们对“看见”的需求越来越多，“眼见为实”带动了视频采集、传输、应用技术的飞速发展，如民用建筑有视频监控系统，警用领域有“雪亮工程”等。但当“看不见”时，定位技术给了人们去“看见”的眼睛。定位技术提供各式各样的应用，如文化类场馆借助室内定位技术为重要物品定位，提高防盗、防损的安全防护；医疗卫生建筑希望能够对特殊病患进行定位监护，以防止其发生意外；高危化工厂要求对人员进行定位管理，以防止发生安全事故等。室内定位在楼宇、物流、化工、电力、医疗等行业均有众多的功能需求。

A Wifi 室内定位技术

Wifi 室内定位是相对成熟并应用较多的技术，无需再铺设专门的设备用于定位。Wifi 室内定位技术主要有两种：一种是利用移动设备与 3 个无线网络接入点的无线信号强度，采用差分算法，以此比较精准地对目标物进行三角定位，其运用的是接收信号强度方法（RSSI）；另一种是通过事先记录确定位置点的信号强度，利用新加入设备的信号强度对比已有海量数据的数据库，以此确定位置也称“指纹”定位。但是 AP 的信号强度随着距离变化的分辨率不高，Wifi 所处的 2.4GHz 环境可能会有其他信号，造成定位精度不高。尤其对于人员定位，环境变化较大，定位漂移现象严重。

利用 Wifi 定位技术在大型商场内的位置数据进行分析，可精准获取到整个商城客流分布情况、每个顾客在商场内的活动轨迹及驻留时间等数据。基于大数据分析平台，分析顾客喜好，方便二次营销及为商场的各种资源价值提供数据依据。无线客户端在进入商业区域时，定位终端会定期地搜索周围的无线网络。当顾客通过浏览器认证页面进行认证上网后，商场便建立与顾客的直线连接。定位频率可以设置为 1s 或以上。网络传输会耗费一定时间。定位算法上剔除人体和其他信号对定位精度的干扰，在算法上做特定的调整，可能出现延时。AP 定位器数量虽然多，但是 AP 定位器成本低，可以集中管理，通过 POE 方式供电。AP 定位器无线发射功能可以禁止，所以大量 AP 定位器并不会产生无线信号，这与普通 AP 不同，不会造成无线干扰。在确定具体节点数量与位置前，要考虑每个位置点的终端数量峰值和每个 AP 的吞吐能力。根据 AP 功率，判断 AP 有效信号所能覆盖的范围，至少有 3 个 AP 的信号场强指示（RSSI 值）达到要求。一般每个 AP 的同时客户端扫描能力在 30~40 个，吞吐在 0.5ms。综合以上参数，合理地确定 AP 的位置点和安装数量。

B 蓝牙室内定位技术

a 蓝牙室内定位技术简介

蓝牙技术是一种短距离无线通信技术，起初应用于固定设备、移动设备间的短距离数据交换。根据定位端的异同，蓝牙定位方式可分为网络侧定位和终端侧定位。网络侧定位系统由手机、平板电脑等带低功耗蓝牙的终端、蓝牙网关、蓝牙信标节点、无线局域网和后端数据服务器构成。其定位基本过程是在区域内铺设信标与蓝牙网关；当终端进入信标信号覆盖区域时，终端会感应到信标的广播信号，测算出在某信标下的 RSSI 值，利用蓝牙网关经过 Wifi 网络传送到后端数据服务器，再利用服务器内置的定位算法测算出终端的具体位置。在较大范围的定位需求上，蓝牙与 Wifi 定位技术的区别不大，蓝牙定位精度略高些。终端侧定位系统由终端设备（如嵌入 SDK 软件包的手机）和蓝牙信标组成。其具体定位原理：在应用范围内铺设蓝牙信标；信标不断地向周围广播信号和数据包；当终端设备进入信标信号覆盖的区域范围时，测量出其在不同基站下的 RSSI 值，再利用手机内置的定位算法测算出具体位置。当前，蓝牙 5 加入了室内定位辅助功能，有助于提高室内定位的精确度。蓝牙受环境影响大，受噪声信号干扰大，需要针对应用的环境来规划使用。相较 Wifi50～100m 的有效距离，蓝牙 4 的有效传输距离与 Wifi 差不多，蓝牙 5 有效传输能达到 300m。但受终端功耗限制，蓝牙 5 的感应距离一般为 10m。现阶段，为了定位需求去布署蓝牙室内覆盖环境，业主需要考虑投资与所得价值的比率。

b 蓝牙室内定位技术应用

某商业综合体工程地下 2 层，停车位共计 1024 个。结合视频图像处理技术，应用到蓝牙定位技术对车主及车辆定位，对车辆所处的位置实现快速查找。车主根据户外车位引导屏的数据指示，判断该停车场是否有剩余空车位。根据场内车位引导屏的箭头方向及空车位数选择停放楼层及停放区域。利用每个停车位上方的视频车位检测终端指示灯颜色，判定空闲停车位的具体位置。车主通过开启手机蓝牙与视频车位检测终端内置的蓝牙模块进行通信，直接定位车辆地图位置。取车时，车主通过微信、楼梯口寻车查询终端来查询车辆停放位置，系统提供最佳取车路线，进而快速找车。

C RFID 室内定位技术

a RFID 室内定位技术简介

射频识别 RFID 室内定位技术的基本原理是运用一组固定的阅读器读取目标 RFID 标签，如身份 ID、接收信号强度等特征信息，同样采取近邻法、多边定位法、接收信号强度等方法确定标签所在位置。RFID 标签卡维护方便、耗电低、成本低，虽然定位精度不超过 20m，但能够在几毫秒内得到厘米级定位精度的信息，并且传输范围很大，成本较低。同时其具有电磁场非接触和非视距等优点，在建筑弱电设计中也有应用于资产定位的需求。

b RFID 室内定位技术的应用

某演艺剧院工程应用 RF1D 技术对重要设备（乐器等）和人员进行定位，系统由不同定位分布式的探测接收设备接收发射器发送的信号，从而确定重要设备及人员的定位。将带有 RFID 发射器的标签粘贴在需定位的重要设备上，或者将发射器携带在工作人员的胸卡或手腕上。这些发射器定时向接收设备发送信号，接收机定时向监控中心发送安全信号，如某个发射器离开探测器覆盖探测范围，在规定的时间内接收机没有收到正常的发射信号，系统会发出报警，并且会在控制室的电脑上以多媒体图形显示报警的位置及设备名称或人员名单。资产定位管理系统基本原理图如图 4-23 所示。

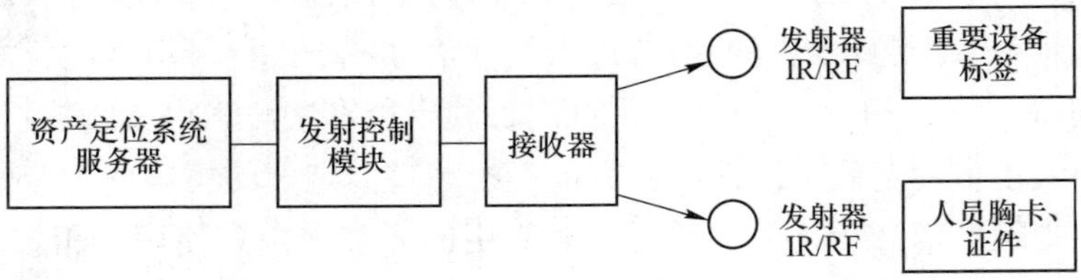

图 4-23　资产定位管理系统原理图

D　UWB 室内定位技术

a　UWD 室内定位技术特点

超宽带（UWB）技术是一种无线载波通信技术。UWB 室内定位应用时通过事先布置好的已知位置锚节点与桥节点，再和新加入的盲节点进行通信，以此运用三角定位或者“指纹”定位方式来确定位置。应用环境中通常被定位物需携带微标签（盲节点），经锚节点与微基站通信。UWB 通信无需使用传统通信体制中的载波，它是利用发送与接收具有纳秒或纳秒级以下的极窄脉冲来传输数据，所以具有吉赫（GHz）量级的带宽。UWB 定位技术具有以下特点：第一，定位精度高，UWB 信号具有超宽频带的特性，使得系统距离分辨精度是其他系统的上千倍，信号距离分辨能力可达到厘米级。第二，抗干扰性能强，UWB 信号在发射时将微弱的无线电脉冲信号分散在宽阔的频带中，因此其输出功率低于普通设备产生的噪声。接收时再将信号能量还原出来，并在解扩过程中产生扩频增益。因此，UWB 与蓝牙定位相比，在相同码速条件下，UWB 定位技术拥有更强的抗干扰性。第三，传输速率较高，UWB 定位技术数据速率能够达到每秒几百兆比特，甚至高于蓝牙定位技术 100 倍。第四，带宽较宽，UWB 定位技术采用的带宽在 1GHz 以上，并可与窄带通信系统同时工作。第五，系统容量较大，无需产生正弦载波信号，即可直接发射冲激序列，因此 UWB 系统拥有较宽的频谱与较低的平均功率，有助于与其他系统共存，进而提升频谱利用率和系统容量。第六，发射功率较低，在短距离通信应用中，超宽带发射机的发射功率一般可达到 1mW 以下，明显地延长了电池寿命，从而保证较长的系统工作时间，并且对人体的辐射危害更小。超宽带信号的隐蔽性更强，不易被发现与拦截，具有较高的保密性。第七，保密性较好，采用跳时扩频，接收机仅在已知发送端扩频码时才可解出发射数据。系统发射功率谱密度较低，通过传统的接收机无法接收，拥有较高的保密性。

b 基于 UWB 室内定位技术的应用

某展馆要举办重要的主场外交展会活动，人流量巨大，安全保障工作任务重大。为了提高展馆的应急处理能力，实时掌控现场警力部署，建设了一套覆盖全馆的警务人员定位系统。考虑到需定位 3000 人，定位精度为 3m，终端上报频率为 3s，系统采用了优于其他技术的 UWB 定位系统。项目中通过在现场部署定位微基站，为安保人员配置微标签的方式，实现对人员的实时高精度定位。同时系统可多区域级联、跨区域漫游、多楼层定位，自适应地实现一维、二维定位以及存在性检测。基于系统定位功能，延伸电子围栏、设备统计及 SOS 报警等功能，方便对人员进行可靠的管理。系统架构如图 4-24 所示。

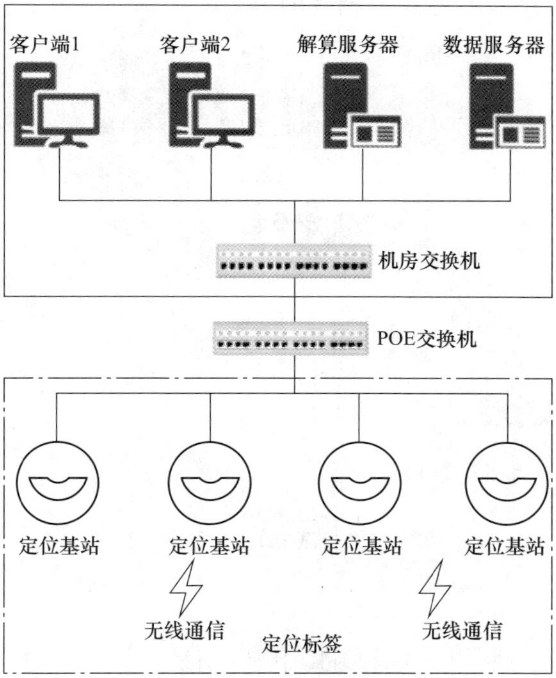

图 4-24 系统架构

4.3.6.4 基于 GPS 定位技术的机载 POS 定位

精密单点定位（precise point positioning，PPP）是指不使用任何 GPS 基准站，采用安置在运动载体上的单台 GPS 双频接收机，利用 IGS（Internation GNSS Service）等组织提供的卫星精密星历、精密钟差改正和大气参数，基于非差载波相位观测值来对动态载体实施高精度定位的方法。POS 系统集差分 GPS 定位技术、惯性导航技术于一体，具有需要地面控制点数量少、能够大幅降低航测外业工作量、大幅缩短成图周期等特点。目前，POS 系统差分 GPS 定位是利用流动站和基准站间的差分信号，精度与流动站、基准站间的距离大小密切相关，当站间增大到一定距离后，站间的各项误差源不能保证时间与空间上的强相关性，从而导致定位精度下降。因此，在比较大的航摄区内，必须布设一定密度的基准站，才能保证机载 POS 动态定位精度的均匀性。在我国一些较偏远地区，因布设地面基准站较困难，并且耗费大量人力、物力，从而造成了某些地区地理空间数据的更新速度较慢。PPP 对 GPS 数据的解算不需要地面基准站的支持，而且定位精度均匀，解决了 POS 系统 GPS 载波相位差分技术中需要架设基站成本高以及流动站与基准站之间随距离增加定位精度随之降低的两大难题，为大范围高精度的事后航摄解算提供了解决途径与方法。机载 POS 定位如图 4-25 所示。

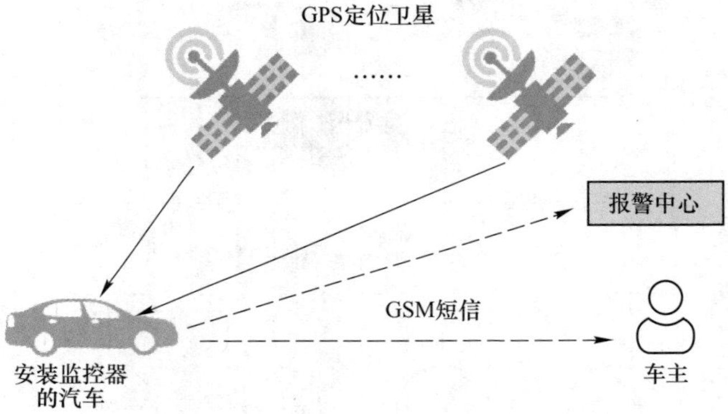

图 4-25　机载 POS 定位示意图

a　POS 系统定位原理

POS 系统是充分利用 GPS 和 IMU 传感器信息，利用高精度定位结果来控制 IMU 的系统漂移，使最终的运动载体输出具有高精度和高采样率结果，提高了组合系统的性能和可靠性，实现优势互补。如图 4-25 中 POS 系统模型可采用 24 维状态参数，包括 9 个导航解误差、6 个加速度误差模型参数、3 个陀螺漂移、3 个重力误差、3 个天线误差（GPS 天线与 INS 间的杆臂效应）。

b　定位精度分析

以某航空工业为例，将精密单点定位和多基站差分解算后的数据，按采样间隔 1Hz 输出点位坐标（CGCS2000 坐标系，高斯投影 6°带，1985 高程基准），Applanix 公司的 POS AV510 惯性导航系统参数见表 4-2。

表 4-2 Applanix 公司的 POS AV510 惯性导航系统参数

项目	510SPS	510DCPS	510XP[3]	510Post Process[4]
定位/m	1.5~3.0	0.5~2.0	0.1~0.5	0.05~0.3
速度/$m \cdot s^{-1}$	0.05	0.05	0.01	0.005
横滚角度/俯仰角度/(°)	0.008	0.008	0.008	0.005
航向角/(°)	0.07	0.05	0.04	0.008
噪声/(°)·$h^{-1/2}$	0.02			
漂移/(°)·h^{-1}	0.1			

4.4 WMS技术

4.4.1 WMS技术基本概念

4.4.1.1 WMS的基本概念

仓库管理系统（warehouse management system，WMS）是通过入库业务、出库业务、仓库调拨、库存调拨、虚仓管理等功能，结合批次管理、物料对应、库存盘点、质检管理、虚仓管理和即时库存管理等功能综合运用的管理系统，有效控制并跟踪仓库业务的物流和成本管理全过程，实现完善的企业仓储信息管理[28]。WMS能够独立执行库存操作，它与其他系统的单据与凭证等结合使用，可提供较为完整全面的企业业务流程与财务管理信息。仓库管理流程如图4-26所示。

在现代企业的运营中，企业对于成本的控制除了传统的制造成本、库存成本外，已聚焦到供应链整体环节的交易成本。在企业间的竞争中，供应链的整合成为市场整体服务效率提升、快速反应能力构建不可缺少的条件。然而，一个供应链体系的形成，常常聚集了众多供应商来服务几个点。以物流中心为例，企业物流中心同时要服务许多家客户，各家客户又存在为数众多的供应商提供成千上万种商品，并为众多的下游配送，所以每天需要完成成百上千的配送指示、收货指示。因此，未来物流信息化将是企业提升竞争力的迫切需要，而WMS系统扮演着举足轻重的角色。WMS系统是利用以管理仓库中货物、空

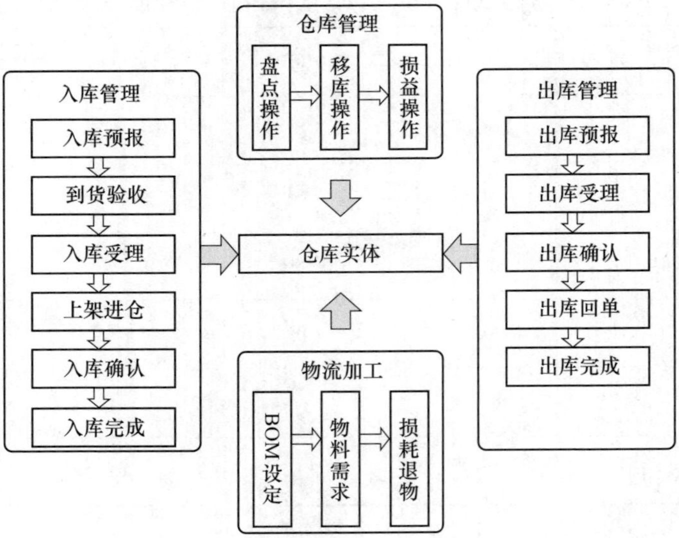

图 4-26　仓库管理流程

间资源、人力资源、设备资源等在仓库中的活动，对内管理仓管人员及对货品的进货收料、检验、上架、拆解、拣取、包装、出货、动线管理，对外提供资料的交换和咨询，同时整合相关人力和设备提高效率的一套仓库管理系统。

4.4.1.2　WMS 的优势

WMS 系统的优势表现在以下几个方面：

(1) 企业通过建设 WMS 系统，有效提高了仓储作业效率与储存设备利用率。WMS 系统将仓库管理作业自动化，使得条码、PDA 等仓库作业状态最佳化，从而降低仓库物流运营成本。

(2) WMS 的运用将增加企业库存周转率，减少人力成本，使得资源利用得以标准化、最佳化。

(3) 利用 WMS 系统计划库存管理功能可增强库存控管能力和减少作业成本，可以较精确地掌握供应配合，从而降低安全库存需求，运用标准化的作业流程提高效率、缩短作业人员教育训练时间，并降低操作错误率。

(4) WMS 系统的运用可增加客户或厂商满意度及忠诚度，弹性化的 WMS 系统不但能缩短仓储作业时间，提供多元化的存货管理方式，同时可实现针对单个客户或厂商的个性化要求，做好商品存货管理。

(5) 通过 WMS 系统来提升企业全球竞争力，把分布在全球各地的原物料、生产据点和整体的配销通路予以集成串联，从而高效地管理以适应全球市场的发展需求，使得企业能够达到国际化全球运筹的目标。

（6）增加企业价值，伴随着产品生命周期的缩短，客户需要更短的前置时间、准时生产服务和价值链良好的互动关系。通过 WMS 建设应用将会提升整个价值链附加价值，使企业在激烈的市场和国际竞争中立于不败之地。

4.4.1.3 WMS 的基础架构

WMS 的基础架构如图 4-27 所示。

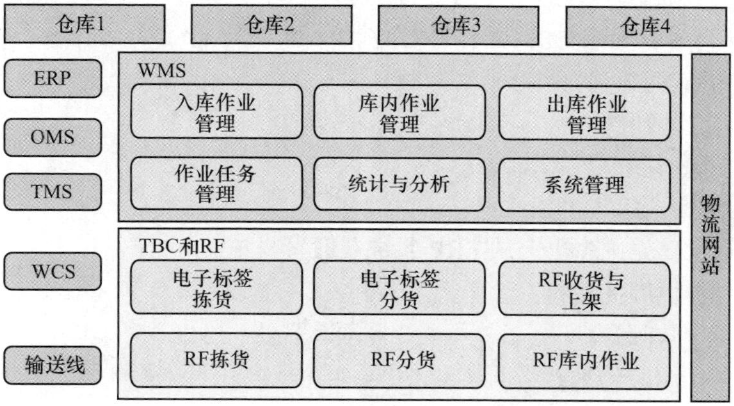

图 4-27　WMS 的基础架构

WMS 的基础架构包含系统辅助管理系统、基本资料管理系统、进货资料管理系统、出货资料管理系统、存货仓储管理系统、加工管理系统、行动仓储管理系统、EDI 管理系统、计价管理系统、仓储绩效管理系统。其中，系统辅助管理模块功能包含系统使用权限、密码、系统参数和作业规范定义等。基本资料管理模块功能包含系统建立部门、员工、客户、收送点、仓库、储位、商品、组件、品号对照资料等企业基础信息定义。进货资料管理模块主要功能是进货的收货、上架、越库等相关出入库作业功能。出货资料管理模块功能是提供出货的试算、拣货、出货等功能。存货仓储管理模块功能是提供存货盘点、移仓、调拨、报废、补化、库存结算和存储信息对比功能。加工管理模块功能是提供贴标作业、组合包装、加工作业等功能。行动仓储管理系统提供条码化作业，HD、RF 及 RFID 运用。EDI 管理模块功能是提供企业内、外部信息系统和自动化设备整合的资料信息传递作业。计价管理模块功能是提供企业作为物流计价、合同设定和存货管理控制、账款结算作业等功能。仓储绩效管理模块功能是提供企业控制管理仓储、理货及相关参与人员的绩效结算作业功能。

4.4.2　WMS 系统主要功能

现代制造业企业中，智能化的工厂条码仓库管理系统、WMS 仓库管理系统都是必备的管理系统，而 WMS 仓库管理系统因其强大的管理、运营功能，在制造业企业中应用广泛。从 WMS 仓储管理系统功能上来讲，一般主要有八大功能，包括：供应商申请打印条码、仓库暂收货物、IQC/任务提示看板、货物入库、上架、发料/先进先出、截料/拆批发料、库存查询、PDA 执行盘点等。这些功能发挥着协同作用，为企业增效率减成本奠定了基础。

WMS 仓库管理系统的功能具体为：

(1) 供应商申请打印条码；

(2) 仓库暂收货物；

(3) IQC/任务提示看板；

(4) 货物入库、上架；

(5) 发料/先进先出，从 ERP 系统获取发料单；

(6) 截料/拆批发料；

(7) 库存查询；

(8) PDA 执行盘点。

当然除了这些基本功能外，WMS 仓库管理系统在实际操作过程中还有诸多人性化智能化的功能体系，同时支持企业功能的二次开发。

4.4.3　WMS 系统发展现状

4.4.3.1　WMS 系统发展

随着经济全球化的快速发展，WMS 系统可以支持多国语言、多种货币、多个物流中心、多个仓库并具备支援多货主的独立资料分隔的架构。WMS 系统将强化仓储管理核心融合规则在仓库的类型、在途仓的管理机制、储位的属性、自由而弹性的储区定义、状态和大小容积定义等空间规划方面应用。在移动管理方面，WMS 系统支撑独立补货、动态补货、RF 设备和导引式作业指派等。在辨识系统方面，完全支援条形码的应用，整合 RFID、MFID。在仓库作业方面，除了支持一般进出库行为和越库作业外，利用上架确认、拣货确认、码头确认及出货确认机制强化仓库作业的正确性，还利用规则设定由系统指示合适包材或通过动态分箱的机能进行分箱、包装。在入库上架作业流程方面，WMS 系统提供多元的选项满足各种不同的上架策略，包括订单号码区间、订单形态区间、收料单号码区间、仓库类型区间、库别区间、厂商区间、排程区间、制程区间、日期区间、货主区间、客户区间、货品区间、地区区间等各种弹性操作建议。在拣货出库作业流程方面，WMS系统提供各种选项满足不同的拣货出库策略，包含订单形态区间、订单号码区间、订单优先顺序区间、物流加工作业日期区间、厂间区间、货主区间、客户区间、库别区间、货品区间、排程区间、制程区间、预计出货日期区间、地区区间、途程区间等多元杂糅选项操作建议。此外，还可以选择拣货规划方式是以何种方式进行、是否自动补货等。在库存管理方面，除了完整的货物库存信息外，还能支援多货主、多仓、多批次、多储位、多货品状态的库存数量查询，并通过仓储管理系统本身的运作纪录，加上ABC分类码，并结合事件管理功能，当货品数量或有效日期已达警讯标准时，可以透过定义资料内容和自动化事件触发的功能来主动反映库存警讯给仓库管理人员或货主，从而能及时对事件采取应对策略，提升资料掌握的时效性。在三方物流的计费方面，基于作业基础成本制概念开发的物流计费模块将实现仓储管理的作业记录自动产生计费资讯。

4.4.3.2 与ERP协同发展

以物流发展平台构建企业运筹调度管理系统，目前较流行的ERP软件，几乎均包含一套企业发展平台，透过这个发展平台可以迅速地发展及架构企业的信息化应用系统。目前融合WMS的ESI-SuperLogistics物流平台就是一种较好的符合企业发展平台的物流管理系统。它的特点主要有：

(1) 跨平台的支援。跨平台支援架构可以让系统在不同平台中运用同样的操作方式，从而加强程式的可携性，提升企业的使用弹性，避免企业对系统的开发和整合局限在异质平台的窘境。

(2) 多资料库的支援。ESI-SuperLogistics支援多种不同的资料库，包括Oracle、Informix、Ingres Ⅱ、MS-SQL、ISAM，并已成功地将不同的资料库和应用系统间的运作方式整合为同样的管理机制。

(3) 快速的程式产生器。利用程式产生器可以迅速地自动产生画面、程式、报表等功能，采取稚形法来解决系统开发速度跟不上使用者需求变化速度的问题。

(4) 嵌入式版本控管机制。利用嵌入式版本控管机制可以在开发或使用过程中很自然地管理程式运作版本，从而达到快速找到问题、解决问题的高效管理机制。

(5) 完整的权限管理与信息安全。包含使用者的登录账号及密码、程式的作业权限、作业单位的权限、货主资料操作的权限、系统开发的版本权限、作业时间的设定权限等，同时详细记录哪个使用者、什么时候执行哪个程式。

(6) 工作排程机制。利用系统的工作排程机制将作业程式或报表列印程式置入排程的工作项目中，从而通过系统自动启动。

(7) 外部程式的整合。发展平台具备 API 机制，利用 VB、Delphi、JAVA 的程式以 CallAPI 的方式整合系统，提供 SampleCode 并能够将操作的步骤和程序通过录制的方式让系统帮助开发人员生成 Html 格式或 VB 程式代码，达到快速整合的目标。

4.4.4　WMS 系统应用现状

随着仓储物流技术的快速发展，物流管理中成本最高的便是仓储。在传统人工模式的仓储管理模式中，人为因素常成为错误的首要因素，这是因为仓储量随着经济发展而逐渐增多，人工管理容易出现众多错误，因此管理者压力较大，人工管理的安全性也比较低。具体而言，当下某些仓储行业依然沿用传统的手工操作模式，在物资的入库数据与出库数据均采取人工键入，然后再通过专门人员进行检验，此种操作模式下，一旦工作人员发生操作失误，一系列的数据错误在所难免，而且传统模式另一个致命弱点是效率低下，录入系统的数据无法根据仓库中的物资状态进行实时更新，相应的库位管理较不方便，若想要查找仓库中的物资数量、类别和分布部位将会很困难。由于这些问题的存在均导致仓库管理的不科学、不健全，也无法适应现代社会快速的物资流通。

要想提升企业整体物资流动管理水平，就亟需降低产品的流通成本，提升仓储管理水平，从而保证整个仓储行业的科学化、规范化发展。现代科学技术的发展催生了 WMS 技术，将 WMS 技术应用到现代仓储管理中能够实现现代仓储的目标，因为 WMS 技术能够摒弃传统的管理方式，充分利用现代科技的优势，提高物流流转的效率，提升物流产业的科学化、国际化水平。

4.4.4.1　WMS 在软件包装物流作业中的应用

日本静冈市从事软件包装配制作与物流业务的日本技术株式会社引进了 WMS 系统，有效地管理制造与物流业务。日本技术株式会社主要的业务是电脑耗材的销售、软件包的装配、户外设备的销售、软盘复制及软件包装盒的装配等物流业务，为客户企业、个人提供从批发店的配送到向个人配送等服务，每年不断扩大经营业务范围。日本技术株式会社采用 SLClogisteram. NET 公司研发的 WMS 系统，能够对软件包里的材料进行高效正确的位置管理，利用网页向顾客展示在库与装配信息，从顾客那里接受制造指示与出货指示，高效地管理制造和物流业务。

A WMS系统引进的背景

每一个软件包的出货业务，涉及从外包装箱、指导手册、CD-ROM到明信片和封装等数十种资料和耗材，工序烦琐，因此应该有与其对应的拣选和装配程序。为了有效地进行软件包的装配，需要确实把握资料的数量与内容。以往是以销售管理为中心的系统进行作业，常出现如下问题：（1）不清楚资料与耗材的在库数；（2）不清楚耗材的保管场所，寻找费时费力，甚至找不到，因此，很难及时向装配线提供需要的耗材；（3）货架管理较不完善，仓库内空间利用率低下；（4）入库检验、上架、在库管理、拣选、分货、出货检验、出货等工序没有实现标准化、规范化作业。此类问题也是其他物流仓库普遍存在的通病。为了彻底解决这些问题，从而进行有效的库位管理，日本技术株式会社决定引进SLClogisteram. NET公司研发的WMS系统。

B SLClogisteram. NET公司WMS系统功能

在选择引进WMS系统时，物流改善效果和WMS系统操作便利性、多物流应对管理是关键点。根据日本技术株式会社软件包的装配业务特点，梳理出物流服务是关键，对应每个顾客的业务类型，在短期内构筑不同的物流运作方式是必要的。SLClogisteram. NET公司研发的WMS系统除了能在短期内构筑各种不同的物流方式外，同时还能在物流标准化的基础上提高物流服务品质，实现包装作业的稳定性，满足顾客的物流需求。

各仓库利用Internet VPN连接。其功能为：分散在仓库中商品和材料的位置，可用货架标签进行管理。日本技术株式会社的软件包装配业务的材料（如外箱、内箱、手册、封装、CD-ROM）在管理上存在着一些问题，特别是那些细小、少量的材料，由于散失或者位置不明确，采取人工手动装配的情况较多，从而管理业务复杂化。因此，在WMS系统引进时用1台Logisteram服务器管理分散在仓库里的材料位置，构筑可以正确管理位置和拣选的流程体系。除位置管理外，采用手持终端扫描、检验，从而进行拣选作业，不但非常精确，效率还很高。运用SKU作业，包装过程管理同样实现了单品管理。订单输入到网页客户端中，为了防止出错有的货品出货指示变更频繁，日本技术株式会社以前都是将顾客的变更指示用人工手动输入，因此，因各种各样的原因经常发生错误。通过网页客户端，顾客可以自己输入和更正出货指示，该公司能够专注于自己的作业操作，提高了出货精度和能力。向顾客提供材料和商品在库信息，材料信息和商品在库信息通过网页客户端可以提供给顾客，以提高服务水平。可以确认实际在库，减少材料的紧急人工手动装配等繁杂操作，推进业务的标准化，而且管理业务也可以由一部分临时工代替正式员工来完成，负责人可以更加专注于对顾客的服务。简单管理装配线的每个单元，该系统能从材料进入装配线开始到商品完成的过程中管理装配线的每个作业单元。根据系统的功能，对于多品种、小批量的包装作业也能顺利提供材料，而且包装好的商品也能正确进行出货。

C 信息流和物流系统运作流程

入库检验与入库方面，材料和商品入库时，用手持终端将其与入库预定数据对照，进行入库检验，完成后入库送到适当的位置，而且那些需要立刻送入装配线的部分材料，可以在入库检验后直接送入装配点。向装配线提供材料和装配确定需要制作的数量后，打开需要的材料数并准备好，然后制作拣选指示数据，采用接受了这些数据的手持终端来拣选作业。集齐材料后便开始装配，完成装配的商品要么出货，要么进入仓库。物流运作流程如图4-28所示。

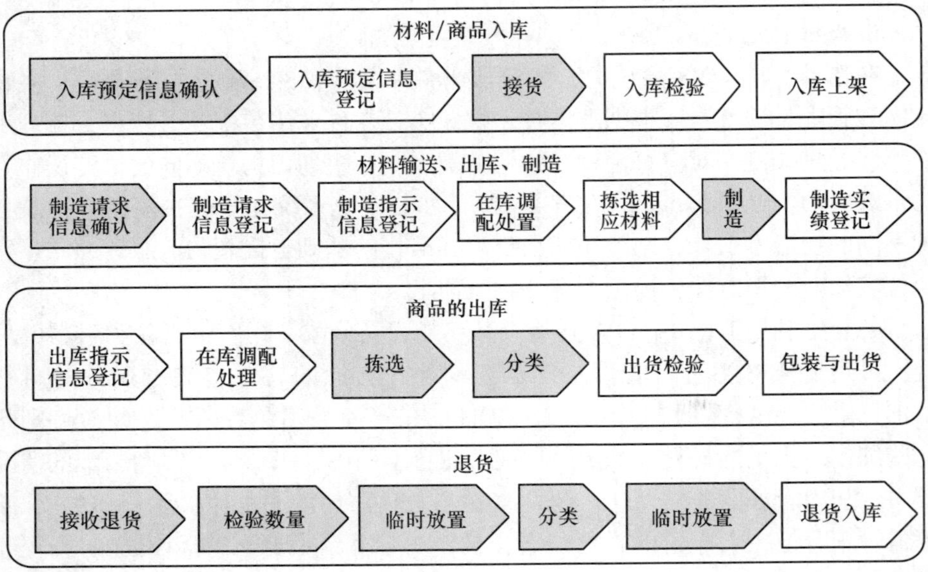

图4-28 物流运作流程

在商品的出货方面，仓库若有存货，不必受制造指示，可直接接受出货指示。根据出货对象附上号码牌，每个号码牌都能将作业指示传送到手持终端。依据每个号码牌的商品数，选择较适合的作业方式。对经过拣选的商品再分类，采用手持终端进行出货检验。

退货工序方面，退货一般集中在月末等结算日，所以需要手持终端的检验数量必须提前调整好。根据商品的状态分为良品、需重新包装、等待判定、废弃4类，若是良品就直接入库至商品保管货架上。

D WMS 系统引进后的效果

WMS 系统引进费用包括 WMS 的软件包、客户调研专项费用、硬件设备等，投资总额约 3500 万日元。引进 WMS 系统后，企业投资的主要成效表现在：

(1) 材料没有散失，能够正确把握在库数量。

(2) 减少不准确的在库数量，减少库存占用空间，扩展了装备作业操作空间，能够增设装配线。

(3) 能够向顾客直接确认在库状况，提升了顾客满意度。

(4) 出货差错率降低，重复作业降低了 90%。

(5) 库内作业效率提高了 30%，作业精度也有很大的提高。引进 WMS 系统前，库存管理、保管效率、作业效率等被优先考虑；引进系统后，入库出货作业的效率得到很大提高，还促进了作业标准化，使得那些临时员工进入公司后，同样能够在很短的时间内掌握业务。与此同时，公司可以灵活应对并满足顾客的需要，减少了以往很多不规范的操作。

4.4.4.2 基于条码技术的 WMS 系统运用

WMS 系统是一种实时的计算机软件系统，它是为了最大化满足管理要求而出现的管理系统，主要利用一些规则与运算来对信息、资源进行优化整合。实施仓储管理系统能够提升仓库运行的效率，从而实现实时控制，并对人力进行有效的利用，进而保证企业的较高利润。

A WMS 系统功能设计

货物上架、收取货物、补充货物、挑拣货物、包装、发货等是传统仓储管理的主要业务。而现代仓储管理和传统仓储管理不同，它已经转变为履行中心，其功能不再局限于上述主要业务，还增加了交叉转运、在途合并、增值服务流程、组合、装配、包装、贴标、退货、质量保证与动态客户服务等。WMS 系统可以将仓库利用率最大化，可以优化仓储作业，并能够依据客户的要求来进行操作。仓储管理系统的具体操作流程为：(1) 采用电子媒介，如电子数据交换等，以此与企业的计算机对接，将发货与订单数据传输给企业。(2) 需要和仓库的工作人员进行实时联系，主要是利用无线网络、条码系统等信息技术。此种上下相互配合，向下传达指令、向上反馈信息，可以及时更新数据库，及时生成所要的条码标签与单据文件。

现代仓储管理中，从进货站台至发货站台，均可以由只有一个仓储管理系统的基本软件包支持完成。第一，收取货物。物资到达站台，需将到货数据传输至仓储管理系统，此项工作需收货员完成，之后仓储管理系统会自动生成相应的条码标签，收货员会将条码标签粘贴或喷印在收货托盘或货箱，再通过扫描，至此完成收货，然后开始入库。第二，储存货物。仓储管理系统依据货物的性质选择较合适的储存方式，并从系统中选择空货位，利用数据自动采集设备将物流流转信息传至叉车司机，指引司机按照最方便的途径将货物运到空货位，第二次扫描货位条码，促使货物接收正确无误。货物就位之后第三次扫描货物条码，仓储管理系统将自动确认货物已储存在这一货位，此操作目的是为了以后定单发货方便。第三，定单处理。定单到达仓库，WMS 系统依照预先制定的规则进行分组，按照货物的先后顺序，进行科学、合理的安排。第四，拣选。WMS 系统根据货物性质挑选较佳的拣选方案，然后开始安排定单拣选任务。拣选人员按照步骤来进行操作，完成之后 WMS 系统确认正确。第五，发货。完成拣选后 WMS 系统将自动制作包装清单与发货单，交付发运。此时 WMS 系统还能继续和称重设备电脑连接，从而形成一体化。第六，站台直调。货物抵达收货站台后，若已经有人要了这批货物，则 WMS 系统会指令叉车司机直接将货物发送，并不再进行入库操作。第七，生成与打印报表。WMS 系统里有较多的管理报表模板，能够根据需求自动灵活的生成报表，并进行打印，无需要专门去打印。第八，系统管理功能。WMS 系统能够让用户自定义界面，从而实现人性化操作管理。由此能够看出 WMS 系统的功能运用了现代科技，融合了条形码技术，促使仓储管理效率大幅提升，并提高了物流的速度。

B WMS 系统运行机制分析

WMS 系统若想要进一步发展，就需要融入整个企业的管理系统之中，也就是和企业的各个管理系统集成达到整个平台系统的数据流动，从而提高整个企业的效率。具体集成运行机制可从以下几方面着眼：WMS 系统和企业内部的网络相互接通，客户能够通过企业门户发出订单请求；当企业确认接受订单之后，WMS 系统可以检查库存的情况是否符合订单数量；若符合则可向客户提交产品订单，此时系统将自动取出订单货物，再经过上述步骤将货物顺利送达客户手中。此操作中会应用无线终端、无线 AP 等很多先进的设备，以此支持这一自动化全新系统。

C 面向现代物流信息技术的 WMS 系统应用

随着新技术的发展，无线射频识别 RFID 正在影响着仓储管理与 WMS 系统。无线射频识别技术的应用具有明显的优势，如明显降低企业的人工成本，快速提升物流转运的准确性，提高物流速度，并实时跟踪物流等。但现实应用中，无线射频识别技术才起步，各方面标准均未成熟，而且造价较高，因此无线射频识别技术尚未应用到所有的商品上，物品编码短时间也不会形成统一标准。然而，我们相信随着高科技的发展，无线射频识别技术将会得到完善，物流领域应用 RFID 技术将也会更加具有优势。当前，市场经济中已有众多 WMS 案例采用了 RFID 技术，例如 2003 年，美国 WMAT 就宣布从 2005 年开始，旗下的一百多家供货商将采取无线射频识别技术（RFID）。从这些龙头企业的活动中可以看到，在未来 WMS 中运用无线射频识别技术（RFID）将会取得成功并被广泛推广。

D 商业智能技术在 WMS 系统中的应用

商业智能（business intelligence，BI）的出现促使传统商业领域开始应用智能计算机技术。运用智能计算机技术能够提高数据分析能力，从而优化业务过程，提升企业在国际社会中的竞争力。BI 的重中之重在于数据挖掘，此类技术不仅由单个的算法构成，还包括决策树、关联算法等在内的多种算法。BI 在 WMS 中应用广泛。例如，能够通过 BI 分析市场变化规律，进而在市场出现变动之前采取相关的保护措施；也可以对销售订单进行分析，然后在多种配送方案中选取最佳配送方案。任何信息的存在均是为了被利用，关键在于得出一个决策，在较低端水平的应用中，常常是由系统自动采集数据，再由人工来进行决策，但是随着科技的进步，逐渐会形成一种智能决策的模式。因此，应该将商务智能应用到 WMS 系统中，从而促进 WMS 系统的理论更充足，并能运用智能技术优化方法。

4.4.4.3 基于智能工厂建设规划的 WMS 系统

智能工厂信息化系统建设亟需将现代管理理论、智能制造理论与最新信息技术、自动化技术、网络通信技术、信息物理系统、大数据技术、云计算技术等深度融合，通过科学规划和全面集成企业设备单元、生产监控、制造执行、企业管理、设计研发等各类系统，最后构建由智能设计、智能经营、智能生产、智能决策组成的智能工厂。

基于智能工厂所需的主要业务系统进行规划建设，主要有：

（1）ERP（企业资源计划系统），它是企业信息化建设中的核心系统，管理销售、生产、采购、仓库、质量、成本核算等。

（2）PLM（产品生命周期管理系统），它负责产品设计的图文档、设计过程、设计变更、工程配置的管理，为 ERP 系统提供最主要的数据源 BOM 表，同时为 MES 系统提供最主要的数据源工艺路线文件。

（3）MES（制造执行系统），它负责车间中生产过程的数字化管理，实现信息与设备的深度融合，为 ERP 系统提供完整、及时、准确的生产执行数据，是智能工厂的基础。

(4) WMS 系统具备入库业务、出库业务、仓库调拨等功能，从 ERP 系统接受入出库物料清单与 MES 系统中接受入出库指令，协同 AGV 小车完成物料配送的自动化，实现立体仓库、平面库的统一仓储信息管理。

A 基于智能工厂的信息化系统架构

基于企业系列标准的支持和企业级别的信息安全要求，在信息物理融合系统（CPS）的支持下，建立智能设计、智能产品、智能服务、智能经营、智能生产、智能决策六大系统。其中，利用服务网、物联网将企业设施、设备、组织、人互通互联，集计算机、通信系统、感知系统形成一体化，从而实现对物理世界的安全、可靠、实时、协调感知与控制；同时，通过企业信息门户（EIP）实现与客户、供应商、合作伙伴的横向集成（如协同商务和信息共享），并实现企业内部的纵向集成。构建的智能工厂总体框架如图 4-29 所示。

B 基于智能工厂建设规划的 WMS 系统

WMS 系统着重解决实物仓储、出入库、物料质检、组盘等相关管理目标，具体如下：

(1) 实现原材料、成品、备品备件的出入库、调拨、转换、质检、在库等过程的有效的全方位管控。

(2) 实现 ERP、WMS 系统和库存实物信息交互的及时性与一致性。

(3) 实现账务相符、物料流转及消耗的精准追踪、多样化盘点功能应用。

(4) 底层技术应用，实现自动化调度。WMS 系统架构如图 4-29 所示。

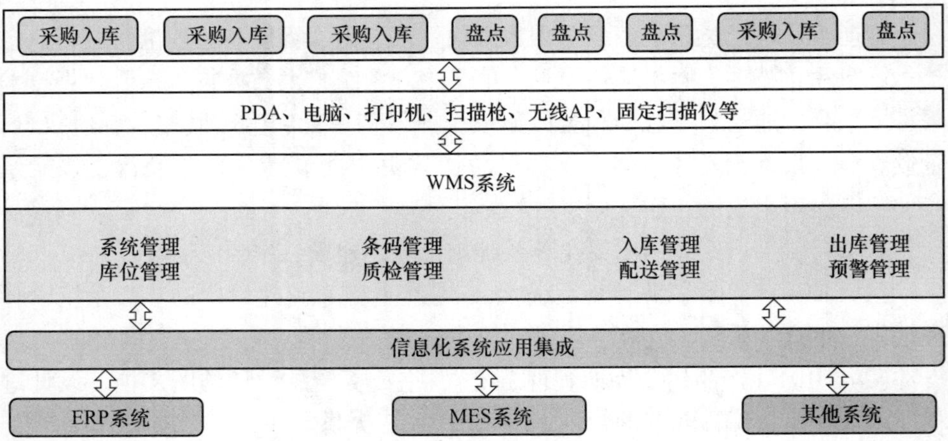

图 4-29 基于智能工厂建设规划的 WMS 系统架构

企业信息化建设可采取“总体规划、分步实施”的原则，避免出现信息孤岛，ERP、PLM、MES 和 WMS 系统是智能工厂信息化建设的重点，各系统的架构和功能设计以及系统间数据的接口设计是信息化规划的关键，各系统应实现信息的无缝集成和数据交互，以实现企业“智能制造”的终极目标。

4.5 云 计 算

4.5.1 云计算基本概念

4.5.1.1 云计算基本定义

云计算（cloud computing）属于分布式计算中的一种，它是通过网络“云”将海量的数据计算处理程序分解成无数个小程序，再通过若干个服务器组成的系统进行处理与分析无数小程序得到结果并返回给用户。云计算初期就是简单的分布式计算，解决任务分发，并进行计算结果的合并。因而，云计算又称为网格计算。利用云计算技术，能够在较短的时间（几秒钟）内完成对数以万计数据的处理，进而达到强大的网络服务。当前现阶段所说的云服务已经不仅是一种分布式计算，而是分布式计算、负载均衡、并行计算、效用计算、网络存储、热备份冗杂与虚拟化等计算机技术混合演进并跃升的结果。

4.5.1.2 云计算的优势与特点

云计算的优势之处在于高灵活性、可扩展性、高性比等。和传统的网络应用模式相比，其具有如下明显优势：

（1）虚拟化技术。虚拟化突破了时间、空间的界限，它是云计算较为显著的特点，虚拟化技术包括应用虚拟与资源虚拟两种。物理平台和应用部署的环境在空间上是没有联系的，它利用虚拟平台对相应终端操作完成数据备份、迁移、扩展等。

（2）动态可扩展。云计算具备高效的运算能力，并在原有服务器基础上增加云计算功能可以使计算速度迅速提高，最后实现动态扩展虚拟化的层次达到对应用进行扩展的目标。

（3）按需部署。计算机中包含多种应用、程序软件等，不同的应用对应的数据资源库也不同，因此用户运行不同的应用程序需要较强的计算能力对资源进行部署，而云计算平台可以根据用户的需求快速配备计算能力和资源。

（4）灵活性高。目前市场上众多 IT 资源、软件、硬件均支持虚拟化，例如存储网络、操作系统、开发软硬件等。虚拟化要素统一放在云系统资源虚拟池中进行管理，可见云计算的兼容性非常强，不仅可以兼容低配置机器、不同厂商的硬件产品，还能够外设获得更高性能计算[7]。

(5) 可靠性高。云计算服务器即使出现故障也不会影响计算和应用的正常运行。这是由于单点服务器出现故障能够通过虚拟化技术，将分布在各个物理服务器上的应用进行恢复，通过动态扩展功能部署新的服务器进行计算。

(6) 性价比高。云计算将资源置于虚拟资源池中统一管理，这在某种程度上优化了物理资源，使得用户无需购置昂贵、存储空间大的主机，可选择相对廉价的 PC 组成云，不但减少费用，其计算性能还不逊于大型主机。

(7) 可扩展性。用户可通过应用软件的快速部署条件来较为简单快捷的将自身所需的已有业务和新业务进行扩展。如，计算机云计算系统中出现设备的故障，对于用户来说，无论是在计算机层面上，或者在具体运用上均不会受到阻碍，可以通过计算机云计算提供的动态扩展功能来对其他服务器进行扩展，这样一来就能够确保任务得以有序完成。在对虚拟化资源进行动态扩展的条件下，同时可以高效扩展应用，提升计算机云计算的操作水平。

4.5.2　云计算发展历程

云计算是基于大规模资源整合的思路，它是 IT 界未来发展的重要方向。自 1946 年世界上第一台电脑 ENIAC 诞生，计算机行业也随之应运而生。之后 IT 行业开始了第一次“分”的过程，即个人电脑的诞生。而随着网络的出现，IT 行业出现了第一次“合”的过程，例如 Client/Server 架构、万维网 WWW、E-mail 等均是由高性能服务器利用网络为众多客户提供服务。然而，随着用户数量持续增加，服务器终端的负荷越来越重，这种模式的瓶颈由于那个年代有限的资源（如带宽、计算、存储等）而变得越发严重，所以第二次“分”的时代来临，如分布式计算、点对点 P2P 技术、网格计算等。每个用户既是被服务者也是服务者，大家一同分担庞大的计算、传输和存储任务，由此而诞生的企业有 PPStream、YouTube、维基百科等。

尽管云计算的思想存在良久，但在美国获得快速发展也仅是最近十几年的事。中国近年来也在云计算方面取得了长足发展。美国国家科学基金在 2003 年投资 830 万美元支持由美国七所顶尖院校提出的“网格虚拟化和云计算 VGrADS”项目，由此正式启动了云计算的研发工作。通过此项目的实施产生了开源产品 Eucalyptus，此款软件已在美国广泛应用，如美国航空航天局（NASA）的云计算系统 Nebula，亚马逊公司的云计算均采用了这项技术，其客户端软件 EC2 能够直接连入 Eucalyptus 服务器。而云计算服务成熟起来的标志是亚马逊公司在 2006 年推出的简单存储服务（S3）与弹性计算云（EC2）。

谷歌在 2009 年推出了 Google 应用软件引擎（Google App Engine，GAE），此种服务支持开发人员通过云服务编译基于 Python 的应用程序。Microsoft 推出了 Windows Azure 操作系统，这个系统作为微软云计算计划的 server 端操作系统（Cloud OS）为广大开发者提供服务。同时，微软也推出了免费在线手机同步备份业务 My Phone。微软为使其在互联网上和 Google 竞争，MS 宣布推出数据存储和网络管理软件 Live Mesh，迈出从 PC 领域到云计算的一大步。IBM 在 2008 年提出了"蓝云"计划，推出共有云与私有云的概念。IBM 提出私有云解决方案目的是为了减少诸如数据、信息安全等共有云现存问题，进而抢占企业云计算市场。将重心放在现有产品与技术整合上，从而充分利用开源产品，这是 IBM 云计算方案的特点，例如通过 Xen 虚拟化产品、Linux 操作系统+X86 架构组成的 IBM 服务器云数据中心。在共有云方面，IBM 于 2009 年发布了 Lotus Live Engage。基于云端的协作平台是 IBM 2010 年发展的一个重点。

我国的云计算发展虽仍处于起步阶段，但各大通信运营商均表现得非常活跃。中国移动推出了"大云"（Big Cloud）云计算基础服务平台，中国电信推出了"e 云"云计算平台，中国联通则推出了"互联云"平台。中国移动研究院 2009 年发布了"大云"版本系统，并在其上设计了许多管理软件与应用。中国移动的"大云"是基于一些重要的开源软件开发的。在此基础上，中国移动研发与试验了高效的云系统管理软件及比较重要的几个应用，如并行数据挖掘、云存储、大容量数据库和对搜索引擎的研究。中国移动通信研究院通过深入研发和试验 Hyper DFS、MapReduce、Huge Table、Cloud Master 等云计算平台关键技术，构建了 1000 个 CPU 组成的 256 节点规模的云计算试验平台，同时开展系统评估和优化，形成了基于云计算技术的移动互联网业务海量数据存储与处理试验平台，进行了云计算应用研发、试验。中国电信上海分公司 2009 年携手 EMC 推出"e 云"，它能够按照用户的设定，自动利用电脑空闲时间，将信息备份至上海电信的"e 云"数据中心，若用户遇到电脑破坏、数据误删除、在家办公、远程办公等情况时，只要通过网络连接至电信服务器，即可在任何地方恢复任意一个时间点的数据。

4.5.3 云计算技术原理

云计算立足于 IaaS、PaaS、SaaS 三类服务架构，各个软件供应商企业提供不同的解决方案，尚未形成统一的技术体系结构。本书结合各个供应商的方案，提出了一个仅供参考的云计算技术体系结构如图 4-30 所示，它集成了不同解决方案的主要特征。

云计算技术体系结构一般分为物理资源层、资源池层、管理中间层、SOA

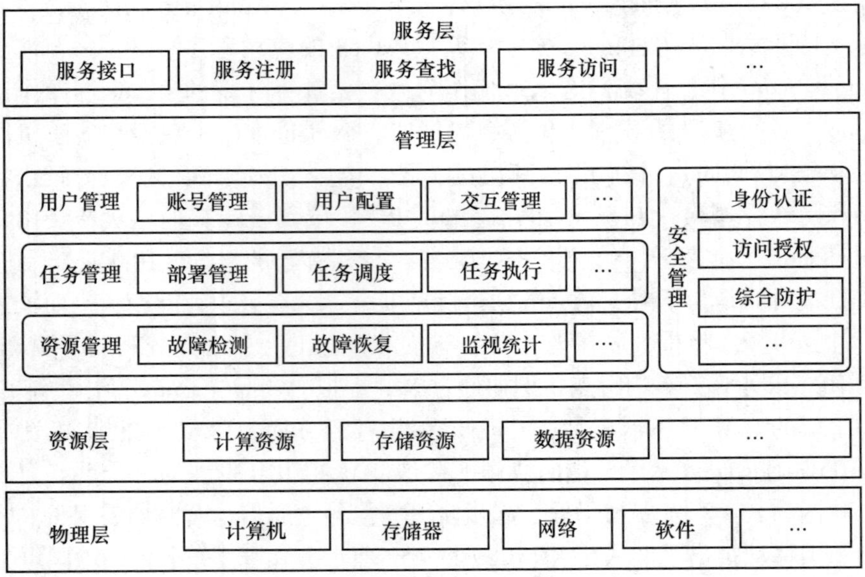

图 4-30 云计算技术体系结构

构建层 4 层架构。物理资源层包括计算机、网络设施、数据库、存储器、软件等。资源池层则是将大量相似类型的资源构成同构或接近同构的资源池，如数据资源池、计算资源池等。建立资源池大多是物理资源的集成与管理工作，例如研究如何安装固定数量的服务器，怎样解决散热故障节点替换的问题并降低能耗。管理层负责对云计算的资源进行管理，并对大量应用任务进行调度，使得资源更高效、安全地为应用服务。SOA 构建层是将云计算能力封装成标准的 Web Services 服务，并纳入 SOA 体系进行管理与使用，包含服务注册、查找、访问、构建服务工作流等。管理层与资源池层是云计算技术的关键部分，SOA 构建层的功能大多依靠外部设施提供。

云计算的管理层包含资源管理、任务管理、用户管理及安全管理等工作。资源管理是指均衡地运用云资源节点，检测节点的故障并试图恢复、屏蔽，同时对资源的运用情况进行监视统计。任务管理则是执行用户或应用提交的任务，包含完成用户任务映象的部署管理、任务调度、任务执行、任务生命期管理等。用户管理主要是实现云计算商业模式的必要环节，包含提供用户交互接口、管理并识别用户身份、创建用户程序执行环境、对用户的使用进行计费等。安全管理是保障云计算设施的整体安全，包含身份认证、访问授权、综合防护、安全审计等。以 IaaS 类云计算为例，其云计算的实现机制如图 4-31 所示。

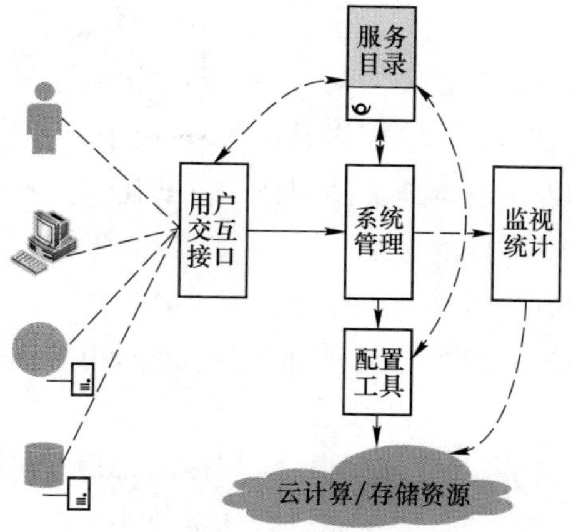

图 4-31　IaaS 实现机制基本流程

用户交互接口通过 Web Services 方式向应用提供访问接口，从而获取用户需求。服务目录是指用户能够访问的服务清单。系统管理模块负责管理与分配全部可用的资源，它的核心是负载均衡。配置工具作用是在分配的节点上准备任务运行环境。监视统计模块功能是监视节点的运行状态，同时完成用户使用节点情况的统计。业务执行过程并不复杂，用户交互接口允许用户从目录中选取并调用服务。当该请求传递给系统管理模块后，它将为用户分配恰当的资源，再调用配置工具为用户准备运行环境。

4.5.4　云计算关键技术

4.5.4.1　分布式管理系统

分布式文件系统（distributed file system）中文件系统管理模块的物理存储资源可以不直接连接在本地节点上，而是利用计算机网络和节点相连。分布式文件系统除具有本地文件系统的所有功能外，还需管理分布式系统中全部计算机上的文件资源，进而把整个分布式文件资源以同一个视图呈现给用户。分布式文件系统要求隐藏内部的实现细节，并对用户及应用程序屏蔽每个节点计算机底层文件系统的差异，提供用户方便的管理资源方法或统一的访问接口。分布式文件系统需要拥有存储、更新、备份和恢复功能，并可以满足多用户、多应用的数据共享的需求，为分布式操作系统中其他的构件提供基础。

4.5.4.2　分布式文件系统考虑的关键问题

网络透明性方面，分布式文件系统一般同时运行在多台计算机上，也可构建在广域网络中，但总体呈现给用户及应用程序的感觉同使用单台机器一样，用户与应用程序能够以访问本地文件同样的方式访问远程文件，即应用程序不会发现本地文件与远程文件的区别。

高可用性方面，数据的高可用性是系统可靠性的基础，用户文件访问过程中不能因为局部网络故障或系统调度而出现中断，一般通过文件副本来实现系统的高可用性。

可扩展能力方面，分布式系统的节点规模随时均有可能发生变化，分布式文件系统应能自动适应因节点变化而导致的资源变化。

资源管理能力方面，分布式系统应能够根据系统中节点数和负载情况而动态决定文件资源的分布情况，并在必要时进行调整。分布式文件系统架构如图 4-32 所示。

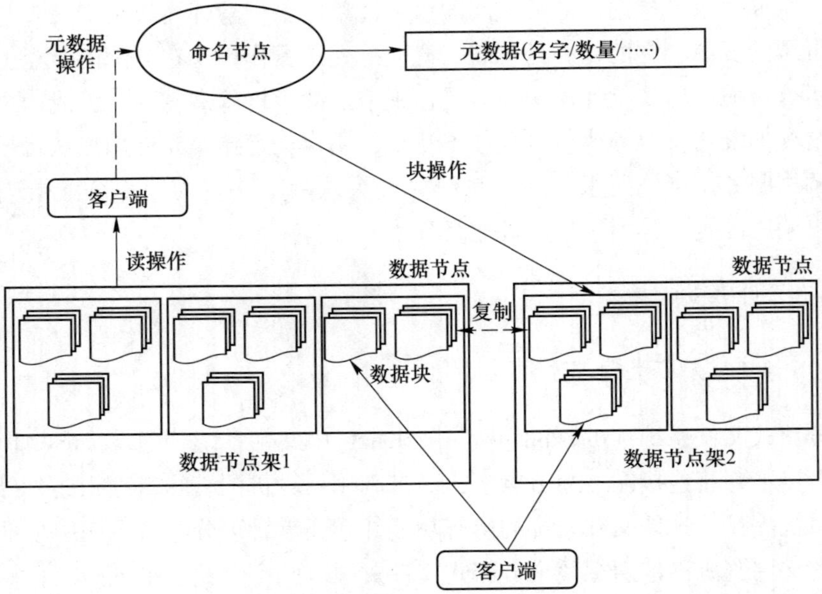

图 4-32　分布式文件系统架构

4.5.4.3　虚拟化技术

虚拟化（virtualization）技术也是云计算系统的核心组成部分，它是将各种计算与存储资源充分整合并高效利用的关键技术。虚拟化是为一些对象创造的虚拟版本，例如操作系统、计算机系统、存储设备、网络资源等。虚拟化是表示计算机资源的抽象方法，利用虚拟化能够用与访问抽象前资源一致的方法访问抽象后的资源，能够为一组类似资源提供通用的抽象接口集，进而隐藏属性与操作之间的差异，并允许利用一种通用的方式来查看与维护资源。

服务器虚拟化技术促使一个物理服务器虚拟成若干个服务器来使用。服务器虚拟化是基础设施即服务（infrastructure as a service，IaaS）的基础。服务器虚拟化应具备多实例、隔离性、CPU 抽象技术功能。多实例是指在一个物理服务器上能够运行多个虚拟服务器。隔离性则是指在多实例的服务器虚拟化中，一个虚拟机和其他虚拟机完全隔离，以此保证良好的可靠性、安全性。CPU 虚拟化则是把物理 CPU 抽象成虚拟 CPU，任意时刻一个物理 CPU 只能运行一个虚拟 CPU 的指令，而当多个虚拟机同时提供服务将会极大提高物理 CPU 的利用率。

内存虚拟化是通过物理内存的统一管理，基于物理内存构建若干个虚拟物理内存分给多个虚拟机使用，从而使每个虚拟机具备各自独立的内存空间。

设备和 I/O 虚拟化是指统一管理物理设备，再将其包装成多个虚拟设备提供给若干个虚拟机使用，并响应任意虚拟机的设备访问请求与 I/O 请求。

无知觉故障恢复：是指通过虚拟机间的快速热迁移技术（live migration），能够使一个故障虚拟机上的用户在没有明显变化的情况下迅速转移至另一个正常虚拟机上。

负载均衡：是通过调度与分配技术，平衡各个虚拟机与物理机间的利用率。

统一管理：是指基于多个物理服务器支的若干个虚拟机的动态实时生成、启动、停止、调度、迁移、负荷、监控等统一在一个方便易用的管理界面。

快速部署：是指整个系统应具备一套快速部署机制，对多个虚拟机及其上的不同操作系统、应用进行高效部署、更新、升级。

存储虚拟化方式：是将整个云系统的存储资源进行统一综合管理，从而为用户提供一个统一的存储空间。

应用虚拟化：是将应用对底层系统与硬件的依赖抽象出来，进而解除应用、操作系统、硬件的耦合关系。当应用程序运行在本地应用虚拟化环境中时，此环境就为应用程序屏蔽了底层可能和其他应用产生冲突的内容。应用虚拟化是 IaaS 的基础。

平台虚拟化：是通过集成各种开发资源，从而虚拟出一个面向开发人员的统一接口，软件开发人员能够方便地在此虚拟平台开发各类应用并嵌入至云计算系统中，使其成为新的云服务供用户使用。

桌面虚拟化：是将用户的桌面环境和其使用的终端设备解耦。服务器上存放的是每个用户的完整桌面环境，用户能够使用具有足够处理与显示功能的不同终端设备通过网络访问该桌面环境。

从本质上讲，云计算带来的是虚拟化服务。在虚拟化到云计算的过程中实现了跨系统的资源动态集成调度，通过将大量的计算资源整合组成了 IT 资源池，应用于动态创建高度虚拟化的资源提供给用户使用，从而实现应用、数据、IT 资源以服务的方式经过网络提供给用户，以前所未有的速度和更加弹性的模式完成任务。云计算就是一种大规模资源整合的思想，也是 IT 界未来发展的重要方向。“云”中的资源支持无限扩展，并且能够随时获取、按需使用、弹性扩展，按使用付费“云”服务就像单台发电机模式转向电网集中供电的模式，这种模式意味着计算能力也能像煤气、水电作为商品进行流通，取用方便，费用低廉。云计算是并行计算、分布式计算、网格计算的发展，也是这些计算科学概念的商业实现。云计算同时是虚拟化、效用计算、服务计算等概念混合演进并跃升的结果。

4.5.5　云计算的应用

4.5.5.1　云计算在传统行业的应用

在“云计算”的时代，“云”会替我们做存储与计算的工作。我们仅需一台能上网的电脑，无需关心存储或计算发生在哪朵“云”上。若有需要时我们能够在任何地点利用任何电脑、手机等设备，快速地计算并找到这些资料，再也不必担心资料丢失。云计算可应用于日常生活中的服务有如下几个方面。

(1) OA 平台。自从云计算技术出现以后，办公室的概念已经很模糊了。不管是推出的 OA 办公系统还是谷歌的应用软件都可以在任何一个有互联网的地方同步办公所需要的办公文件。OA 协同办公系统，致力将传统企业的人、事、物全部搬到互联网上打造虚拟化、信息化、高效化、安全化的新型互联网企业模型，实现传统型企业与互联网型企业相结合互为促进的转化云计算。即便同事间的团队协作也能够通过上述基于云计算技术的服务来实现，而不必像传统的那样需要在同样一个办公室里才能够完成合作。在未来，随着移动设备的发展和云计算技术在移动设备上的应用，办公室的概念将会逐渐消失。

（2）地图导航。没有 GPS 的时代我们每到一个地方都需要一份当地地图。以前经常看见路人拿着地图问路的情景，现在我们仅需要一部手机，就能够拥有一张全世界的地图，甚至还可以得到地图上得不到的实时信息，如交通路况、天气状况等。

（3）基于云计算的智能电网高效通信网络。云技术和智能电网是下一代数据网络和下一代电网的代名词。智能电网是以信息革命的造法性标准与技术手段大规模推动电网体系的变革升级，构建消费者与电网管理者间的良性互动，这其中的信息革命必然包含云技术的使用。通过建设基于云技术的高效通信网络服务于智能电网，必将使智能电网的水平提到新的高度。

（4）电子商务。电子商务目前已融入人们生活中的方方面面，对于不爱逛街的人来说，不必再忍受逛街带来的劳累，就能够买到喜欢的东西。电子商务不仅可应用在生活中，企业之间的各种业务往来也可以通过电子商务来进行，在这些表面简单的操作过程的背后是大量数据的复杂运算。现在复杂的计算过程都被云计算服务提供商带到了“云”中，我们仅需要简单的操作，就能够完成复杂的交易。

（5）搜索引擎。如今的搜索引擎已经不仅是提供信息的工具，云计算技术赋予了搜索引擎更强大的信息处理能力。搜索引擎就像一个生活管家，提高了我们的生活质量和效率。

4.5.5.2 云计算在物流信息网络的应用

自改革开放以来，中国物流业经过四十多年的快速发展，目前已经成为支撑国民经济发展的支柱产业及重要的现代服务业。我国物流业目前具有市场开放程度高、多种所有制并存、服务科技水平有较大提高的特点与优势。但物流绩效仍有待提高，其主要原因就是物流系统性不强、网络化程度较低、信息化水平不高。

A 物流网络

物流网络可分为物流基础设施网络、物流组织网络和物流信息网络。物流信息网络是物流网络构建与运行的重要技术支撑基础；物流信息网络是指伴随着物流实体网络而相应传递各类信息的通信网络；物流信息网络具有网络专业性强、信息来源广、信息时效性高等特点。根据信息流转的过程，物流信息在物流信息网络中的业务流程可分为信息采集、信息处理、信息分析、信息推送等环节。

B　云计算物流信息网络发展特点

在科技高速发展的时代，数据资产的价值正在得到越来越多的关注和挖掘。在物流行业和交通运输行业，几乎所有的业务环节和服务环节都会产生大量的数据。面对这些多源异构的海量数据，如何进行资源整合、汇聚处理、分析应用及深度挖掘，使得物流网络的运行效率得以提升，将影响到物流行业的发展模式、运营效率及管理思想。具体到物流信息网络优化技术中，几乎所有的优化手段都需要有大量的云计算支撑。未来物流信息网络的优化趋势将是云计算分析技术与传统的物流信息网络优化技术相融合，具体可以表现为以下五个方面：

（1）物流信息采集。及时、准确地掌握物品在物流网络中的相关信息是实现物流信息化的核心之一。物流信息是否被及时、方便、准确地采集并且有效进行信息传输，将直接影响整个物流系统的效率及物流信息化的发展。在大数据背景下，基于物品属性的信息采集应用的领域更广，物品的销售数据、检索数据、网页端的浏览数据都是丰富的信息获取途径。

（2）物流信息处理。数据的汇聚与处理是大数据时代下物流信息有效流转的关键。通过建立物流数据仓库，构建物流云计算平台，以及对物流信息实时处理，完成智慧物流信息的存储、计算与实时处理，为智慧物流提供完善的数据支撑。

（3）物流信息分析。针对海量的客户与商品数据，如何应用数据挖掘技术对其关联关系、内在规律进行解析，进而为物流企业运营与发展提供正确的决策依据，是大数据背景下“智慧”物流的核心。针对物流的信息分析主要分为物流客户关系挖掘、物流市场信息类聚分析、物流商品关联分析等三个方面。

（4）物流信息预测。通过大数据分析、数据挖掘等手段对特定主题的信息进行预测，这种方法已广泛应用于当下许多商业场景。由于物流业务具有时变性、随机性、不平衡等特征，因此及时的大数据分析是高效了解消费者偏好、预测消费者行为的最佳方法，利用数据分析技术能够提前为产品做好分配，优化物流路线计划以提升物流交付效率。

（5）物流信息推送。物流的信息推送过程是一个将“物品”转换为数据及有用信息传至网络环境的过程，经由通信网络、无线或有线网络将信息传递至电子物流应用平台。

大数据时代背景下，物流信息的推送借助无线通信单元，利用随机自组织无线通信网络通过多跳中继方式将感知信息传送到汇聚节点、基站，可在任何时间、地点、环境下获取大量可靠的信息，运用大数据手段能够做到相对及时、精准的信息推送。基于物品的物流信息推送是根据消费者购物习惯、消费倾向等，为消费者提供合适的商品信息的过程。客户处于此推送网络的中心，商家在准确分析供需关系和商品流量流向的条件下，可以在信息储备库中及时发掘需求，即为用户选择符合其预期和习惯的商品信息。可见在物流信息流转的全过程中，海量的多源异构的物流信息处理和物流信息预测是重中之重，是数据价值最能得到充分利用挖掘的两个关键环节。

5 物流装备与专用车辆技术展望

5.1 无人值守仓库

5.1.1 无人值守仓库背景

目前仓库的管理模式主要以人工登记完成，由于设备数量繁多，领取和归还时间不确定，给仓库管理带来了极大困难，RFID 技术的推广和人脸识别技术的进步，使无人值守仓库的实现变得可行。RFID 和视频检测技术的结合，可以实现仓库 24h 无人管理，可有效降低设备和材料的损耗率，降低仓库综合管理成本。

无人值守仓库是对传统仓库进行智能化改造及系统升级，根据国内外研究水平的现状和发展新趋势，实施多种技术综合应用的结合。实现对物资的出入库和盘点维护的集中管理，以及通过车辆种类、形状和停车车位来识别货车，提高物资运输的效率。为扩大物流运输能力和减少物流成本（主要是人工成本），整个物流行业的发展趋于智能化模式管理。

无人值守仓库管理基于仓库信息系统，以智能移动终端、无线网络技术为前沿，对仓库中的物流进行条码化式全程跟踪管理。从其签订物资采购合同开始，到仓库到货接收、验收、存储、领用。并通过智能移动终端设备实现数据的实时双向发送，保证货物从入库到出库过程中各个环节信息都处在准确掌控之中，达到信息流与物流统一的应用效果，实现整个仓库管理流程的自动化和精准化。提高仓库管理员的操作效率和准确性，提高企业仓库的整体运转效率及企业物资管理的质量，降低企业服务成本，提升物资管理部门的服务质量[29]。

5.1.2 无人值守仓库基础组成

无人值守仓库是利用计算机网络、GPS 跟踪定位、红外视频监控、RFID 无线射频等先进技术对物资的入库、盘点、配送、出库等环节进行掌控，对各级仓库间的储备需求进行监控，通过整合资源利用物联网技术，在无人值守仓库前期建设及后期运行中取得成功，创建了一套科学实用高效的建设模式，为建设现代化电网和物资的节约化发展，奠定了在物资管理上的基础。

无人值守仓库通过智能化的管理方式代替传统物资仓储和出入库管理，可降低仓库管理成本，提高管理效率。通过采用 AI 人脸识别系统完成出入库人员的智能识别和登记，在 RFID 技术的帮助下对仓库货架进行实时定位管理，并对进出仓库的物资进行自动记录和智能识别。在服务器端，综合出入库人员的登记记录和 RFID 物资识别结果，完成人员与物资的智能匹配和绑定，无人值守智能仓库在传统仓库的基础上，增加了人脸识别门禁、智能储物架、电线架、安防监控等设施及配套软件系统，能够自动地完成人、物、时不同对象和参数进出仓库的智能管理工作，实现对仓库的无人化智能管理。

5.1.3 无人值守智能仓库配送模式

无人值守智能仓库配送模式有：

(1) 物资共享网络的应用。物资配送中心包含状态管理、仓储管理、运输管理等功能，通过网络监控物资系统从集中采购到出库配送各个节点，所有的库存物资都可以纳入物资信息共享网络内，并对各级仓库间的物资进行资源共享和互为储备，实现物资的全自动化配送。

当配送中心库存物资无法满足无人值守仓库需求时，在物资共享网络内查询库存物资，开展物资调配，确保物资及时供应。当网络内库存不能满足需求时，系统自动分析决策，产生采购报警。物资共享调配网络全面应用于物资需求及物资供应计划的合理调配，有效降低了库存金额，合理利用物资资源，推进物资可靠供应。

(2) 库存更新与调配。软件系统可根据各地区物资需求的不同自动产生需求报警，工作人员可根据生产单位的物资需求，遵循合理分配的原则，进行仓库之间的调配。对领用物资开展数据统计分析，通过软件后台的数据分析，调配员根据需求总类及时进行库存物资的调整，实现最大化利用库存物资，进而建立起物资保障供应体系。

(3) 创新固化拣货流程。针对无人值守仓库日常工作领料的特殊性，为了规范流程，统一采用模式，以信息化软件为依托，以自动控制设备为支撑，在系统内应用“一看、二拣、三按”的拣货流程：

1) “一看”：当领料人刷卡进入无人值守仓库后，拣货单上面所需求物料的储位灯和区域灯将自动点亮，储位灯板上自动显示领料数量，领料人员可以根据指示灯找到所需要的物料，并且可以看到要拣选的数量。

2) “二拣”：领料员根据指示灯指引，找到所需物料后，根据领料看板显示数量拣选物料，在领料的同时核对所领物料与领料单是否一致。

3）“三按”：当领料人员领料后将指示灯按灭，系统将领料数据自动上传配送软件数据库，调配员根据返回数据下推出库存，完成出库动作。

（4）建立物资集中配送模式。传统仓库的配送模式为：营业所仓库不定期的去自提物资，采用的是“一车一单”模式，这造成了车辆及人员成本的大量浪费，且仓库不能形成可控的配送方案。无人值守仓库建立后，通过利用仓储物资共享网络，设定了储备定额补库报警，根据配送系统补库报警信息，每周由物资配送中心对无人值守仓库进行补库配送。

无人值守仓库采用“一车多单”模式，系统通过对配送路线的优化，将多个无人值守仓库根据配送距离、补库物资总类等信息进行统筹运算，安排配送线路，每个配送车辆负责 1 条线路的物资配送，通过定期按线路补库，领料人员在营业所内就可以实现领料，缩短了物资领用时间，满足了各营业所运维物资的供应，同时也大大节省了车辆及人员成本，实现了物资集约化管理。

5.1.4 无人值守智能仓库系统

5.1.4.1 AGV 调度系统

AGV（automated guided vehicle），即自动导引运输车，又称移动机器人，是配备有电磁或光学等自动导向装置、可沿指定的导向路径行驶、具有安全防护和多种运输功能的运输车，主要被用于进出仓库的货物的自动搬运。AGV 技术在欧洲一些发达国家迅速推广，成为汽车装配等工业生产领域搬运的首选方式，同时也慢慢运用于仓库中货物的拣选、分拣业务。

仓库内的 AGV 分拣系统由自动供件系统、分拣控制系统、分拣系统和搬运系统组成，前端工作人员供件，经自动供件系统读取货物 RFID 标签信息，并将读取的货物信息，依据预设的分拣规则，经由控制系统转化为指令，利用机器人调度系统，调度 AGV 分拣机器人按照指令运行，实现自动拣货、搬运、整个过程无人化，每个环节无缝衔接。

工作流程：由机械手从传送带上抓取货物，扫描货物上的标签，获取任务目的地，将信息输入调度系统，AGV 将货物运送到指定地点，完成分拣。

5.1.4.2 身份信息识别系统

原有仓库是仓库管理员管理模式，管理员对仓库领料人员疏于审查，存在非领料人员进入情况，给物资管理带来一定的安全风险。无人值守仓库以软件技术为基础，通过内网安全网络平台，制作仓库禁识别卡。识别卡分为人员权限识别和任务单识别，只有开通权限的人员在有拣货单的情况下，才能通过员工卡刷卡进入无人值守仓库，系统自动记录进入仓库的人员信息、时间信息以及领用物料信息。无人值守仓库的流程如图 5-1 所示。

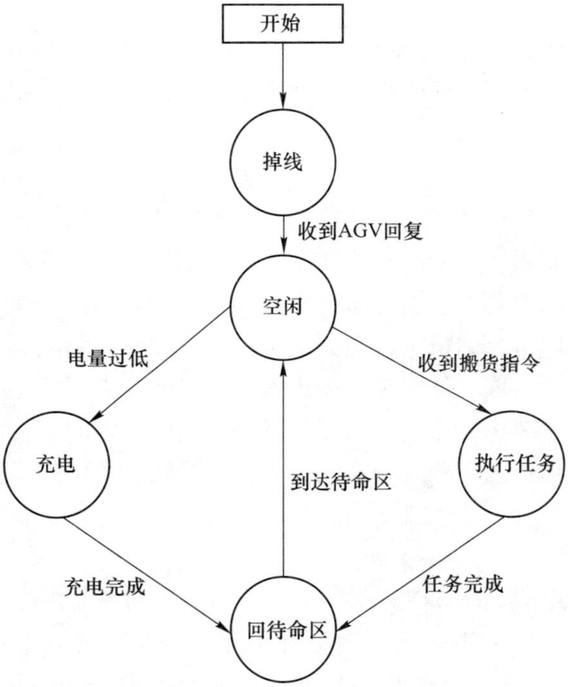

图 5-1 无人值守仓库流程图

门禁识别卡只能由物资调配员进行权限的更改，避免出现管理混乱。当出现门禁卡丢失或人员调动时，及时进行权限调整。

5.1.4.3 信息化物资配送系统

通过研发仓储管理、运输管理、配送管理、数据分析管理和 RFID 数据管理模块，打造一体化物资调配送管理平台。经由每个数据接口时时接收凭证信息，并自动生成物流订单，然后调配员根据生成的物流订单类别进行细化处理，下推任务单。系统通过运算进行策略分析，对操作人员、配送车辆、配送路线进行任务分解和指派。

5.1.4.4 智能监控报警系统

传统仓库管理基本依靠人力的投入，工作人员对仓库的存储情况进行掌控，管理仓库存在人员的浪费；以往的监控还停留在纸质版记录，工作人员对仓库的信息盘查检验，存在仓库信息更新滞后的问题。仓库作为制造管理的核心，在物联网技术改造升级的背景下，实现仓库的监控报警系统更有利于无人仓库的发展。

智能仓库处于无人看守状态，一旦失窃，可能在事发相当长时间才能获悉，同时，许多小型家庭库房也处于无人看守状态，因此研制的电话报警系统具有重要意义。

A 整体方案

专用自动报警话机通过仓库话机并接连入电话交换网，自动报警话机不影响原户主话机的使用，并能自动检测安装在门上的失窃传感器状态，一旦发现有人非法打开仓库房门，在规定时间内自动响应报警话机，告知有人非法闯入。如果指定响应报警话机忙或无人接听，可连续拨直到接通为止。该系统安装方便、使用简单、成本低，多用于无人值守仓库，失窃传感器为磁性簧片开关，安装在门缝空隙中，监视门的当前状态。当门打开时簧片开关与磁铁的距离发生变化，磁场强度和磁场分布发生变化，导致开关动作，报警电话检测到此信号即刻反应。

B 报警电话

报警电话的组成如图 5-2 所示。系统的检测控制单元由微处理器完成，采用通用 8031 芯片，系统固有参数和程序固化在 1 片 EPROM 中。语音 RAM 用于存储用户录制的语音信息和用户修改的一些系统参数，由 2 片组成，共 64K，在 8K 帧频率下可录制时长约 8s 的语音信息。键盘用于输入命令和参数，显示模块可显示系统运行状态和过程数据。拨号器实现系统向交换机拨号这一功能，其拨号信号为双音多频。语音编解码器实现语音的量化、编码、解码。

C 摄像头

各无人值守仓库配备红外高清摄像头，物资调配室调度员可以通过调节摄像头的角度和焦距，对仓库进行检查，了解仓库运行环境和物资的状态。同时在仓库有领料进行时，可以对领料人员和领料物料进行核对，防止发生误领以及非工作人员入库的情况。摄像头应为 24h 录制，自动将影像保存在后台服务器中，便于之后的调查取证，通过后台数据库信息对仓库进行远程检查，提高仓库的安全性和规范性。

D 系统流程

系统平时处于戒备状态，随时监测仓库门的状态。一旦仓库门被打开，在规定时间内可判断是非法闯入还是正常进出，这可以通过进入者输入密码或人

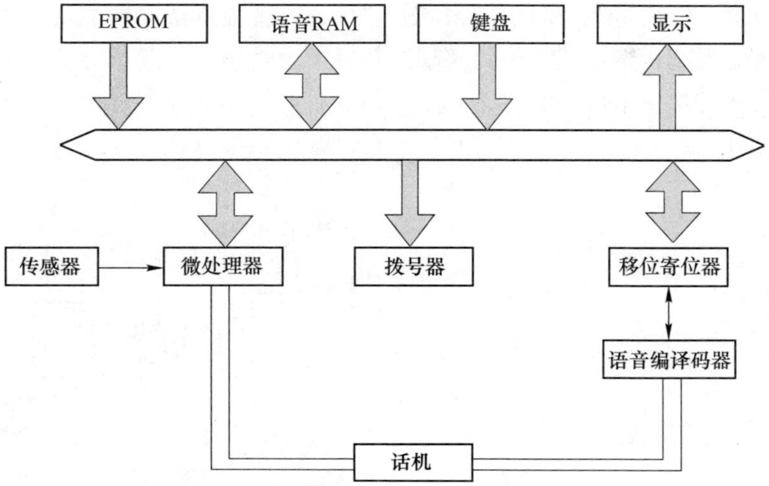

图 5-2 报警电话系统图

脸识别来操作。如果是编内人员进出，用户或管理人员可以正常在屋内进行工作，关闭房门，系统会进入到监控状态。如果是非法闯入，则向指定地点话机报警，报警后等待相关人员到达处理，处理结束后继续进入戒备状态。

5.1.4.5 GPS 车辆管控系统

目前国内仓库运输车辆管控方案主要有跟踪定位、道闸控制和视频监控等手段。该类系统可对工作车辆进行实时定位（如 GPS 定位、Wifi 定位或 RFID 定位等），调度人员可实时掌握卡车的行驶轨迹，并可查询其历史行驶轨迹。可跟踪定位技术配送管理系统以 GPS（全球定位系统）技术为参考，创新研发车辆管控模块，配送系统会将任务中所需求物料的规格型号、需求单位、种类数量等基本信息传送到车辆管控模块，车辆管控模块根据系统配送策略，优化配送路线并指派智能车辆。接收任务单后根据系统提示路线运行，调配中心可以通过车辆管控系统时时监控配送车辆运行路线及运行状态，当车辆改变路线或非正常行驶时，系统自动产生报警信息，调度员可在第一时间掌握配送车辆信息。

5.1.4.6 RFID 位置感知系统

射频识别技术，即通过电子标签来识别特定货物，其初衷就是将人从庞大复杂的手工劳动中解放出来，提供物体快速化的自动识别，为信息系统处理提供实时和准确的输入。标签成本较低，RFID 的系统部署简单，物品监控的需求日益增加，特别是能及时感应物品位置信息的智能货架。构建及时感知物品位置信息的智能货架系统，可以实现感知货架上货物与位置对应的功用，及时感知物品在货架中错放、漏放等问题，帮助智能仓库的货架管理，工作原理如图 5-3 所示。

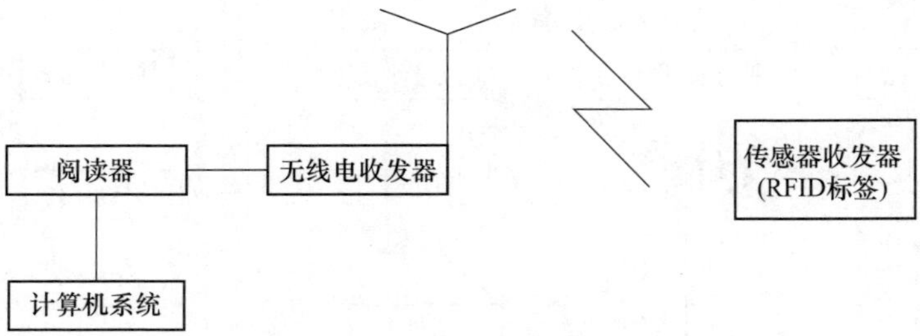

图 5-3　工作原理框图

工作原理：RFID 系统工作时，阅读器先通过天线发送具有一定频率的射频信号，然后当 RFID 标签进入阅读器的工作区域时，其天线会产生感应电流，使 RFID 标签获得能量被激活并传递自身的编码等信息给阅读器。

以 RFID 技术为基础的物联网，使用 RFID 技术建设了无人值守仓库，并通过给全部的货物贴上 RFID 标签，在现有仓库基础上构建货物的信息网络。系统各部分的子仓库彼此可以协调工作，达到整体优化。

5.1.4.7　物资变更反馈系统

为了及时掌控库存物资储备信息，自动反馈领用数量规范作业，人员按订单领料，研发了数据识别反馈系统，应用重力传感设备感应存储。将物资质量信息自动换算为数量，当领用人进入仓库领料时，自动将领料人信息、正在领用信息传回数据库，数据库自动对执行订单的人员信息和领用信息进行匹配。若存在差异，自动在软件操作界面生成警报，同时警示灯进行声光警告提醒。

5.1.5　应用在智能仓库领域的汽车技术

应用在智能仓库领域的汽车技术有：

(1) 货运条码技术。汽车技术在智能仓库领域的应用，首先是货运条码技术。货运条码技术具有极其重要的作用，其应用在现代物流领域得到了重大突破。在商品的运输过程中，借助其他先进技术，对汽车货物的条码进行扫描，可快速得到有关货物的信息库存及各种信息，大大提高了仓库的效率，减少人工工作量，方便了工作人员对货物进行进出库，为商品运输提供了可靠信息，减少工作上的失误和运输错误出现的概率。

(2) 汽车监控技术。在现代物流领域中，汽车监控发挥的作用不可替代。随着经济的发展，监控技术逐渐应用于物流仓库领域。网络技术的普及，与远距离通信技术的有效融合，形成汽车监控技术，含金量较高，被广泛使用。尤其是 GPS 定位技术，在物流中应用可实现实时监控，掌握物流运输动态，监控车辆行驶信息，及时解决货物在仓库运输中丢失的问题，如图 5-4 所示。

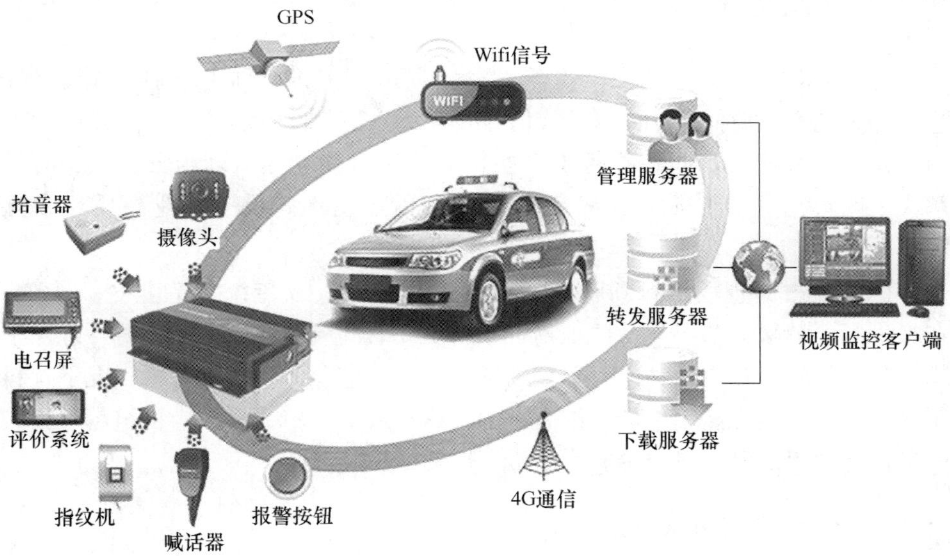

图 5-4 汽车监控技术

(3) 汽车大数据技术。汽车大数据是利用车联网、大数据等技术，实现汽车运行数据采集、存储、分析挖掘，对大量汽车特别是新能源汽车的日行驶海量数据进行整理。利用大数据分析和挖掘技术，自动建立汽车的运行模型，模型主要包括车辆运行情况分析、能耗管理、驾驶行为分析、发动机运行状态分析，对汽车运行实时监控与故障提前预警等内容。大数据技术结合汽车监控技术与货运条码技术存在相似地方，大数据技术是以现代科技作为载体，通过互联网技术，构建完善的物流管理系统，对货物进行科学调配，提高运输效率，大大缩短仓库运输周期。

5.1.6　无人值守智能仓库的成效

5.1.6.1　管理效益

管理效益体现在以下三个方面：

（1）提升仓储管理信息化水平。通过结合门禁、RFID、EAS、视频监控等安全技术，条码与扫描等信息转化与采集技术，供应商寄售等先进管理手段，建立了“无人值守”寄售模式和智能安防自助式仓库，使功能得到延伸，创新物资管理在“云大物移智”时代的工作模式，提升了物资管理信息化水平。

（2）提高了库管员的工作效率。“无人值守”自助仓库上线前，库管员在仓库每天的发货时间约3h，“无人值守”自助仓库上线后，库管员无需跟随发料，每天将节约3h，可以投入更多的精力放到智能仓库管理与分析上，有效解决了改革后人员精简与物资精细化管理的矛盾，满足了企业高质量发展需要。

（3）提升了现场领料和晚班领料的工作效率。以传统制造业企业为例，在晚班紧急消缺的情况下，原来物资领料出库时间一般花费几个小时，现在平均领料时间约为几十分钟，大幅减少现场领料、应急、晚班等各种工况下领料所耗时间，间接提高了生产检维人员的检修和维护响应效率，为机组尽早投入生产运行和提高发电量提供有力保障。

5.1.6.2　经济效益

缩短了物资配送时间。无人值守智能仓库极大地减少了在物资配送上所用的时间，可以有效地减少客户的等待时间，大大地提高了客户满意度。可提升每年营业收入，节省第三方配送运输费用。智能仓库集智能补货提醒、自动盘点等功能于一体，采用大数据分析，制定合理的补仓计划，降低了第三方配送车辆运输和人工费用。储备物资及应急物资领用调拨次数减少。

5.1.7　无人值守智能仓库的推广以及应用案例

提供无人值守服务，为快递运输业运行稳定提供了物资支撑，是物流管理的重要实践性探索。电力物资部门通过各系统采集的“云数据”，分析、优化物资配送的线路和周期，定期优化整合物资资源，根据各小库的物资消耗情况调整储备定额物资，从而降低库存占用的资金，提高库存周转率和轮换率。仓库各区域划分合理、物品摆放整齐、储位安排科学，存放空间利用率显著提高。

构建该仓库的自助应用模式，给物资保障工作提供了非常有效的管理支撑、数据支撑和工具支撑，提高了物资运行管理的水平和能力。通过与物资系统对接，结合物联网、安全门禁以及可视化视频监控技术，实现了现场进出库的智能化安全管理，替代了传统的手工记录进出库信息的方式，减少了仓库管理员的工作量，提高了现场进出库的管理效率和安全性。

5.1.7.1 京东无人智能仓库

京东商城非常重视物流服务，不用与第三方物流公司合作的物流模式而启用自建物流系统的物流模式，并率先提出“夜间配”“限时达”“极速达”等新颖的物流配送服务。自 2011 年以来京东不断地扩建仓储物流后台，并引入自动化技术到传统的人工物流系统中，从提高物流服务的效率、降低差错率和减少人工的成本等方面，来提高物流的服务质量。

京东的无人仓库，是全流程无人仓库公司，该全流程无人仓库可实现货物从进库、分拣、包装、存储及配送等一系列环节的智能化和无人化。无人仓库的工作作业环节主要含有入库作业、订单拣选作业、存储作业及打包作业等，在这个过程中涉及的自动化设备主要有机械臂、自动穿梭车、物流机器人等。全品类以及业务流程全部实现无人作业，其系统遵守五自法则——自感知、自决策、自适应、自诊断和自修复能力，在以后，京东的这种无人仓储作业模式将会被引用到所有的业务和品类。

京东无人仓库核心技术主要包括自动存储、混合码垛、视觉检验、自动拣货与分类等。例如，在货物进入仓库、打包等环节，京东无人仓库装配了三种不同的六轴机械臂，并被应用在入库装箱、混合码垛、拣货、分拣机器人供包这四个场景下；在分拣场景中，京东又引进了三种不同的智能搬运机器人来完成任务。在以上的 4 个场景中，京东还分别使用了 2D 视觉识别技术、3D 视觉识别技术及由红外测距与视觉技术组成的 2.5D 视觉技术，为这些智能机器人装上了“眼睛”，使机器与环境进行主动交互。

在硬件方面，京东针对仓内作业研发了地狼货到人系统、天狼智能存储系统和 AGV“小红人”分拣系统等，这些系统能够覆盖仓内作业的绝大多数场景。

在软件方面，京东也自主研发了一个能够操控全局的智能控制系统——“智能大脑”，从货物仓储到拣货、打包，再到货物分拣、出仓，全部环节的无人化操作都由“智能大脑”自主决策和指挥。例如，在上海的“亚洲一号”全流程无人仓库内，智能大脑能够在仅仅 0.2s 内计算出 300 多个不同机器人的680多亿条可运行路线，并且做出最佳的选择。京东无人仓还规模化地投用了天狼穿梭车、分拣机器人、智能叉车、输送分拣、地狼AGV、视觉机械臂等多种产品。

作业无人化方面，京东无人仓不管是单项核心指标、各种设备的稳定性，还是各种设备的分工协作能力都能达到一个极致化的高度。京东无人仓也创造了很多个单项指标的物流行业纪录。其单日分拣的能力达到了20万单，同时，无人仓还使用了人工智能、物联网、自动包装、自动立体式存储、3D视觉识别等多种前沿技术，兼容并蓄，实现了各种机器、系统、设备之间的高效协同。

运营数字化方面，京东无人仓是一个非常复杂的系统，最能够体现出其智慧性的地方，并不是其遵从指令进行执行、操作的能力，而是其自主决策、判断、纠错及自我修复的能力。在运营过程中，与包装物、条码、面单有关的数据信息要依靠系统采集与感知，出现异常后要自己能判断。比如，在无人仓的大型分拣区内，300个“小红人”有序地完成取货、扫码、运输、投货。依靠智能导航和视觉识别技术，“小红人”能以最优路径来完成商品的拣选。当出现常规故障时，小红人能在短短30s内进行自我修复。事实上，运营数字化就是为无人仓库装上了“大脑”“眼睛”“胳膊”和“腿”，把它变成了一个强大的“人工智能”。

决策智能化方面，京东无人仓的建立，不仅大幅度地减轻了工人的劳动强度，使作业效率提高到了传统仓库的10倍多；而且仓储环节作为整个供应链体系的核心环节，在无人仓的智慧化下，能够驱动上下游的协同决策，使其及时响应，进而使整个社会、全供应链之间达成协同、智慧化，最终使整个社会的物流成本、体验、效率达到最优。

从投资价值来看，京东无人仓是一次京东在智能化仓储方面的大胆创新。其智能化、自动化设备覆盖率达到了100%，能够应对电商多变的订单业务形态，大大缓解了“双11”“618”等节日订单量暴涨所带来的压力。满足业务发展需求，无疑是京东持续进行物流技术创新研发的动力。京东无人仓更加坚定了京东物流对无人技术、智能技术的发展。对技术的储备必须要有先见之明，没有布局怎能掌控全局。

5.1.7.2　电力公司的无人值守仓库案例

电力行业作为基础民生的保障行业，为满足公众日常需求，电力企业需要保证在任何时刻都能进出仓库作业，保证抢修物资的供应。目前该企业仓管员少，无法保证7×24h均有工作人员值班，对于晚上抢修引起的紧急领料，维修员只能在仓管人员不在现场的情况下领料。由于仓管系统操作频繁，维修员领料匆忙，容易出现物资信息与实际领用物资不符的现象，导致账物不一致，为今后的仓库工作带来极大困难。

依据该电网公司的现状，结合物联网技术设计了该电网公司无人值守仓库的方案。

A 仓库管理现状

该公司存在三种类型的仓库：备品、备件仓库和输电仓库。在仓管员下班后，出现维修员越过仓管员进行出库作业的情形主要发生在备品、备件仓库，因此该案例主要针对备品、备件仓库。

仓库物资特点：存储的物资数量约有两千多件，大部分为小件、金属物资。

仓库物资管理方式：出于电力安全要求，物资表面不能粘贴任何标签。

仓库出库量：根据近一年出库记录统计，该仓库单次出库的物资数量平均为 8 件，且同一时间只有一个紧急领料作业。

仓库紧急领料作业现状：紧急领料时，维修员需先通过电话向仓管员申请紧急领料，仓管员确认后，维修员使用钥匙打开仓库门。维修员拣选所需物资，使用手持终端逐件扫描物资记录卡上的条码，并填写物资的领取数量。完成物资拣选后，即可离开仓库进行抢修工作。

B 无人值守仓库设计

针对物资识别操作烦琐的问题，使用先进的物资识别技术，实现物资的批量识别，同时优化出库流程，减少仓管系统的操作，便于维修员进行紧急领料。针对出库物资与作业人员不匹配的问题，使用门禁系统识别出库作业人员身份信息，便于确认实际领料的维修员。根据物资识别技术的不同，提出方案：使用 RFID 技术实现出库物资的批量识别，简化仓管系统的操作。电力公司无人值守仓库设计流程如图 5-5 所示。

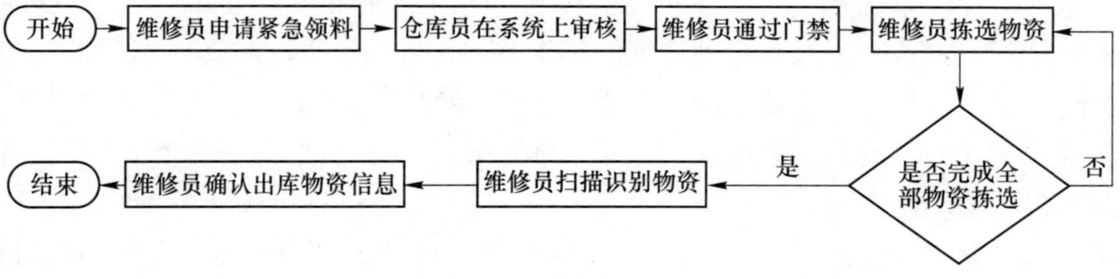

图 5-5 电力公司无人值守仓库设计流程

在基于 RFID 的无人值守仓库中，在不改变仓库原有货架布局的基础上，使用 RFID 技术代替原有的条码技术，对仓库内的物资逐件进行包装以及贴标操作，使其配备电子标签，并在仓库内单独设置 RFID 识别区域以减少金属物资对 RFID 电子标签识别的干扰。出库时可通过手持终端或固定 RFID 读写器进行 RFID 标签的批量识别，不需要填写物资数量，在确认扫描识别的物资信息与实际领用物资一致后，即可离开仓库进行抢修工作。同时利用门禁系统，在完成出库的同时，将出库物资信息与出库人员身份信息绑定，生成出库记录。

物资的条码标签粘贴在对应的物资记录卡上，并挂在物资所在的货位下以进行物资识别。相比现有的紧急领料流程，该方案使用 RFID 批量识别物资信息，不需要维修员填写领用物资信息，降低物资记录出错的可能性。同时仓库均设有门禁，可以识别紧急领料作业人员的身份信息，实现出库物资与作业人员的匹配。

5.2　无人驾驶物流专用车辆

近年来随着工业 4.0 与“中国智造”的深入，传统制造业正在不断寻找变革之路，以促进生产方式的数字化、智能化与无人化，从而实现“降本增效”。基于此，许多产业凭借自主研发的核心无人驾驶与人工智能技术，打造无人物流解决方案，在许多方面破解了物流“运输效率低”“人工成本高”“生产安全风险”等难题，进而提升生产效益。

现有无人驾驶技术的等级划分如下：

（1）L0。驾驶员完全掌控车辆。

（2）L1。自动系统在特定的情况下能辅助驾驶员来完成一些非紧急状态的驾驶任务。

（3）L2。自动系统能完成某些简单的驾驶任务，需要驾驶员保持对周围环境的监控，以确保自动驾驶的安全状态，同时保证如果出现问题，能够随时进行接管。在这个层级，自动系统的错误感知和判断有驾驶员随时纠正，大多数车企都能提供这个系统。L2 可以以速度和环境为参数进行使用场景的划分，例如空旷状态下的高速公路快速行车、环路低速状态下堵车缓慢前行及驾驶员在车内的自动泊车。

（4）L3。自动系统不仅能够完成某些驾驶任务，而且也能实时的感知和监控周围的环境信息以改变驾驶状态，但是驾驶员仍然是车辆的第一操作对象，且需在危险状态时接管驾驶（当自动系统发出请求时）。所以在该层级下，驾驶者仍无法进行睡觉或者深度的休息。在 L2 完成以后，车企的研究领域从这里延伸。由于L3的特殊性，目前看到比较有意义的部署是在高速L2上面做升级。

（5）L4。自动系统在非紧急状态环境中时能够完成大多数的驾驶任务，并同时感知收集周围的环境信息进行驾驶状态的判断；L4的部署，目前来看多数是基于城市的使用，可以是全自动的代客泊车，也可以是直接结合打车服务来做。这个阶段下，在自动驾驶可以运行的范围内，驾驶相关的所有任务和驾乘人已经没关系了，感知外界责任全在自动驾驶系统，这里就存在着不同的设计和部署思路了。

（6）L5。自动系统在所有条件下都能完成的所有驾驶任务。

日常生活中所说的自动驾驶系统（ADS），通常是在3~5层级，随着层级的提高，对系统的要求也随之提高。由于目前自动驾驶的分级，特别是L3和L4还没有大规模应用在实际生活之中，我们对待这个需求存在着一些认知上的争议。分类方法以动态驾驶任务（DDT）、DDT的任务支援和设置运行范围来区分。有条件的自动化，要求在限定的ODD（operational design domain）内能够完成所有的DDT，但要求驾驶人员时刻准备着应对无人驾驶系统在系统失效或者超出ODD范围时发出的需要驾驶员介入的请求。标准中要求在发出驾驶员介入请求后，自动驾驶系统仍需要保持驾驶状态。

5.2.1 机场行李转运车辆

机场的专用车有很多，其中行李转运车是最常见的一种。行李转运车是用于飞机装卸行李、包裹及邮件等货物的专用设备，一般会在航班前一个半小时到达作业场地，待行李全部装载完成后，就会送至飞机货舱。

根据转运车的结构和使用功能，行李转运车可以分为自行式、拖挂式和厢式。厢式行李转运车兼有运输与装卸功能，但效率相对较低，适合于传输行李、货物较少的场合。

自行式行李传送车主要由汽车底盘（自制）、前升降机构、后升降机构、输送带架、液压系统及电气控制系统等组成，如图5-6所示的自行式行李传送车是集机、电、液于一体的高技术含量产品。其底盘采用全液压（或电机）驱动、无级变速、液压转向、硬置式前后桥，具有整车高度低、低速行走稳定性好、操作简单方便、应急操作设置完备、产品升降范围宽、承载能力强、适用面广等特点，可满足所有飞机机型的使用要求。

拖挂式行李转运车由自行式车头和后部位置的拖挂厢组成，虽然运输效率相比自行式行李传送车较低，但是其灵活性和长距离运输特性而在机场得到广泛应用，如图5-7所示。

图 5-6　自行式行李传送车

图 5-7　拖挂式行李转运车

行李转运设计要求：行李转运车制造商必须具有中国民航总局核发的民用机场专用设备审定合格证。行李转运车设计一般需要满足以下几点要求：

（1）强度要求。专用车底盘结构、输送带以及支撑框架结构、前后的升降结构等应该满足最大载荷要求。

（2）安全性。行李转运车作业时，传送机构均是旋转状态，需设置多种安全防护以保证工作人员的安全；同时因其作业时前端与飞机对接，后端与行李托盘对接，前后端均须设置防护装置，以保证不损伤飞机和自身。

（3）低速行驶稳定性。行李转运车作业时要与飞机对接，为保证安全、易于控制，要求其有较好的低速行驶稳定性，通常要求最低稳定车速在 2km/h（包含 2km/h）以下。

（4）可靠性。为保证飞机正常准点，降低车辆的使用维修成本，要求行李转运车有较高的可靠性。

（5）环境适应性。行李转运车应满足不同使用环境，如高温、高湿、高原、低温，通过加装特殊装置，能够适应各种作业环境。

（6）完备的应急装置。一方面能够保证在设备发生故障时避免造成严重的事故或损失；另一方面能保证车辆在不能工作情况下及时撤离飞机。

目前国内外设计制造的行李转运车技术已非常成熟，其安全性、可靠性都得到很大提高；绝大多数生产商使用自制底盘，基于商用车底盘改装的已逐步淘汰。未来行李转运车将沿着如下几个方面发展：

（1）动力越来越环保。内燃机排放等级逐步提高，油-电混合动力行李转运车、纯电动行李转运车已从研发阶段步入初步试用阶段，相信将来行李转运车电动化趋势会越来越明显。

（2）减轻作业人员劳动强度。例如，越来越多地应用柔性动力传输系统。该系统设置于行李转运车前端，使用时由工作人员控制，可以把货物传到机舱内任意位置，不需要人工长距离搬运货物。

（3）关注操作人员的安全性、舒适性。随着社会发展和技术进步，越来越多地应用安全措施，以尽最大可能避免工作过程中设备故障、缺陷和误操作造成的伤害，如距离检测装置、运动件和固定件间的防护装置。

（4）提高设备舒适性。减震良好的悬架系统、空调系统开始配备到行李转运车上，在一定程度上提高了驾驶舒适性。

（5）拖挂式行李转运车的应用更加广泛。拖挂式行李转运车具有操作简单，采购、维修、使用成本低、车辆尺寸小等优点，同时可以增加辅助动力行车系统，减轻操作人员工作强度。

5.2.2 码头无人物流转运车辆

码头集装箱自动化、无人化装卸，是港口未来的技术发展趋势。对于现阶段正在运行的集装箱码头，进行自动化、无人化装卸改造是一种可行的产业升级方式。近年来无人物流转运车的快速发展，在码头运输方面创造了无限可能，同时也以较低的成本，解决了集装箱码头现阶段的发展瓶颈。目前，自动化、无人化集装箱码头的技术实现方式主要有以下两种。

5.2.2.1 自动导引车（AGV）加地面埋设磁钉方案

自动导引车（AGV）是一种使用无人驾驶技术的特种运输车辆，通过对码头工作场地进行磁钉设备的大规模改造，可在传统作业和无人作业的混合码头工作。AGV 可以在既定的轨道上行驶，安全系数也非常高。图 5-8 所示为埋设磁钉方案自动导引车。

图 5-8　埋设磁钉方案自动导引车

A　码头应用场合

码头应用场合有码头与堆场之间的集装箱货物的定点运输。

B　动力源

动力源有柴油发电机驱动、电池驱动、燃气驱动和混合动力驱动。

目前应用于码头的 AGV 小车普遍采用钛酸锂电池，相较于铅酸电池，能源利用效率提升 25%，有效消除了铅污染风险。较为广泛的充电方式是分布式浅充浅放循环充电新模式，在 AGV 生产作业的同时完成电能补充。

C　码头 AGV 小车定位技术

早期港口无线通信系统大多采用 Wifi 系统，但在实际行业应用中存在诸多问题，如多用户干扰、覆盖低、时延高、移动性低等。自动化集装箱码头 AGV 无线 4G-LTE 双网冗余覆盖技术系统采用 LTE 技术（long term evolution），该技术采用了当前移动通信领域中最先进的设计理念和工程技术，组成了第四代（4G）移动通信系统的空中接口技术——LTE 移动通信系统技术，可实现更快的传送速率，更低的延迟，以较低的成本构造起容量更高的系统，基于 4G-LTE 系统构建无线通信网络对于新建自动化码头与现有码头远程化、自动化改造有着重要的意义。

D　AGV 小车的天线部署

在车辆天线的部署上，遵循天线交错形式部署，将 2 个网络的 6 个天线分布在车体 6 个位置（见图 5-9）。如果单个网络出现问题，可以安排第二天进行相应的维修，不会导致车辆被迫停在场地中影响正常港口投产。车体天线交错布局的方式，可以很好地解决车辆由于转向造成的对角线死角问题，提高车辆在全工况下天线接收效果。

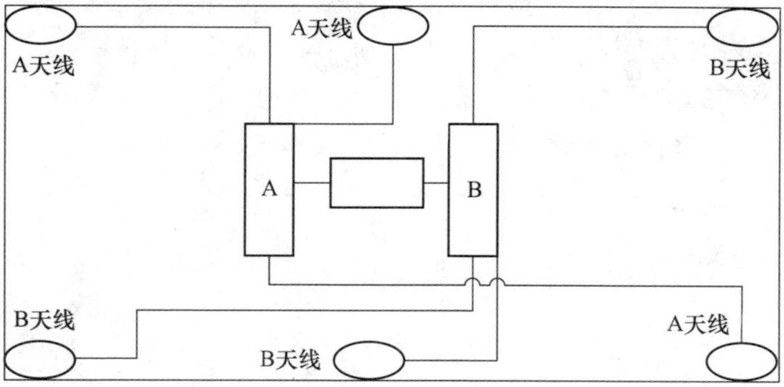

图 5-9 埋设磁钉方案自动导引车 AGV 小车天线图

E 集装箱码头中 AGV 防碰撞技术

(1) 激光雷达防碰撞。利用激光雷达发射激光线束的扫描原理，可以扫描某个区域，形成区域图像，测定相对位置，返回其测量值。激光雷达数据能够反映出目标的相对位置和速度信息，使得机器能够及时做出决断。通常情况下，激光防撞传感器感应到障碍物对应在 7.5m 处减速，在 1.5m 处停车。

(2) 超声波传感器保护。超声波保护是 AGV 在顶部支架区域内特有的保护，超声波传感器会检测前方一段距离内是否有障碍物。若支架上本已有集装箱而系统调度 AGV 带有载荷进入支架时，超声波传感器将检测到支架上的障碍物，根据超声波传感器的返回值，控制器做出决断，在危险时制动 AGV，从而起到保护作用。

(3) 机械防撞保护。作为最基础的保护装置，保险杠是 AGV 的最后保护措施。当保险杠碰撞受到外力作用时，常感应限位脱开，AGV 车轮抱闸停车。

F 码头 AGV 小车的通信系统

AGV 小车与码头数据处理中心通过无线信息传输的方式实现信息通信。AGV 将位置信息、故障信息、运行状态等监控数据参数上传到数据处理中心，并接受数据处理中心的反馈控制，包括当前阶段的运行状态和工作目标，以及下一阶段工作安排，路线规划、停车位置等。

AGV 车载控制系统主要由激光器、可编程控制器和导航控制器等三部分组成，这三部分均通过以太网接口与智能切换单元互联。AGV 小车上的导航控制器与中控系统的设备控制系统之间通过无线通信系统建立连接，接收车队管理系统发出的作业指令。车队管理系统以 100ms 为间隔周期向 AGV 小车发送数据包来检测通信链路的连接有效性，确保 TCP 协议传输的报文数据的实时性。AGV 上的可编程控制器将 AGV 的坐标、速度、液压、电池、陀螺仪等遥测数据以 200ms 为周期上报传输至中控系统的港机设备管理系统服务器。AGV 车载业务的通信传输数据量小于 100kb/s，但对数据传输的实时性要求较高，基本以 100ms 为周期与中控系统进行持续通信。图 5-10 所示为一种码头 AGV 小车通信系统设计方案。

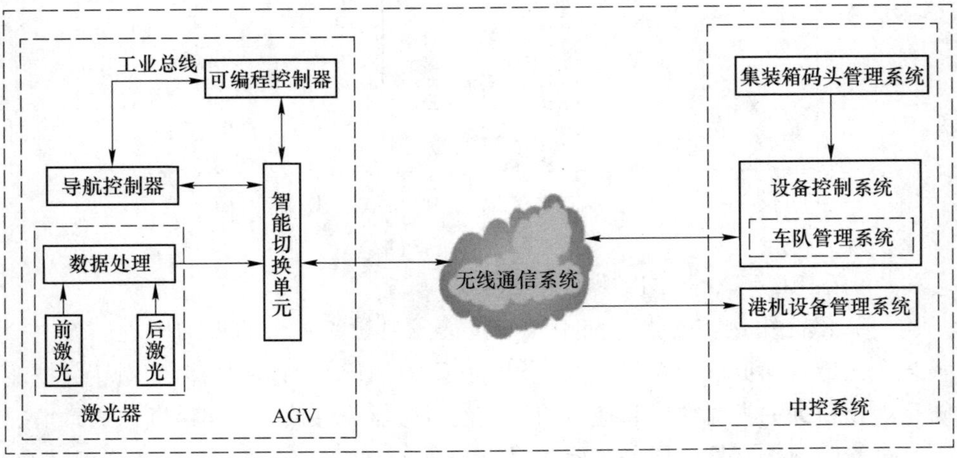

图 5-10 一种码头 AGV 小车通信系统设计方案

5.2.2.2 无人驾驶卡车方案

自动驾驶卡车能够自动化、无人化地进出码头和堆场工作场景，无人工干预的情况下直接将集装箱运送到指定的地点，大大地缩短运输这一环节的时间。自动驾驶卡车安装了激光雷达、高清摄像机、毫米波雷达、智能计算单元、北斗定位系统等设备，可以完成道路行驶、集装箱卸货、精确停车、有障碍物时发出响应等指定的动作，实现了集装箱从卸货装货到运输的完全自动化无人化。为了适应全天候的作业环境，搭配了精度更高的传感器和处理器，可以确保在昼夜、雪天、雨天、能见度低的其他恶劣环境及现场人员、车辆和作业设备的复杂环境中满足港口 24h 全天候生产运行的要求。

A 无人卡车管理系统

无人驾驶卡车在集装箱码头安全稳定高效运行，需要多个系统相互配合，其中主要包括集装箱码头生产系统（container terminal operating system，CTOS）、集卡调度系统（track control system，TCS）、无人驾驶系统、设备对位系统（chassis positioning system，CPS）等。

CTOS 是负责集装箱码头生产的核心系统，它管控码头中各项作业流程，在业务人员的控制下有计划地激活作业指令、分配作业设备、监控作业指令状态。在集装箱码头内集卡无人化改造的系统规划中，CTOS 是作业指令的提供者。

无人驾驶车的车辆管理、路径规划、任务调度、工作状态监控都由 TCS 完成。TCS 在无人集卡作业的各个关键节点，给出最佳作业指令和路径，并监控无人集卡行驶过程中出现的异常，进行预警或者提供异常处理决策。

无人驾驶系统是操作无人卡车完成作业任务的主系统，它是无人卡车任务的“执行者”。通过无人驾驶技术完成内集卡改装，实现无人集卡自动驾驶。

CPS 是一套辅助大型装卸设备（桥吊、龙门吊、堆高机等）与集卡进行位置匹配的对位系统。在龙门吊预先到达作业位置时，可提前介入辅助内集卡停车到位，提高内集卡一次停位成功概率；在龙门吊滞后到达作业位置时，协助卡车对位微调，保证卡车与设备相对位置相匹配，使作业安全顺利进行。图 5-11 所示为无人卡车驾驶系统。

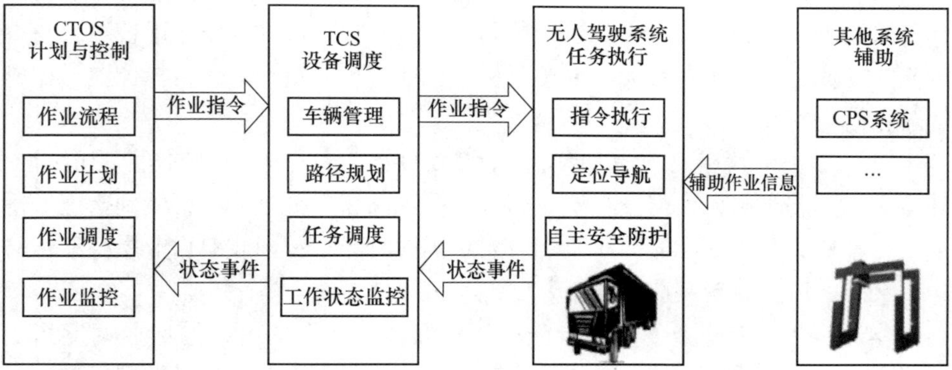

图 5-11 无人卡车驾驶系统

在卡车上搭载车载无人驾驶系统实现单车无人驾驶。该系统使用基于人工智能的机器学习算法，根据各类车载传感器采集的周边环境信息，进行目标检测、识别、分类、定位和集卡的运动预测。环境感知模块负责获取集卡上安装的各种传感器所采集的信息，并将这些信息通过算法融合到一起，从而更加准确地感知当前集卡行进道路上和道路周边的环境信息，再将融合感知得到的信息传递给依托于高精度地图的高精度定位模块和无人驾驶决策规划模块，实时计算集卡的自动行驶轨迹，最后将运算结果持续传给底盘控制模块。底盘控制模块再操控无人集卡根据当前的路况进行车道保持、自动避障、自动转向和加减速等一系列动作，使无人卡车按照作业指令的要求，在规定时间内自动行驶到作业目标位置。在整个水平运输作业过程中，车载无人驾驶系统会通过 4G 或 5G 无线网络持续向服务端的车队管理系统上报当前集卡的位置、状态等信息。图 5-12 所示为车载无人驾驶系统组成结构。

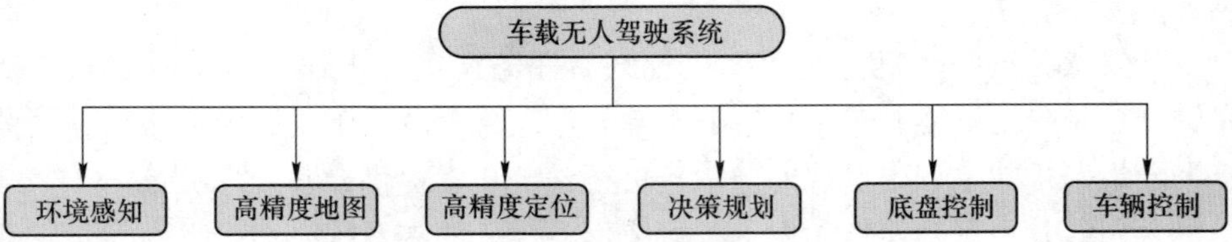

图 5-12　车载无人驾驶系统组成结构

B　无人卡车在码头应用场景

(1) 装船作业。无人卡车车队管理系统下发装船作业调度指令到指定卡车的车载无人驾驶系统。车载系统控制无人卡车自动行驶到堆场指定位置完成取箱。无人卡车再自动行驶到岸边指定岸桥下，与岸桥交接完成装船箱作业。

(2) 卸船作业。无人卡车车队管理系统下发卸船作业调度指令到指定卡车的车载无人驾驶系统。车载系统控制无人卡车自动行驶到指定岸桥下，与岸桥交互完成卸船箱压车。无人卡车再从岸边运输集装箱到堆场目标位置，完成卸船箱落场作业。

(3) 岸边中转作业。无人卡车车队管理系统下发岸边中转作业调度指令到指定卡车的车载无人驾驶系统。车载系统控制无人卡车自动行驶到指定岸桥下，与岸桥交互完成卸船箱压车。无人卡车再自动行驶到装船作业岸桥下，与岸桥交接完成集装箱装船作业。

(4) 场内移箱作业。无人卡车车队管理系统下发场内移箱作业调度指令到指定卡车的车载无人驾驶系统。车载系统控制无人卡车自动行驶到指定位置与场桥交接完成取箱压车。无人卡车再自动行驶到移箱的目标位置，与场桥交互完成放箱落场工作。

C　无人卡车作业流程

在系统整体处理流程中，先由码头生产系统生成水平运输作业指令并发送给无人卡车车队管理系统。无人卡车车队管理系统收到作业指令后会将指令转换为拖车调度指令，并选择最合适执行当前指令的无人卡车，通过 4G 或 5G 无线网络，将调度指令下发到该卡车的车载无人驾驶系统；同时根据卡车当前的位置和状态，规划出本次水平运输作业的行驶路径，规划路径也会通过无线网络下发到车载无人驾驶系统。车载无人驾驶系统接收到调度指令后，根据规划路径，规划车道的行车路线，自动避障和控制卡车车速，使无人卡车在指令规定的时间内自动行驶到作业地点。然后，无人卡车与港区内的其他作业机械协同作业，完成集装箱的交接，最终完成本次集装箱的水平运输作业。无人卡车将等待车队管理系统下发新的作业调度指令，再启动下一次自动水平运输作业任务。

5.2.3 智能工厂物流转运车辆

近年来，随着无人技术的发展，无人化、智能化、网联化的物流模式已然形成。在工厂里，无人车减少作业接触的同时也切实保障物流畅通循环。图5-13所示为智能工厂中的转运车辆。

图5-13 智能工厂中的转运车辆

目前应用于工厂中的无人物流车，较为先进的是L4级自动驾驶车，这种自动驾驶在某些环境和特定条件下，能够完成驾驶任务并监控驾驶环境。这个阶段下，在自动驾驶可以运行的范围内，驾驶相关的所有任务和驾乘人已经没关系了。但似乎驾驶舱还是必不可少的，不能完全取消人为控制的操作部件。

在室外暴雨等恶劣天气的环境下，无人操作必须保证安全快速的作业。工厂无人物流解决方案由具备L4级自动驾驶能力的无人车和一套功能强大的云端智能运营管理系统构成。无人车内搭载一款全功能智能驾驶控制器，可通过融合部署在车身周围的激光雷达、摄像头、超声波雷达等多类传感器的感知数据，结合无人驾驶核心算法，实现在多种复杂工厂场景下的无人驾驶。借助云端智能运营管理平台，为厂区无人物流运营提供多车协同、调度、远程控制、数据分析等功能服务，大大提升无人物流运营的管理效率与安全性。

自动驾驶系统由感知层、决策层和执行层三个部分组成。

（1）感知层主要是为自动驾驶系统获取外部行驶道路环境数据并帮助系统进行车辆定位，当前无人驾驶系统中代表性的传感器有激光雷达、摄像头、毫米波雷达、超声波雷达、GNSS/IMU等。由于其工作原理、技术特性各不相同决定其适用的应用场景各异，因此当前大部分车辆都是采用多种传感器相融合的方式以应对各种可能发生的情况，保证系统冗余。

（2）决策层环节是高阶自动驾驶能否快速工程化应用的最关键因素，包括计算能力和相关算法。我们知道传感器每秒钟都会产生大量数据，计算平台需要有能力在极短时间内对大量的数据进行处理、分析并给车辆执行层下达操作指令以保证自动驾驶车辆的安全行驶，如图 5-14 所示。

（3）执行层是自动驾驶系统在做出决策后，替代人类对车辆进行控制，反馈到底层模块执行任务。车辆的各个操控系统都需要能够通过总线与决策系统相链接，并能够按照决策系统发出的总线指令精确地控制加速程度、制动程度、转向幅度等驾驶动作。

图 5-14　智能工厂中的转运车辆

国内自动驾驶企业-驭势科技，宣布取得“去安全员”的重大技术突破，并已率先将完全无人驾驶的物流车投入工厂运营使用。技术创新的本质是创造价值。对于无人驾驶而言，去安全员是其大规模商业化落地的关键。只有把车辆的驾驶操控和感知、规划、决策任务完全交由无人驾驶系统执行，才能真正创造“无人化”的商业价值。

2019 年，驭势科技与国内某知名汽车制造厂商打造了国内首条厂区无人驾驶物流线路，并投入常态化运营。2020 年 5 月，双方再次扩大合作规模，完成两大基地的无人驾驶物流线路批量化覆盖，已经超过百台的无人驾驶物流车正在作业使用，应用场景基本包含了汽车结构各个部件，如发动机场景、总装场景、车身场景等多个作业场景。在该案例中，通过导入驭势科技厂区无人物流解决方案，实现了物流运输线路的人类司机优化，实现物流运输的完全无人化，切实解决客户痛点，创造多重效益。

（1）物流效率最大化。7×24h 全天候运作有效提升运力，且响应更快、更精准，流通更顺畅，让物流运输更贴合生产经营节奏，实现效率最大化。

（2）物流安全多维化。无人物流车可实现无人化、程式化作业，输出稳定可靠的运力，大幅降低物流过程的安全风险。

（3）物流成本优化。有效优化人力资源、土地空间资源的投入，实现薪资成本、管理培训成本的大幅下降，单条运输线路的人工成本费用可节省50%以上。

（4）快速复制推广。可应用于室内外多种复杂工况与恶劣天气，实现快速、灵活、柔性部署，无需投入额外的资金与时间进行厂区基建改造。

5.2.4 智能粮食物流专用车辆

5.2.4.1 概述

粮食物流是始终贯穿粮食从生产到消费整个产业链的纽带。国内外的大量实践证明，实现粮食四散化即散储、散装、散运、散卸，是提高粮食流通效益的必由之路，也是粮食行业实现现代化的重要标记。因此，加强现代粮食物流技术研发，对提高粮食流通效率、降低粮食流通成本、提高中国粮食国际竞争力、增加国家对粮食市场的应急调控能力，都具有十分重要的意义。

科技是保证粮食产量、质量和粮食产品安全的关键因素。目前，我国的农业科技进步贡献率低于北美、西欧等农业科技发达地区。为了促进粮食流通，北美、西欧部分国家和地区已建立了现代化的粮食物流体系，四散化程度高，普遍使用散粮装卸设备和散运工具如散粮汽车等[30]，前举后倾式（见图5-15）、底卸式（见图5-16和图5-17）及输送带式散粮运输车（见图5-18）是常用的三种散粮运输专用车型，谷物可通过收割机直接收集到随行的散粮运输车上，再由散粮运输车运输到粮库，其中底部带有输送带的散粮运输车可以实现散粮运输车之间的直接粮食装卸倒运[31]，现代化自动化散粮运输专用车提高了粮食转运效率、降低了粮食物流成本，对我国发展先进的粮食物流运输车辆具有较好的借鉴意义。目前我国常见的散粮运输车包括带有自卸功能的仓栅式散粮运输车（见图5-19和图5-20）、罐式散粮运输车和集装箱式散粮运输车（见图5-21），结合液压翻板或集装箱翻转机完成散粮装卸转运工作[32~34]。

但是国内市场上的粮食转运车普遍存在转运效率低、智能化程度不高的问题。随着智能驾驶技术与车联网技术的不断发展，提升粮食物流专用车辆的技术含量，在节约人力、物力资源的基础上提高粮食运输的效率，对于我国粮食生产以及运输具有十分重要的意义。以河南省为例，作为粮食生产核心区和全国粮食加工基地，粮食工业被列为河南省四大支柱产业之一。国家及地方相关

图 5-15　在散粮卸载工作中的前举后倾式散粮运输车（美国）

图 5-16　具有两个卸粮底仓的底卸式散粮运输车（美国）

图 5-17　带有输送带的底卸式散粮运输车（美国）

图 5-18 输送带式散粮运输车（美国）

图 5-19 带有自卸功能的仓栅式散粮运输车（中国）

政策多次强调“要进一步增强机遇意识、忧患意识和竞争意识，抓住有利时机，分析预测形势，立足当前，着眼长远，切实加快主食产业化发展的步伐；要积极营造良好环境，充分发挥政府职能作用，努力为企业发展提供优质服务，并在研发上下功夫，注重培育品牌，提升粮食附加值，努力实现从田间到餐桌的转变”。河南供给了全国约 10%的粮食，2015 年河南省粮食调出总量高达 1550 万吨，广义粮食流通量达到 4200 万吨左右[35]，需要庞大的智能粮食物流体系为依托来完成粮食的流通各环节工作。由于粮食收储具有“集中入库”的特点，在新粮入库过程中，较低的转运效率必然会造成运粮车排队等待，一方面会引起物流成本的增加，另一方面会影响到粮食质量安全。同时，卸粮过程中会产生大量的粮食粉尘和噪声污染，影响周边环境和工人的身体健康。我国在粮食行业科技创新发展“十三五”规划中明确提出：“在粮食现代物流领域重点任务中围绕提升装卸运输效率，着力开展粮食收储运新模式、新

图 5-20　粮库内装载散粮作业的仓栅式散粮运输车（中国）

图 5-21　集装箱式散粮运输车（中国）

技术、新装备的研究开发，重点开展散粮汽车、散粮集装单元化载具等专用载具的研究开发与应用示范”。而国家粮食储备库是国家为应对突发状况引起的粮食紧张和平时调节稳定粮价而专门储备粮食的仓库，现有 1.5 亿~2 亿吨的储备粮，库存水平比世界平均水平多一倍。国家粮食储备库按所属性质不同，分为中央粮食储备库和地方粮食储备库。截至 2019 年，中储粮总公司共设立 23 家分公司，344 家直属库，另有 13000 多家代储库，广泛分布于全国 31 个省、自治区和直辖市，每年新粮的收储和陈粮的转出有巨大的工作量。在粮食物流技术中，粮食储备库是非常重要的一环，研发先进的粮库散粮运输载具已经成为提高粮食物流效率的迫切需求，对于缓解转运压力、降低运输成本至关重要。智能粮食物流专用车辆技术的发展应用将有利于提升我国粮食物流装备领域和粮食物流专用车辆的层次与市场竞争力，并辐射到智慧工厂物流装备领域和物流专用车辆领域。

智能粮食物流专用车辆技术的发展必须充分利用前沿数字化和智能化技术。其中，5G以划时代的技术能力、广泛的应用前景以及对其他技术的带动作用，有望成为启动新一轮技术革命的关键支点。5G是新一代信息技术的重要支柱，从物流行业应用来看，目前京东、苏宁、菜鸟等均在纷纷探索5G技术等应用场景。早在2018年12月，苏宁易购与中国移动签订战略合作协议，将拓展全新的战略合作方向，其中便包括物联网及5G应用等，苏宁易购与中国移动联手探索5G应用场景，覆盖无人技术、设备智控、大数据等领域，高效利用数据去掌握物流供应链各端运作，通过协同运作来提高物流运作效率和降低成本。菜鸟、中国联通和圆通速递联合启动超级机器人分拨中心升级计划，即国内首个5G快递分拨中心，实现更加稳定、高效的包裹自动化分拣及运营。同时菜鸟也在积极投身5G时代的自动驾驶研究，在杭州云栖小镇设立了5G无人驾驶测试基地。综合行业领军企业的实践来看，目前5G技术已经开始在物流节点和物流线路多个物流场景中得以应用。

借助5G技术大规模普及和应用的契机，以提高粮食物流转运行业的智能化水平为出发点，将智能粮食转运系统和5G有机结合起来，有利于提升整个粮食物流装备领域的技术进步，实现粮食物流装备产业升级。基于5G的智能粮食物流专用车辆技术具有以下优势：

（1）实现局域网络连接的大带宽和高可靠性。在智能粮食物流专用车辆和自动化粮仓建设中，管理系统与各设备、传感器之间的网络连接至关重要，5G主要是作为仓库物联网的网络连接计算，可以使管理系统与运输车辆、仓位、货物定位等进行实时连接并进行信息传输。仓库内多台智能粮食物流专用车辆全天候实时运行，需要传输大量的数据信息，因此必须保证网络数据传输的可靠性和效率，不能出现离线、延时等情况，一旦网络连接不畅或掉线，就会造成车辆停运，影响仓库的正常运转。

（2）实现粮食库内转运可视化和可追溯化管理。为监控粮食转运的情况，在智能粮食物流专用车辆及入库缓存位等位置均安装相关的传感器，通过5G网络相互连接，可实时定位货运位置，通过看板实时监控散粮的运输情况，一旦发生故障，可及时查看并追踪散粮位置，避免造成不必要的浪费。采用5G

联网技术可实现物流运输的可追溯化、可视化管理的目的。仓库管理员可根据智能终端及时更新的信息，了解散粮的最新物流状态，以提高管理效率。基于管理系统的可追溯性、可视化特性，可以完成物流运作过程的实时监控，保证信息及时传递，正确反馈，保证物流安全。

(3) 实现整个粮库内散粮物流的信息化和智能化。5G 技术可以实现系统、终端、设备的实时联网，形成仓库区域内的物联网，在物流运作环节，有利于动态信息的获取，有利于物流的全程监控，而信息的获取和全程监控又离不开物联网技术。通过 5G 技术可以随时了解仓位情况，散粮及车辆自动化运转，提高运作效率，实现整个物流的信息化、透明化、智能化，减少了不必要的运作成本，从而提升了效益。

5.2.4.2 基于5G的智能粮食物流专用车辆转运系统总体架构

依托 5G 通信技术，建立 5G 专用网络，实现大上行带宽、低控制时延、多设备接入的通信应用，完成智能粮食物流专用车辆转运系统中的人、车、库区的一体互联、整体调度及管理，将智能调度技术、多传感器融合技术、北斗定位导航技术、工业互联网技术、智能制造技术与 5G 技术相结合，实现了粮食的自动转运、入仓和出仓匹配，实时库存管理与粮情监测、仓储管理信息系统与无人转运车辆无缝衔接、专用车辆跟踪定位等场景，总体架构如图 5-22 所示。

基于 5G 网络的智能粮食物流专用车辆转运系统，主要包括联系密切的 4 个子系统，分别为粮库库房进出粮装备智能制造系统、智慧粮库仓储管理信息系统、智能粮食物流专用车辆自动驾驶系统、专用车辆路径规划与车辆编队调度系统。

(1) 粮库库房进出粮装备智能制造系统，进一步可划分为数字化加工、设计、产品数据管理系统和云制造服务平台。通过 5G 通信技术，将加工、设计和产品相关数据上传数据管理系统，利用 5G 网络大速率、大连接和低时延的特点，结合 VR/AR/MR 等数字化粮食装备开发技术，研发粮食库房进出粮设备的移动式粮食输送装备数字化制造工艺，优化设计移动式粮食清理设备，设计制造智能扦样、智能称重数字化装备产品。面向复杂粮食储运工程实际环境，基于数字孪生技术，研发库房进出粮设备快速加工制造理论方法，制定进出粮智能设备的测试和质量检测标准。将所研发的制造工艺、质量标准、理论方法及产品等大数据上传云制造服务器，结合深度学习，完成数字虚拟数据的快速准确转换，研发需求—设计—生产三者之间闭环信息快速直达的云制造服

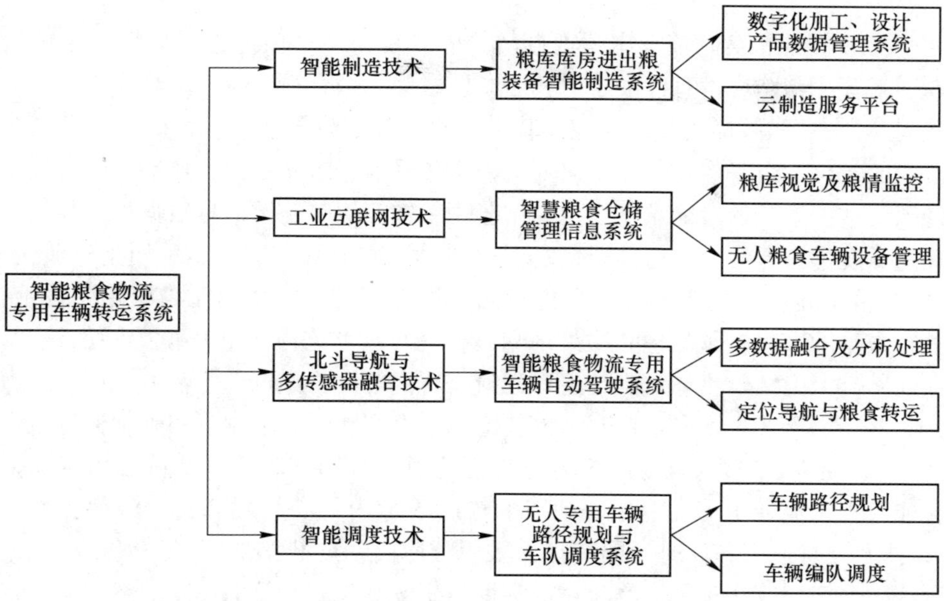

图 5-22 智能粮食物流专用车辆转运系统总体架构图

务平台。基于云制造服务平台，研究不同场景下的系列化平台车集成开发技术，开发能适用于智慧粮库多应用场景下的通用化、模块化的智能粮食物流专用车辆平台产品。

(2) 智慧粮库仓储管理信息系统，包括粮库视觉与粮情监控、无人粮食车辆设备管理系统两部分。现代粮库是一个多系统、多层次的复杂系统，一方面要排查安全风险、检查设备运转状况、保证工作人员安全；另一方面要安排粮食转运、入仓和出仓。代替现有摄像头采集+中央大屏监控的方式，结合 5G 技术，应用物联网视频识别技术，将各类摄像头采集的数据汇入管理系统，通过系统分析处理，进行人员识别、行为识别等功能，下发相关控制与调度指令。利用 5G+工业互联网技术，根据粮库实际的工作环境及作业流程，开发先进的粮情检测手段（测温、测湿电缆、图像处理技术、机器视觉、温度场理论、红外线技术等用于粮仓虫害检测，电容层析成像技术用于粮仓中粮食水分分布监测，探地雷达用于粮仓粮食密度检测等），建立现代化的粮情监控系统。无人粮食车辆设备管理系统是基于物联网信息设备，采用射频识别技术，开发粮库仓储和进出粮设备等信息自动识别方法。利用工业互联网和无线传感器理论，采用多种信息采集终端，统一管理粮库内无人粮食车辆设备等各模块数据，构建智慧粮库粮食进出库与设备管理、电子地图、安全管理等管理系统框架。

（3）智能粮食物流专用车辆自动驾驶系统，采用多传感器数据融合的智能感知算法与路况信息深度学习算法，以感知、融合、决策、控制为过程，以强弱感知+超强智能为技术路线；基于5G+北斗定位导航技术，确定自动驾驶车辆的定位、自身姿态信息，研究集视觉传感器、激光雷达、惯性传感器等多传感器数据融合的智能粮食物流专用车辆感知算法与路况信息数据采集与预处理的深度学习方法，进行路况信息融合，确定路况真实属性。利用坐标转换、SLAM实时定位与构图技术、目标检测与智能识别、编队巡航与跟踪等技术，进行数据的采集、预处理和决策规划，提高自我状态感知和环境感知的精度。在此基础上，结合物体识别与追踪理论，研究粮食物流电动车辆的先进线控理论。基于嵌入式技术和移动互联网技术，研发智能驾驶控制器的硬软件设备。

（4）智能粮食物流专用车辆的路径规划与车辆编队调度系统。为了保证智能粮食物流专用车在复杂、动态的粮库环境内的安全性和转运效率，结合5G技术的高速率和低时延的特点，采用粮库高精度数字地图、经典路径规划算法、群智能算法和粮库物流过程数据，研发基于实时数据驱动的智能全局路径规划算法。结合双目摄像头、激光雷达等智能传感器获知的车辆实时自我状态和环境感知，研究包括障碍规避等在内的局部路径规划算法。制定智慧粮库中央调度系统和各智能粮食物流专用车之间的协调规则，建立包括全局和局部路径规划算法在内的分层式协同规划体系，攻克多输入多输出粮库场景下的多物流车路径规划难题，大幅提高粮食转运效率。面向绿色生态、智能增效的需求，设计多元化的平台传感器体系布局方案，针对道路检测、障碍规避等目标，构建一体化的环境感知体系，实现平台全天候检测的需求。结合5G网络，对智能粮食物流专用车辆编队进行实时信息管理，对决策模块、执行模块进行有效设计，实现编队的任务管理、车辆的运行状态监控、设备维护状态监控等功能。

5.2.4.3　河南工业大学研发的智能粮食物流专用车辆

针对粮库工作物流场景的实际需求，河南工业大学智能物流装备与车辆工程技术科研团队基于自动驾驶+5G技术，完成了智能粮食物流专用车辆（见图5-23）和智能粮食转运系统的开发，用于解决传统散粮运输车存在的环保性差、智能化程度低的问题，有效改善了粮库的物流生态，构造了新型粮食进出仓标准体系。该系统主要由中央调度系统和智能粮食物流专用车辆组成，其中智能粮食物流专用车辆融合了无人驾驶技术和云端服务技术，既实现了自动化和无人化，又降低了转运成本。中央调度系统、智能全局规划和智能粮食物流专用车辆利用 5G 的高效率、低延时的数据传输特性与调度系统保持联系，提高路网信息共享实时性，通过协同边缘计算技术提升决策速度，从而完成路径跟踪及转运任务。该系统主要分为智能物流转运平台系统、5G 智能驾驶系统、5G+智慧粮库管理系统三个子系统。

图 5-23 河南工业大学研发的智能粮食物流平台车

A 智能物流转运平台系统

根据粮库中粮食转运的要求，采用智能运输平台作为转运工具。智能转运平台使用交流同步电机作为动力源，以室外组合导航+室内激光雷达作为其导引方式，同时辅以自动驾驶系统、障碍规避系统、通信系统、远程监控系统等，能够完成起始点到终端卸载点之间的快速转运。它是由车体、电池组、充电系统、驱动装置、转向装置、精确停车装置、运动控制器、通信装置、装载系统和导航系统等组成。根据信息管理系统的命令，智能物流转运平台可按照制定的路径行驶。在运输过程中，通过无线通信网络将平台的实时状态和路况反馈回信息管理系统，同时可以实现状态远程监控。

从功能的角度，智能运输平台可以分为以下几个部分：车体系统、自主运行系统、通信系统、安全保护系统以及辅助系统。其中车体系统主要包括底盘、车身、转向系统、驱动电机、电池组等，主要完成平台的正常行驶功能。自动运行系统是智能运输平台的核心，主要由导航系统和控制系统两部分组成。控制系统是智能运输平台的大脑，主要用于收集外部传感器的信息，综合处理后完成平台的启动、加速、减速、停止、障碍规避等动作指令的输出。安全保护系统主要是针对平台行驶过程中的紧急情况，系统快速反应并采取相应措施，从而保证平台的运行安全。辅助系统主要包括平台上的声光报警系统、外部的充电桩等。

（1）车体系统。车体由底盘、车架、壳体、控制室、上装料斗以及相应的机械电气机构（减速箱、电机、车轮等）组成，是其他总成部件的安装基础。智能运输平台具备通用电动车辆的基本结构特征，并能满足无人驾驶作业的特殊要求。车架是整个智能转运平台的框架部分，在其上面安装车轮、传感器、驱动电机和减速器。车架上层要安装伺服电机驱动器、电路控制板和电池组。车架重心越低越有利于抗倾翻，为满足粮食转运过程中强度和硬度要求，故选用钢构件焊接。

（2）动力系统。动力系统是具有速度控制和制动能力的子系统。一般主要包括驱动电机、减速器、制动器、控制与驱动电路等。驱动装置通过后轮差速控制来实现对转运平台沿不同曲率路径行驶的驱动。智能粮食转运系统选择交流同步电机作为动力源，配备了 DC/AC 转换模块，可以将直流转换为 220V 交流，为电机提供稳定的动力，该电机具有响应快速、中低速转矩性能好、启动转矩大、启动电流小、过载能力强等特点，同时具有稳定性好、维修与保养简单等优点。

（3）平台控制器。控制系统是智能运输平台的核心。加速、制动或转向指令信号输入电子控制器，通过控制功率变换器来调节电机输出的转矩或转速，电机输出的转矩通过转运平台传动系统驱动车轮转动。充电器通过转运平台充电接口向蓄电池充电。在转运平台行驶时，蓄电池经功率变换器向电机供电。制动时，驱动电机运行在发电状态，将平台的部分功能回馈给蓄电池以对其充电，并延长续驶里程。

（4）通信系统。智能转运平台的各子系统之间通过 CAN 总线相连接。基于 CAN 总线的分布式车载控制系统中，各个外围设备进行合理分组并组成各个子系统，各子系统作为各任务执行节点，组成整个分布式控制网络。该智能控制系统是一种多主式控制系统，每个节点都可以主动发起一次数据交互过程，能够实现高速、实时的信息共享和数据通信，提高了控制的灵活性。扩充节点可以实现智能传送平台向信息管理系统上报电量及可运行工作量信息，根据任务信息行驶至充电位与充电桩自动对接，充电完毕自动断电。

B　5G 智能驾驶系统

智能驾驶系统是一种集信息与计算科学、感知决策、智能控制和车辆系统等技术于一身的智能综合体。通过车载传感器对于环境的感知信息，基于得到的车辆状态和周围环境信息，利用车载控制终端进行数据处理，同时辅助路径规划系统进行规划决策，并进行车辆运动控制，保证车辆稳定、安全、可靠地、自主的运行。按照智能驾驶系统的功能分类，可以分为环境感知子系统、信息融合子系统以及执行决策子系统。考虑到粮食转运这种特殊场景以及实现功能，智能粮食物流专用车辆平台的智能驾驶系统的功能框架如图 5-24 所示。

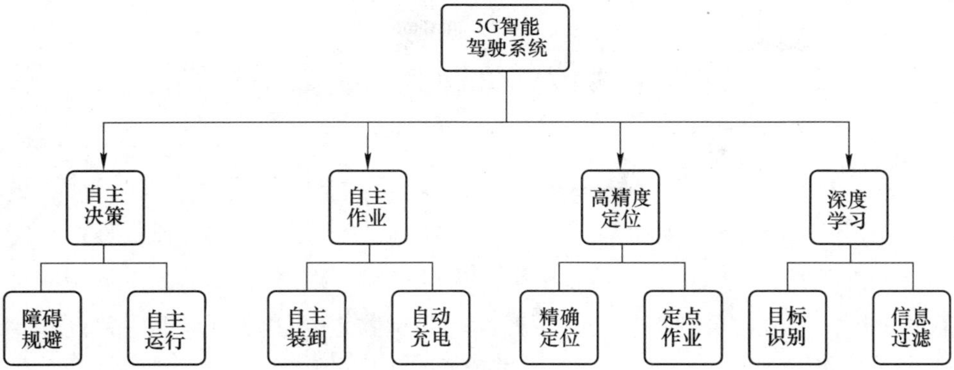

图 5-24 智能驾驶系统功能框架图

(1) 环境感知系统。环境感知技术是利用各类高精度传感器，实现转运平台周围环境动态感知的一类技术总称，其目标是实时、准确地识别可行驶路径、行驶状态和周围物体等信息，对于简单结构化道路环境而言，主要是车道线、道路边沿、障碍物、控制信号和位置坐标等信息的感知。而对于粮库这种限定区域的场合，传感器主要是在封闭道路上，对障碍物、特征点等进行信息采集。环境感知常用的传感器主要包括：激光雷达、视觉传感器、毫米波雷达、北斗/INS 定位导航仪及其他各类辅助传感器。以粮食转运的功能为出发点，以高可靠性和稳定性为衡量标准，该智能粮食物流专用车辆采用复合式传感器的感知策略：室外以北斗/INS 为主要传感器，其他传感器作为冗余配置，辅助进行感知；室内采用激光雷达为主要传感器，其他作为冗余配置。

(2) 信息融合系统。基于北斗/GPS 双模定位导航方法（室外场景）或 5G 通信技术（室内场景），该智能粮食物流专用车辆研究集视觉传感器、激光雷达、惯性传感器等多传感器数据融合的智能物流平台车感知算法，包括姿态感知、SLAM 实时定位与构图技术、目标检测与智能识别、编队巡航与跟踪等技术，提高自我状态感知和环境感知的精度。

(3) 执行决策系统。路径规划算法是影响多物流平台车转运效率的关键因素，须保证在复杂、动态环境下实时规划出安全高效的路径。基于数字化仓储地图、经典路径规划算法与先进启发式算法、仿生算法，该智能粮食物流专用车辆平台研发智能全局调度算法，完成了多输入多输出转运场景下多物流平台车路径规划技术研发，大幅提高了散粮转运效率。

河南工业大学研发的智能粮食物流专用车辆和智能粮食转运系统，可推动和加快我国粮食（食品）行业的数字化、智能化升级，提高我国粮食（食品）行业仓储物流技术的现代化水平。

5.3　物流车辆仿真及物流系统数字化设计

5.3.1　智能物流车辆仿真

计算机辅助技术，如 CAD、CAE、CAM、CAPP 等技术的发展使得产品设计、工艺规划和生产制造水平发生了巨大的变化。CAD 的主要工作是完成产品的设计，CAE 主要的工作是分析产品的各项物理化学性能是否达到设计要求，CAM 的工作主要是产品加工制造的数控加工方法编写，CAPP 主要的工作是产品生产工艺的制定。对于新时代发展要求的智能物流装备与物流车辆，上述技术已不能满足行业发展要求，新型的数字化设计，包括智能物流装备及物流车辆设计、智能工厂的数字化设计及智能物流车辆的仿真，成为新时代的发展趋势。

高级驾驶员辅助系统（ADAS）与自动驾驶仿真，则是新时代智能物流车辆仿真的最重要两个部分。高级驾驶员辅助系统（ADAS）与自动驾驶汽车系统的研发是智能科技发展的新结晶，此技术的实现需要传感器技术、机器学习和人工智能方面不断取得新的发展。人工智能首先需要解决的问题是机器感知。自动驾驶车辆的计算机不仅具有识别其他车辆、行人、路标、道路标线、建筑物、树木、信号灯等其他目标，同时还需克服夜晚中的黑暗、雨雪天气等恶劣驾驶条件下的识别问题。

基于传统规则的计算机算法几乎不可能解决这个问题，需要使用神经网络和机器学习方法。通过这些方法，可以训练计算机，而非对其进行编程。但是驾驶是一项错综复杂的任务，需要大量的训练才能让计算机像普通人一样安全、可靠地驾驶。图 5-25 所示为高级驾驶员辅助系统（ADAS）与自动驾驶仿真流程。

据估计，要确保 ADAS 和自动驾驶汽车的安全性和可靠性，需要数 16 亿千米（10 亿英里）的道路测试。这项看似不可能的任务只有借助工程仿真才能实现，运用仿真技术能够以极低的成本准确快速地对数以千计的驾驶情境和设计参数进行虚拟测试。本书将介绍仿真技术在研发自动驾驶汽车和高级驾驶员辅助系统过程中发挥重要作用的六个具体方面，同时介绍 ADAS 和自动驾驶汽车仿真所需的工具。

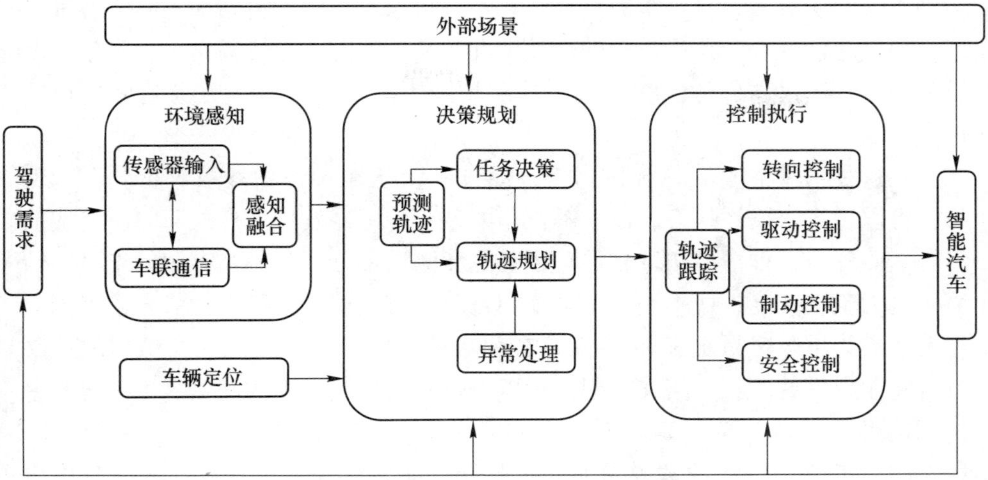

图 5-25 高级驾驶员辅助系统（ADAS）与自动驾驶仿真流程图

ADAS 与自动驾驶汽车仿真的内容主要包括以下六个方面。

（1）驾驶情境系统仿真。利用全自动或半自动汽车的系统级行为模型进行综合全面的驾驶情境仿真，这类车辆模型包含所有传感器、控制系统、驱动系统和车身，并被放置在包含道路、建筑物、行人以及路标的虚拟驾驶环境里。在这种仿真环境中，可以迅速评估多种驾驶情境，以便测试汽车传感器、控制算法和驱动系统在相应条件下是否都按照预期进行工作。从本质上讲，自动驾驶汽车技术与 ADAS 系统是控制环路，包含物理领域、传感器、控制器和致动器这四个基本要素。当汽车在物理世界中行驶时，传感器会感应车辆周围的物体，控制器会根据所感应到的物体做出决策，而致动器会依照控制器的指令驱动汽车。

在仿真完整的驾驶情境时，例如汽车驶近交叉路口，寻找交叉车流，等待交叉车流畅通，直到安全时再通过交叉路口，这种情况就需要进行系统仿真。

系统仿真步骤：1）建立由虚拟道路、建筑物、行人和其他车辆等构成的环境模型，而有待研究的汽车（指自动驾驶汽车）则在这个虚拟世界中行驶。2）需要对自动驾驶汽车上的传感器进行建模。汽车上的雷达、超声波传感器、摄像头和其他传感器会观察自动驾驶汽车周围的虚拟世界，并生成仿真的传感器信号。3）再传递传感器信号，以进行信号处理、传感器融合和实施控制算法。这些算法可以决定是加速还是刹车来改变汽车的速度，以及是否通过转动方向盘来改变汽车的行驶方向。4）控制决策被传递给汽车致动器的虚拟模型，例如可控制汽车运动的制动、转向以及虚拟传动系统。系统仿真中的车辆动力学模块负责计算汽车的移动，它不仅可以考虑到湿滑路面条件等各种细节，而且还能准确地预测汽车的运动情况，从而使它在环境模型中具有举足轻重的地位。经过这样的流程，整个控制环路不断重复，直至完成驾驶情境的仿真。

在这种驾驶情境的系统仿真中，能方便快速地对各种参数进行测试。例如，可以进行假设性研究，以了解汽车的某个传感器发生意外故障时所造成的影响。此外，这种情境仿真软件对于算法和测试都是一种相当有用的工具。情境仿真无论在速度、成本还是精确度和自动化方面均具有极大优势，使其当之无愧地成为重复执行定义回归测试中不可或缺的工具。ANSYS 的仿真软件平台可将业界最佳工具连接在一起，用以执行自动驾驶汽车的高保真度情境系统仿真。

(2) 软件与算法的建模及研发。与硬件研发一样，仿真在软件研发中也发挥着至关重要的作用。在研发和测试信号处理例行程序、传感器融合算法、物体识别功能、控制算法和人机界面（HMI）软件时，利用基于模型的软件研发技术可使软件更加稳健、安全、不易出错。由于 ADAS 和自动驾驶汽车系统本身就需要具备严格的安全性，汽车制造商和供应商越来越多地依照 ISO 26262 标准来设计汽车的主动和被动安全系统，因此 ISO 26262 标准在研发中也至关重要。

基于模型的嵌入式软件研发技术以及经过 ISO 26262 认证的代码生成器能明显加快嵌入式软件的研发过程。一旦软件模型经过验证，就能确保所生成的代码不会出现错误，从而能够消除代码的单元测试工作，将软件研发的工作量减半。

ANSYS 仿真平台中的 SCADE（安全关键型应用研发环境）软件研发套件包含基于模型的软件研发工具和 KCG 代码生成器。KCG 代码生成器将包含状态机和数据流的 SCADE 软件模型作为输入信息，即可输出等效的 C 代码。

(3) 功能安全性分析。ADAS 和自动驾驶系统显著增加了汽车系统的复杂性，它们不仅可能会造成更多故障源，还会引起更多的故障级联路径。由于 ADAS 和自动驾驶系统从本质上需要极高的安全特性，因此任何故障都很容易导致严重甚至致命的后果。这类复杂系统的功能安全性分析非常烦琐，容易出错，而且还极易出现漏洞和缺陷。因此，自动化的功能安全性分析工具对于确保 ADAS 和自动驾驶系统的安全性必不可少。

ANSYS 仿真平台包含的 Medini Analyze 可有效实施功能安全性分析的核心工作，并且能够方便地将它们集成到产品的研发过程中。Medini Analyze 依照 ISO 26262 中针对软件控制的安全相关功能和硬件系统的标准执行安全性分析与设计，并且根据 SAE J1739 标准和 VDA 质量手册中的产品设计和相关过程执行质量分析。它将架构和功能设计与质量、可靠性和功能安全性分析方法相结合，可用于执行驾驶情境分析、危险和风险分析、故障树分析（FTA）、故障分析（FMEA）、概率分析。Medini Analyze 提供完整的端到端的故障追溯功能、自定义文档生成功能以及支持详细比较与合并的团队协作工具。

（4）传感器性能仿真。传感器是自动驾驶汽车中需要研发的重要新组件。仿真技术可利用高保真度的物理分析来预测传感器（例如雷达、V2X 天线和超声波传感器）的性能。例如，仿真技术可以在低成本的付出和时间消耗条件下，测试驾驶状态中雷达的工作状态。此外，当雷达被安装到汽车以及在雨雪天工作时，仿真技术还能对其性能变化进行计算，可以准确了解真实情况下的雷达工作状况，而所需的成本和时间仅为现场测试的一小部分。

ANSYS 仿真平台包含一个电磁场求解器（HFSS-高性能结构仿真器）和一个射线跟踪求解器（SBR+弹跳射线法），这些求解器可用于执行汽车雷达的高保真度仿真。借助于仿真模拟技术，雷达的研发可以加快应用，主要有四个应用场景：

1）隔离的雷达仿真。在自由空间中对雷达进行的仿真。在这类仿真中执行快速参数研究，以优化天线罩的几何与材料设计。

2）对已安装雷达进行仿真。对安装到汽车上的雷达进行仿真，以确定因汽车格栅或保险杠阻挡而导致的雷达性能劣化问题。

3）对处于真实环境中的雷达进行仿真。在包含真实车辆、建筑物、行人、树木的大型真实环境中对雷达的性能进行仿真。鉴于雷达的输入信号，雷达在脱虚拟环境中“观察”得到的数据情况来计算雷达接收天线上的输出信号。

4）对驾驶情境中的雷达进行仿真。使用高保真度雷达仿真的降阶模型（ROM）能够创建出快速执行的高精度雷达模型，并将其应用到驾驶情境仿真中。

相同的仿真工具还可用来研发和布局 V2X 通信天线，并确保真实情境中的信号完整性，例如当真实车辆或建筑物阻挡了两辆车之间的信号路径时。

（5）电子硬件仿真。与现在的汽车相比，自动驾驶汽车的电子硬件要多很多，如雷达、激光雷达、摄像头、其他传感器、V2X 通信系统以及信号传感器融合板、人工智能计算机、控制器、致动器以及 HMI（人机屏面）。其中很多都是重要的安全部件，其硬件必须要能够承受电气、热、振动和机械负荷，而且不会在汽车使用寿命期内出现故障。仿真能够显著地加快设计测试的速度，并提供深刻的物理洞察力，使工程师能够优化电子组件并实现鲁棒性设计。

ANSYS 仿真平台可提供 Icepak、SIwave 和 Mechanical 等专用工具，用于分析电子封装、电路板、外壳到系统中的各种物理现象，如功率优化、电源完整性、静电放电（ESD）、电磁干扰/电磁兼容（EMI/EMC）、热可靠性等。例如，印刷电路板（PCB）的多物理场仿真，可用于改善其电气、热和机械可靠性，并首先对电路板组件中的供电进行直流仿真。PCB 可提供电路板上所有金属层的功耗信息，该信息随后可用于热仿真。热仿真可用于确定电路板和组件温度是否在允许范围内。

此外，热仿真还有助于确定 PCB 及组件的不同冷却方案，例如是选择风扇还是在重要部件上安装热沉。此外，利用温度场进行机械的热-应力仿真，可用于评估电路板及组件热变形，并预测温度周期变化时焊点的热疲劳。这些仿真能够确定连接位置、加固件、组件布局、夹紧负荷以及其他方面，以减少电路板的热-机械应力疲劳。

（6）半导体仿真。ADAS 和自动驾驶汽车系统要求在汽车上实时进行海量的信号处理与计算。因此，半导体企业正在研发性能更好，同时又能在能耗、结构、热可靠性及器件尺寸间实现平衡的半导体。半导体设备结构尺寸越来越微型化，特别是在新兴 3DIC、FinFET 和堆叠晶片等架构中，物理环境设计问题和可靠性问题亟待提前设计验证。仿真和建模工具可帮助芯片设计人员提高精确度和性能，从而降低电源噪声并改善 IC 的可靠性。通过仿真能提前发现相关的物流问题，并进行解决方法的仿真研究。

无人驾驶汽车作为轮型机器人，它的安全性和可靠性同样需要通过海量的功能和性能测试来保证。无人驾驶汽车真实上路后所要面临的外部环境是复杂多变的，现在普遍被用来做自动驾驶仿真模拟/离线测试的软件，可以检查算法，最重要的是测试无人驾驶在不同应用场景下的感知和决策。

仿真平台有很多种分类，从产权方式上，可以分为开源和收费。从技术方式划分，也可分为两种：一是固有数据工况条件下感知、决策，主要用于控制和规划算法的初步开发；二是真实环境数据的模拟，主要用于对完成无人驾驶部件的验证和性能测试。

Gazebo 平台可以为模拟仿真环境提供精确的设定参数，以精确且有效地模拟并训练机器人的能力。它不但拥有强大的物理引擎、高质量的图形、方便的编程和图形界面，最重要的是，Gazebo 是一个充满活力的免费平台。

5.3.2 智能物流系统的数字化设计

从供应链物流的角度看，装配线的物料供给系统是物流系统的一个环节。一般物料供给系统问题研究从宏观物流规划和微观的物流调度两个方面进行综合考虑。宏观的物流规划主要是指物流设施的布置问题，其方法是将各作业单位分配到不同的地点，以最大限度地减少物料搬运和运输成本。另外，还有计算机辅助物流布置、系统化设施布置规划方法等，以及根据产品种类变化、设计更改、工序改进或者组织变革等导致系统布局的变化，而衍生出来的设备动态布局问题的研究。宏观物流规划的特点是对物流作业单元的物流量进行统计，然后通过单元之间的物流量关系进行布局定位安排。因此物流量的统计是规划的核心，直接影响了规划结果的有效性，而在混流生产环境中，物料需求的种类复杂多变，同时要准确响应计划调度的要求，使用物流量概念难以有效反映物料的特征，因此这些设施布局规划方法在解决混流装配线物料供给系统的具体运作过程中还需要进一步细化和调整。

在微观物流调度方面的研究主要指车辆、仓库等物流设备的优化利用，一般认为车辆调度是物料供给系统的关键。车辆调度一般被简化为动态调度策略选择问题和车辆路径规划问题。通过对车辆调度策略进行优化来解决物料供给的运作和规划问题的做法，在针对芯片封装和柔性制造系统的物料搬运研究中应用较多，对芯片工厂的自动化物料输送系统进行了比较全面的分析。他们先对车辆调度策略和物料输送系统管理策略进行对比，分析了先到先服务，最近车辆优先策略（以及混合策略）对车辆调度系统及其整个制造系统的影响，包括生产设备（如机器利用率）、仓储资源（如容量及布局）、在制品库存以及产品配送时间等。

经济全球化的发展，产品的复杂程度越来越高，技术壁垒极大带动了全球技术交流。产品的设计由于客户的定制化需求和更新换代的加速，要求企业更快的研发，缩短新产品上市和交货时间。

提高产品的质量，降低生产成本，提供全方位的服务。随着计算机仿真技术的发展和虚拟现实技术的出现，数字化智能物流设计工厂技术已经成为了一个新的研究热点。数字化智能物流系统设计将基于传统的手工和经验的设计规划转变为以计算机仿真和优化的精确可靠的规划设计为基础，从而减少了工厂与工艺物流规划的时间，减少了工程变更量，优化了生产线配置，缩短了生产准备周期，降低了开发成本和投资风险。数字化物流系统设计流程如图 5-26 所示。

在得到产品设计方案及相应的工艺规划方案的基础上，进行物流规划。从制造系统的结构来看，产品设计阶段是以制造过程中最基本的元素——产品为对象；工艺规划阶段则以加工操作、加工单元、生产线的部分流程为对象；物流规划阶段则是以生产线和工厂车间甚至整个供应链为对象。在物流规划阶段，需要以前面两个阶段的数据作为基础，将各个操作单元进行组合，建立复

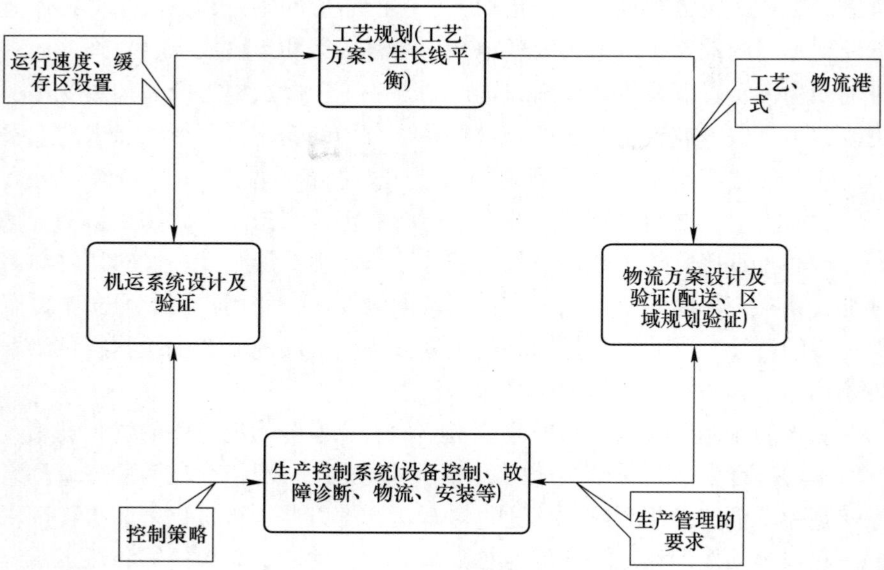

图 5-26 数字化物流系统设计流程图

杂的系统模型。大部分的物流规划可以分为以下三个方面进行。

（1）生产流程规划。生产线规划是根据工艺规划所得到的操作时间数据以及生产线工位的布置划分，结合计划系统中的生产大纲进行生产线的运作优化过程。由于产品不断的更新换代，生产流程的规划不仅限于新的厂房规划，而且随着产品线的调整而不断进行优化整合。生产流程规划主要解决如何有效地利用资源，获得最大的系统产出问题。在数字化物流设计中，生产流程规划是以生产流程建模为基础进行研究。生产流程的建模先从生产线的实际情况入手，通过一系列步骤，采取一定的方法，结合工艺规划的模型结果，建立符合实际情况的仿真模型，然后根据该仿真模型进行分析和优化。

（2）布局规划。布局规划一般在新厂房规划或生产线根据情况调整时产生，布局规划以工位为最小对象进行设施单元的位置摆放，通过充分利用现有的系统资源，尽可能地减少生产过程中的间接成本。布局按照系统层次分，有设备布局、车间布局、厂房布局等。数字化工厂的布局规划按照系统的层次进行，建立设施单元从工位到厂房的运作模型，结合运筹学等方法，进行空间布局的优化。

（3）物料供给规划。物料供给规划介于布局规划与生产流程规划之间，同时又是对两者的进一步细化，物料供给规划关系到这两者规划结果的执行效果。

搭建数字化物流系统和建立一个实际工厂一样，在建立初期都需要投入大量的人力物流和财力资源，需要构建工厂、车间、生产线以及设备、产品的各种数字模型，一旦建立完成，就可以长期使用。构建工作可以由局部开始进行，针对企业关心的核心问题，逐步扩展到整个企业，甚至整个供应链。本书针对数字化物流系统设计，需要对以下几个关键问题做进一步的研究。

（1）数字化建模及模型重用、组合技术。数字化物流设计是建立在数字化模型基础上的虚拟仿真系统。输入数字化物流系统的各种产品数据、制造资源、工艺数据等信息，都是由不同的软件建模提供的，这些模型需要能够组合交互，才能够在数字化工厂平台上进行各种不同类型的仿真分析。模型的准确性是对现实系统的准确反映，对产品设计、工艺设计和物流规划等仿真过程都有很大的影响。构建一个完整的数字化工厂平台需要大量的建模投入，因此模型的重用性对建模工作量的减少非常重要，比如产品设计所产生的模型通过一定程度的简化可以直接被物流仿真采用，就能够减少物流仿真建模时重新构建零部件模型。

（2）虚拟现实技术。虚拟现实技术能够提供一种具有沉浸感、交互感和构想感的多维信息空间，方便人机交互，让用户能够身入其境的感受一下工厂的生产过程。虚拟现实技术很大程度上影响了数字化工厂的可操作性，同时也影响了用户对生产过程判断的准确性。

（3）快速仿真技术。从前面的描述中，可以看到数字化工厂包含了大量的模型，这些模型组成各种复杂的系统，并随时根据需要进行调整更新。对一个复杂的生产物流系统进行仿真时，需要占用大量的计算资源，这对数字化工厂的及时性运行是一个巨大的挑战。若不能在合适的时间范围内给出模拟仿真的结果，对生产现场的指导将缺乏实际意义。因此必须给出一个优化计算过程的快速仿真技术，减少仿真的计算量，提高仿真速度。对仿真模型的轻量化处理及多尺度仿真是快速仿真的关键。

（4）仿真优化技术。数字化工厂的价值核心是仿真优化技术，它根据仿真系统给出的仿真结果、建立的数字化模型及各种预测数据，分析虚拟工厂中可能出现的各种问题和潜在的优化方案，进而优化生产过程。

（5）应用接口技术。通过建模仿真数字化工厂已经提供一整套完整的产品开发、工艺设计以及生产流程，但是作为生产自动化的需求，还需要将这些虚拟的产品和制造过程转化为实际内容。这要求数字化工厂提供各种直接应用于实际生产的设备控制程序以及各种生产所需的工序、报表文档、各种友好优良的应用接口，加快从虚拟向现实的转化过程。对于物流仿真来说，需要提供相应的执行系统，将仿真结果应用于实际运作过程中。

5.4 “十四五”期间物流装备与专用车辆技术展望

5.4.1 物流装备技术展望

5.4.1.1 “十三五”期末的物流基础设施

在整个“十三五”期间，我国国内生产总值持续稳定增长，实现了年均经济总体增长速度不低于规划的6.5%的目标。物流业作为国民经济发展的基础产业，连接着生产和消费两个重要领域，相关政策的出台可以为物流业的发展指明方向。“十三五”期间，各项物流政策相继出台，推动物流业进入质与速并举的新发展阶段。政策涵盖了物流业的各个方面，包括电子商务物流、绿色物流、城乡物流等，同时出台了物流费用税收优惠的相关政策，既促进了低成本发展物流业，也促进了物流专业化的发展。

我国“十三五”期间在交通运输和物流行业取得了以下优异成绩：

(1) 促投资、稳增长成效显著。路网规模不断扩大，交通建设投资规模稳步增长。交通运输框架基本成为互联互通的桥梁。新亚欧大陆桥全面开通，国际运输能力进一步提高。加快建设进出疆、南北疆通道以及南北疆环线。运输服务能力有效增强，服务质量和水平不断提高。通行效率加速提升，客运服务能力持续提升，货运服务水平不断改善，交通旅游融合新业态蓬勃发展。国际道路运输发展迅速，服务对外开放能力显著提升，国际道路运输便利化程度显著提升，国际人员往来更加便利。绿色平安交通建设取得成效，科技创新水平不断提高，绿色交通发展成效显著，安全生产形势保持稳定，智慧交通发展水平稳步提升[30]。

(2) 运输结构逐步合理化。“十三五”期间，我国铁路运输在整个物流运输中占比逐渐提高，各种运输方式结构相互配合也更加合理。电商行业一直保持良好的发展态势，带动了国内外快递业务持续增长，2018 年我国快递总量达到 507 亿件，同比增长 26.6%。新冠肺炎疫情发生以来，电商快递的作用更加凸显，2020 年我国快递业务量超额完成规划目标。随着居民收入的不断提高，电子商务消费逐年增加，网上商品物流需求逐年快速增长，我国货物周转量逐步增加。“十三五”期间，我国电子商务发展保持良好势头，带动快递业务持续增长[36]。

(3) 节点的网络布局逐渐明显。随着我国经济的迅速发展和国内物流业的腾飞，物流仓储设施的建设不断推进。据中国仓储协会统计，截至 2018 年，全国共有物流园区数量1638个，2015~2018年复合增长率为10.6%。各个物流园区从竞争到供应链合作，园区之间的网络效应更加明显。物流园区吸收了其他园区的先进经验，建立了全国性、广泛性的物流服务网络。提出了以下发展趋势和特点：一是顶层设计理念更加突出，物流园区建设更注重与大物流和大通道对接；二是充分利用互联网+信息平台，使服务业向纵向和横向发展；三是功能性服务聚合优势更加明显，供应链、需求链、产业链、价值链之间的联动效应显著；四是通过基础设施共享，整体优势和区域优势实现了互补[36]。

“十三五”期间，国内外交通运输发展取得了丰硕的成果，但与丝绸之路核心区交通枢纽建设和交通运输强国的建设目标相比，仍存在一些突出问题。如对重大发展战略支撑有待提高、交通基础设施网仍待完善、运输服务品质效率有待提高、交通信息化和智能化水平较低、交通发展资金供需矛盾突出、政策法规体系还需提升、市场秩序不够规范等。

2020年的新冠肺炎疫情对宏观经济和物流运行影响较大，社会物流总需求负增长，社会物流总费用明显回落。但随着疫情控制和多项应对措施持续推进，全国复工复产有所好转，物流需求降幅收窄，民生消费领域需求持续增加，物流经济指数上升，物流运输行业呈现复苏趋势。

5.4.1.2 “十四五”期间物流设施及新技术的展望

随着人工智能技术的应用，物流行业设施和新技术也实现了技术革新并实现了市场规模的大幅度增长。据统计，2019年我国人工智能+物流市场规模为15.9亿元，预计在未来5年内保持年均近44%的高增速，到2025年市场规模近97.3亿元。

在物流各环节的应用中，仓储和运输占有很大比重，两者之和占80%以上。交通运输是物流产业链的一个重要环节，也是物流成本的重要组成部分。运输成本一直占社会物流费用总成本的50%以上。然而，由于运输环境和运输设备的复杂性，人工智能在物流运输中的应用还处于起步阶段。目前，人工智能在我国物流运输中的应用主要集中在公路干线运输上。人工智能物流运输的最终形式必然是无人驾驶卡车取代人工驾驶卡车。虽然近两年来自动驾驶在卡车领域进展顺利，无人驾驶卡车已开始在智慧园区、公园等相对封闭的场景中进入试运行阶段，但距离实际运行还有很大距离。未来几年，人工智能在物流运输中的商业价值主要体现在车况监控、驾驶行为监控等功能上。

围绕“粤港澳大湾区”“一带一路”“长江经济带”“互联网+”“京津冀协同发展”“中国制造2025”等重大国家工程和战略展开投资。今后，我国物流业的发展必然将围绕这些重大工程和战略。我国的物流行业需要及时的抓住发展机遇，利用现代化信息，提高物流效益，促进物流行业与国家发展规划的协调发展。重点体现在如下方面：

（1）物流信息服务体系。依托政务云和市场云资源，融入各行业大数据产业基地建设，建设物流大数据产业基地，重点建立健全物流统计机制，建设运营统计直报系统，收集物流及相关领域信息数据，开展物流大数据分析挖掘，为政府和企业提供决策咨询，形成具有竞争力的专业领域大数据产业优势。

（2）构建物流信息服务系统。现代物流依托政务云与市场云资源，融入大数据建设，重点建立健全物流统计机制，建设运营统计直报系统，收集物流及相关领域的信息和数据，分析和挖掘物流大数据，为政府服务，形成优良的竞争环境。

（3）建立物流创新发展体系。推进新技术、新装备应用、新物流产业和新模式发展、特色枢纽经济创新、人才队伍培养和物流标准化建设，全面推进物流创新发展体系建设。加强物流运输新技术和新设备的创新开发和应用。鼓励和加强重大智能物流技术的研究开发，加强物流核心装备设施的研发力度，促进核心关键技术装备的产业化。政府部门应大力鼓励和支持首次试点对物流智能装备的应用，推动物流装备向先进化、智能化、自主化、安全化的“四化”方向发展。鼓励和支持有条件的物流节点载体综合应用新兴信息技术和装备，建设智能终端、智能园区、智能仓库等现代物流设施。推广电子文档，加强自动控制、大数据分析、决策支持等管理技术，应用智能机器人、智能穿梭车、无人机等设备，提高物流运行效率和管理水平。加强枢纽间物流包装材料的回收利用，推广使用可回收、可折叠、可降解的新型物流设备和材料，鼓励使用绿色汽车、新能源汽车等装卸设备，建设集中充电站或充电桩，支持节能环保仓储设施建设，鼓励物流载体利用仓库屋顶和停车场，建设太阳能发电厂和太阳能供热系统，降低能耗和排放。

（4）优化物流培育发展环境，继续深化物流领域智能化改造，明确物流运营企业的主导地位，支持运营企业通过技术创新、模式创新、管理创新等提高运营水平。落实煤炭运输快速通道、畅通鲜活农产品绿色通道政策，按照快速通道和绿色通道政策，落实运输车辆快速通道政策。确定城市配送运输车辆标准环保模式，制定城市货物运输管理方式，优先物流企业满足对城市配送车辆和城市通行证的需求。实行交通路线和时段负面清单制度，优化城市交通路线和时段。严格按照《大件运输管理办法》和《超限运输车辆公路管理规定》执行，规范车辆超限管理行为。在物流载体整体设置服务机构，规范和提高运输、公安、市场监管、税务、邮政等方面的管理、服务水平和效率。完善物流服务企业信用信息，增强企业信用信息记录和查询服务功能，实行企业失信联合处罚制度。完善物流统计体系和运营分析体系，建立物流行业信息交流平台。

5.4.2 物流专用车辆技术展望

虽然我国有关专用汽车的研究起步较晚，从20世纪50年代才开始，但是经过近70年的不断进步发展，我国专用车的技术水平和产品质量有了很大提高，现在已经广泛应用于国民经济生活中的各个领域，成为国民经济发展的重要保障。2020年受疫情和新规的双重影响，尽管八大类专用汽车总产量相比2019年有所上升，但行业下行压力却不断增大，行业政策对专用汽车影响明显。同时2020年也是专用汽车产业进入结构调整和转型升级的关键时期，随着各种新标准和新法规的实施，给专用汽车市场带来新的机遇的同时也带来了新挑战。经历了20多年的高速增长之后，我国汽车市场产销量开始出现负增长，标志着中国汽车产业进入结构调整和转型升级的关键时期。如何推动汽车产业的高质量发展，实现汽车强国战略，成了汽车产业的一道难题，需要全行业共同面对。

在第一个百年目标收官，“十四五”开局的关键性历史节点，应该清醒地认识到，目前我国专用汽车行业面临以下两大方面的问题：一方面，专用汽车行业竞争不断加剧，企业利润逐步下降，产业结构性矛盾愈加凸显，市场的增长对政策依赖性更强，不确定因素有增无减。在这样的不利形势下，部分企业通过创新和变革，成功突围，并且迈向了更为广阔的新征程。国内以中集车辆为代表的专用汽车企业，以及在各细分领域的头部企业，在“十三五”规划期间不断变革，已初显成效。中集通华、中集凌宇、中集华骏、中集瑞江等中集车辆旗下的优秀企业，在“十三五”期间通过“灯塔项目”成功开启了我国新一轮的生产工艺革命，实现了从研发、生产到销售的智能化和数字化，引领了我国专用汽车行业在“十三五”期间的快速发展，并为“十四五”奠定了坚实的基础[7]。另一方面，当前国内外经济形势发生了巨大变化，我国经济形势依然错综复杂，使得国内专用汽车产业的发展更加任重道远。虽然当前我国经济形势依然严峻，但疫情等外部冲击不会改变我国经济长期向好的基本趋势，我国的经济韧性仍然强劲。随着国内疫情防控形势的不断向好，复工复产复商复市的有序推进，我国经济发展呈现稳定向好态势，在疫情防控和经济恢复上都走在了世界前列。

参 考 文 献

[1] 陈子侠，彭建良．物流技术与物流装备［M］．北京：化学工业出版社，2010.

[2] 唐四元，马静．现代物流技术与装备［M］．3 版．北京：北京大学出版社，2018.

[3] 刘源，李庆民．现代物流技术与装备［M］．北京：中国物资出版社，2013.

[4] 乔维高．专用汽车结构与设计［M］．北京：北京大学出版社，2019.

[5] 张贝，闫荣道．浅谈我国专用汽车现状及发展趋势［C］．第十三届河南省汽车工程科技学术研讨会论文集，2016.

[6] 吴融华．美国几种结构新颖的专用汽车［J］．商用汽车，2002（8）：38~39.

[7] 纪鹏飞．创新变革突围 2020 中国专用汽车产业发展国际论坛在武汉举行［J］．专用汽车，2020，283（12）：24~27.

[8] 宋伟刚，张尊敬，王鹰．带式输送机的研究进展［J］．起重运输机械，2004（2）：1~4.

[9] 孙可文．带式输送机的传动理论与设计计算［M］．北京：煤炭工业出版社，1991.

[10] 金跃跃．现代化智能物流装备与技术［M］．北京：化学工业出版社，2020.

[11] 吴栋．基于 RFID 的特殊物资追溯管理的设计与实现［D］．长沙：湖南大学，2018.

[12] 许修国，乔君辉，王文龙，等．基于 RFID 的装配线自动识别系统设计［J］．汽车零部件，2017（6）：43~45.

[13] 王耀斌，简晓春．物流装卸机械［M］．北京：人民交通出版社，2003.

[14] 陶元芳，卫良保．叉车构造与设计［M］．北京：机械工业出版社，2010.

[15] 罗毅，王清娟．物流装卸搬运设备与技术［M］．北京：北京理工大学出版社，2007.

[16] 徐博凡，程苏全．AGV 小车的现状与发展及应用的意义［J］．大东方，2016（4）：248.

[17] 吕吟雪，周穆新．AGV 小车在物流运输行业中的应用研究［J］．装备应用与研究，2020，620（14）：43~45.

[18] 杨志华．汽车试验学［M］．北京：机械工业出版社，2016.

[19] 何耀华．汽车试验技术［M］．北京：机械工业出版社，2019.

[20] 高方，任新平．河南省粮食现代物流发展中亟待解决的新问题［J］．粮食流通技术，2016（12）：1~3.

[21] 秦文展．乡村振兴背景下的湖南现代粮食物流发展［J］．全国流通经济，2018（33）：27~28.

[22] 陈先才，吴其强．粮食散装运输的应用研究［J］．中国机械，2016（10）：35~36.

[23] 刘霞．以自动识别技术的深度应用提升物流安全管理［J］．信息记录材料，2017，18（11）：82~84.

[24] 潘全，万小蕙，夏正球．图像自动识别与采集技术在麻/棉织物检测中的应用［J］．纺织检测与标准，2020，6（3）：16~20.

[25] 林志翔，阮林栋．一种图像识别技术在车型自动识别中的应用［J］．现代涂料与涂

装，2020，23（5）：52~54.

[26] Krid M，Benamar F，Lenain R. A new explicit dynamic path tracking controller using generalized predictive control [J]. International Journal of Control Automation & Systems，2017，15（1）：303~314.

[27] Yu X L . Simulation and Research for Generalized Predictive Control [J] . Advanced Materials Research，2017，694~697：2205~2210.

[28] 曾祥苹 . PLC 和传感器技术在包裹自动分拣系统中的应用 [J]. 机械工程与自动化，2018（2）：185~187.

[29] 顾小漪，张亮，张明明 . 基于物联网技术的无人值守仓库试点 [J]. 浙江电力，2013（7）：63~66.

[30] 赵予新，张庆 . 加拿大粮食物流"四散化"发展的经验及启示 [J]. 粮食流通技术，2013（2）：6~9.

[31] 倪元 . 北美秋收利器——散粮运输车结构简介 [J]. 专用汽车，2016（5）：70~74.

[32] 张来林，李少伟，刘畅，等 . 集装箱散粮运输的现状及其工艺的应用 [J]. 粮食科技与经济，2018，43（2）：96~98.

[33] 赵瑞营，陈艺，胡方方 . 国内散粮集装箱装卸设备应用探讨 [J]. 现代食品，2019（4）：92~95.

[34] 张荣生 . 一种多用途仓栅式散粮运输车结构设计 [J]. 专用汽车，2010（3）：58~59.

[35] 高方，任新平 . 河南省粮食现代物流发展中亟待解决的新问题 [J]. 现代食品，2016，（12）：7~9.

[36] 张俊勇，郭彩荔，陈艳春 . 我国"十三五"物流业发展成就及"十四五"发展展望 [J]. 铁路采购与物流，2020，15（4）：58~61.